हिन्दी पत्रकारिता : रूपक बनाम मिथक

हिन्दी पत्रकारिता

रूपक बनाम मिथक

डॉ. अनुशब्द

वाणी प्रकाशन

वाणी प्रकाशन

4695, 21-ए, दरियागंज, नयी दिल्ली 110 002

शाखा

अशोक राजपथ, पटना 800 004

फ़ोन: +91 11 23273167 फ़ैक्स: +91 11 23275710

www.vaniprakashan.in
vaniprakashan@gmail.com

HINDI PATRAKARITA : ROOPAK BANAM MITHAK
by Dr. Anushabda

ISBN : 978-93-5072-757-7
Journalism

प्रथम संस्करण
मूल्य : ₹300

हर्ष प्रिंटर्स, दिल्ली-110 093 में मुद्रित

वाणी प्रकाशन का लोगो मक़बूल फ़िदा हुसेन की कूची से

अपनी चारुधर्मी अनुकृति को...

स्वगत के विरुद्ध

संवाद और संचार मनुष्य की जैविक और सामाजिक जरूरतें हैं। ये हमारे आत्मविकास और आत्मसंरक्षण के अनिवार्य उपादान हैं। ये व्यक्ति और समाज की अनुक्रियाओं एवं अन्तर्क्रियाओं के लिए अनुप्रास नहीं, च्यवनप्राश हैं। ये ही हमारी सांस्कृतिक और राजनीतिक चेतना के अनुकल्प हैं। 'हम नदी के द्वीप हैं' के बरअक्स जॉन डॉन की यह स्थापना है कि 'कोई व्यक्ति द्वीप की तरह अधूरा नहीं है, वह अपने आप में पूर्ण है' तो यह पूर्णता सम्भवतः उसे संवाद और संचार से ही हासिल होती है। इसलिए प्रो. सुधीश पचौरी संचार को 'जीवन' कहते हैं और इसे समाज का 'संजीवन' मानते हैं तो यह अतिशयोक्ति नहीं है। लोकतान्त्रिक व्यवस्था में तो उनकी यह मान्यता और मानीखेज हो जाती है। कारण कि राजनीतिक हलके में संवाद और संचार कभी-कभी कृष्ण और चाणक्य की भूमिका में आ जाते हैं सत्ता और प्रतिसत्ता के सूत्रधार बन जाते हैं।

कहने की आवश्यकता नहीं कि संवाद और संचार के आधुनिक एवं अत्याधुनिक संस्करण प्रेस तथा मीडिया हैं। युग-परिवेश और संचार-माध्यमों के विकास के साथ इनकी भूमि और भूमिका जितनी व्यापक हुई है, उतनी ही समर्थ और सशक्त भी। लोकतन्त्र की सैद्धांतिकी का दावा है कि इस तन्त्र में नागरिकों के अधिकारों और कर्तव्यों में अन्तरंगता होती है, समानता और स्वतन्त्रता में अन्विति मिलती है, नैतिक और आर्थिक एवं राजनीतिक मूल्यों में गहरी आसक्ति होती है। लेकिन लोकतन्त्र की ये संहिताएँ तब संदिग्ध हो जाती हैं जब वे अपनी व्यावहारिक परीक्षा में अनुत्तीर्ण हो जाती हैं। ऐसी स्थिति में उनकी विफलता जनता की गवर्नेंस-क्षमता पर ही सवालिया निशान लगा देती है, अन्यथा जनता से व्यवहारों के संदर्भपरक स्वरूप की माँग कर देती है। यही नहीं, ये संहिताएँ अपनी सफलता एवं सार्थकता के लिए ऐसी सामाजिक, सांस्कृतिक, आर्थिक एवं राजनीतिक संस्थाओं की अनिवार्यता व्यक्त करती हैं जो व्यक्तियों में प्रभावशाली और उत्तरदायी अभ्यासों एवं व्यवहारों का सृजन कर सकें। उनकी ये पृच्छाएँ और अपेक्षाएँ हमारे महान(!) लोकतन्त्र की भी केन्द्रीय चिन्ताएँ और समस्याएँ हैं। इनके उपचार की अर्हता हमारे मीडिया में है और उसने समय-समय पर उसका प्रदर्शन भी किया है। यह दीगर बात है कि व्यावसायिकता के दबाव में उसकी प्राथमिकताएँ आज बदल गयी हैं और उसकी

प्रतिबद्धताएँ स्थानांतरित हो गयी हैं। मीडिया विशेषज्ञों की संकल्पना है कि नागरिकों की अभिवृत्ति एवं अर्हता पर्याप्त, उपादेय और विश्वसनीय खबरों की उपलब्धता से बनती और विकसित होती है। उनकी लोकतान्त्रिक संलग्नता और संबद्धता इस बात पर निर्भर होती है कि वे अपने राष्ट्र के ज्वलंत प्रश्नों से कितनी समग्रता में अवगत हैं और उनके प्रभावों तथा परिणामों को कितनी शिद्दत से महसूस करते हैं। इसलिए हमारे मीडिया का प्राथमिक दायित्व है कि नागरिकों को सकारात्मक एवं सृजनात्मक खबरों से लैस करे और लोकतान्त्रिक गतिविधियों में उनके सकर्मक इन्वाल्वमेंट को सुनिश्चित करे। अब सिद्ध हो चुका है कि 'लॉ एंड जस्टिस' की रक्षा और लोकतन्त्र की सुरक्षा जनता की प्रत्यक्ष भागीदारी के बिना सम्भव नहीं, आत्मानुशासन से उपजी शासन-व्यवस्था ही लोकतन्त्र का स्वास्थ्यवर्द्धन कर सकती है। वही स्वतन्त्रता और समानता में सामरस्य भी स्थापित कर सकती है। 'यू गेट द गवर्नमेंट, यू डिजर्व' बिल्कुल सही कहावत है।

वैसे तो अब इन आरोपों का कोई अर्थ नहीं है कि हमारी पत्रकारिता का अंत हो चुका है, उसकी मिशनरी भावना खत्म हो गयी है, उसकी संवेदनशीलता और सर्जनशीलता मर चुकी है, उसकी मूल्यधर्मिता और संघर्षशीलता व्यावसायिकता का निवाला बन चुकी है। गरज कि उसके संघर्ष और उत्सर्ग, सौजन्य और सदाचार एवं संकल्प और सरोकार के पिछले सारे रूपक अब मिथक हो गये हैं। अब तो व्यावसायिकता के मूल्यों से भी परे जाकर 'पेड न्यूज', 'प्राइवेट ट्रीटी', 'लाइजनिंग' आदि अनेकानेक हथकंडे मौजूदा मीडिया के रूपक बन गये हैं। मीडिया के कुछ अंधसमर्थकों को एकाध अंग्रेजी पत्रों का हवाला देते हुए यह कहने में भी संकोच नहीं होता कि पत्रकारिता में कभी मूल्यधर्मिता थी ही नहीं। वे राजा राममोहन राय, महात्मा गांधी और गणेश शंकर विद्यार्थी इत्यादि की उज्ज्वल विरासत को भूल जाते हैं जो आत्मसंस्कार और आत्मपरिष्कार की भी औजार थी। और, वह पत्रकारों के जीवन का दर्पण थी और दीपक भी। यह बात सही है कि भूमंडलीकरण और उपभोक्तावाद के जमाने में आज के पत्रकारों से यह उम्मीद गलत होगी कि वे अतीत के उज्ज्वल नक्षत्रों के नक्शेकदम पर चलें और 'स्क्वेयर या स्क्वैश' की कूटनीति के शिकार बन जाएँ। मगर इतनी तो आशा की ही जा सकती है कि वे मध्य और अभिजात वर्ग की पक्षधरता के बजाय जनोन्मुखी एवं नागरिकोन्मुखी पत्रकारिता को तरजीह दें और लोकतंत्र में नागरिकों की भागीदारी को सर्वाधिक प्रोत्साहन दें। वे जन-इच्छा के बजाय जनहित को प्राथमिकता दें और अपने व्यक्तिगत तथा राष्ट्रीय दायित्वों के प्रति सजग एवं सचेष्ट रहें। इसमें कोई शक नहीं कि साध्य की नैतिकता मूल्यवान होती है। मगर साधन भी सुरुचिपूर्ण हो तो बात ही कुछ और होती है। इसके साथ ही, पत्रकारों की जीवन-शैली में भी संयम एवं मर्यादा की जरूरत है ताकि 'तहलका' तो पैदा किया जा सके, मगर तहलका का विषय न बना जा सके।

प्रस्तुत पुस्तक पत्रकारिता की मूल्यवत्ता को कायम रखने के लिए इन्हीं सब

सवालों एवं समाधानों की प्रस्तावना है। अमरीकी कवि फॉस्ट ने लिखा है कि कोई रचना पहले लिखी गयी सारी रचनाओं के प्रकाश में लिखी जाती है। यह बात निबन्ध के लिए भी उतनी ही उपयुक्त है। इसलिए इसमें संकलित आलेखों में पूर्वजों और अंग्रेजों के स्वरों की अनुगूँज मिले तो उसे 'नानापुराणनिगमागमसम्मतं' के तौर पर ही स्वीकार किया जाना चाहिए। वास्तव में, अगर कोई व्यक्ति कुछ दूर तक देख पाता है तो अपने पूर्वजों के कंधों पर चढ़कर ही। इसलिए उन कंधों से उऋण हो पाना सम्भव नहीं। ये निबन्ध समय-समय पर लिखे गये हैं और भिन्न-भिन्न मनोदशा में, इसलिए पुनरुक्तियों और विरोधाभासों की भी गुंजाइश बनती है, उनके लिए क्षमा-याचना मेरी आंतरिक विवशता है। इस आत्मनिवेदन के बाद दो-चार अपरिहार्य शब्द आभार-ज्ञापन के भी। इस प्रसंग में सबसे पहले अपने माता-पिता के प्रति पूरी आंतरिकता के साथ आभार व्यक्त करना चाहूँगा जिन्होंने मुझमें पढ़ने-लिखने का संस्कार पैदा किया और उसको अपेक्षित दिशा में नियोजित भी किया। इस अकादमिक संस्कार के धनात्मक उत्प्रेरक और बौद्धिक आइकन मान्यवर प्रो. मोहन और माननीय कुलपति प्रो. मिहिर कांति चौधुरी का विशेष रूप से कृतज्ञ हूँ जिनकी वत्सल और प्रश्नात्मक निगाहें सकर्मक जीवन-अर्चा के लिए बराबर अनुप्रेरित करती रहती हैं। इसके बाद अपनी भावनात्मक ऐंकर चारु को धन्यवाद करता हूँ जिनके सुझाव और सहयोग से यह पुस्तक आकार ले सकी है। और अन्त में, आदरणीय अरुण माहेश्वरी को साधुवाद, जिनकी सौहार्दजन्य तत्परता से यह पुस्तक आपके हाथों में है। बहरहाल, गुरुवर विश्वनाथ त्रिपाठी को याद करते हुए उनके ही मुहावरे में कहना चाहता हूँ कि कृतज्ञता-बोध या आभार-ज्ञापन से कोई उऋण नहीं हो जाता। ऋण-मुक्ति तो मिथ है, खासकर साहित्य और संस्कृति के क्षेत्र में। इस मायने में तो ग़ालिब भी ग़ौरतलब हैं :

'जान दी, दी हुई उसी की थी,
हक तो ये है कि हक अदा न हुआ।'

14 फरवरी 2014

अनुशब्द
हिन्दी विभाग
तेजपुर विश्वविद्यालय
तेजपुर, असम-744028

अनुक्रम

हिन्दी पत्रकारिता का परिप्रेक्ष्य

भूख-प्यास जैसी आदिम प्रवृत्तियों की तरह संप्रेषण भी मनुष्य की प्राथमिक आवश्यकता है, चाहे वह भावात्मक स्तर पर हो या वैचारिक स्तर पर। मनुष्य अनिवार्यतः सामाजिक प्राणी है, सामाजिकता उसकी मूलभूत जरूरत है। मार्क्स के अनुसार, "संस्कृति की जड़ें मनुष्य के 'दोहरे सम्बन्ध' में हैं, मनुष्य का प्रकृति से सम्बन्ध और अन्य व्यक्तियों से सम्बन्ध...मनुष्य प्रकृति में हस्तक्षेप करता है और अपने औज़ारों तथा उपकरणों की सहायता से वह प्रकति का उपयोग इस प्रकार से करता है कि उसके जीवन की भौतिक परिस्थितियों में कुछ वांछनीय परिवर्तन हो...अपनी भौतिक परिस्थितियों को अधिक प्रभावी ढंग से पुनरुत्पादित करने के लिए लोग एक दूसरे के साथ सहयोग करते हैं, अपने साधारण औजारों का सामूहिक ढंग से इस्तेमाल करते हैं।"[1] इसी सहयोग एवं सामूहिकता की चेतना से अभिव्यक्ति और सम्प्रेषण की प्रवृत्ति उदित एवं विकसित हुई। गरज कि जीवन-यापन के साधनों के साथ ही सम्प्रेषण के साधनों का भी जन्म हुआ। दूसरे शब्दों में, उत्पादन के साधनों के समान्तर ही सम्प्रेषण के साधनों का विकास हुआ। आज हमारी मीडिया के पास आर्थिक, तकनीकी, सामाजिक एवं सांस्कृतिक दृष्टि से सर्वाधिक संसाधन हैं, जो हमारे उत्पादन के साधनों की बहुलता की देन हैं। कारण कि जिज्ञासा और सूचना-संकलन की प्रवृत्तियाँ भी उतनी ही पुरानी हैं, जितनी अभिव्यक्ति और सम्प्रेषण। दरअसल, ये चारों प्रवृत्तियाँ एक दूसरे की पूरक हैं और सभी ने मिलकर पत्रकारिता का आविष्कार किया है। इसका एक पौराणिक पक्ष भी है, भारतीय परम्परा के अनुसार जब ईश्वर के मन में सृजनेच्छा पैदा हुई तो उन्होंने स्वयं को ही विस्तार दिया। 'एकोऽहम् बहुस्यामः' 'मैं एक हूँ, अनेक हो जाऊँ, तो इस कामना के भीतर ही संचार-बीज दिखते हैं। इसी बीज का वपन मनुष्य में हुआ। अतः अनुभव को अभिव्यक्ति में बदलने की भूख-प्यास आदिम वृत्ति है और अधुनातन भी। सुधीश पचौरी के शब्दों में, "प्रकृति से संघर्ष और समझौता करने की अनन्त दैनिक क्रियाएँ संचार के उपादानों को विकसित करती गईं। मनुष्य की वाणी, उसके कायिक संकेत, उसकी देह की प्राकृतिक-सामाजिक अन्तर्क्रियाओं ने बहुत से गैरभाषिक माध्यम दिये। अमूर्त्त अनुभव से मूर्त्त संचार की प्रक्रिया ने मनुष्य को सांकेतिक चिह्न, भाषिक

चिह्न दिए। भाषा और उसके लिपिचिह्नों ने संचार को जन संचार में बदल डाला। अनुभव और अभिव्यक्ति का चक्र पूरा हुआ। अनुभव और अभिव्यक्ति की दुहरी क्रियाएँ किसी भी संचार की बुनियादी क्रियाएँ हैं।"[2] पत्रकारिता की परिभाषाओं में भी इसी तथ्य की स्वीकृत मिलती है। जैसे, "पत्रकारिता वह माध्यम है, जिसके द्वारा हम अपने मस्तिष्क में उस दुनिया के बारे में समस्त सूचनाएँ संकलित करते हैं, जिसे हम स्वतः कभी नहीं जान सकते।"[3] इस परिभाषा की अन्तर्ध्वनि है कि जिज्ञासा-पूर्ति के लिए सूचना-संकलन का माध्यम पत्रकारिता है। डेविड वेन राइट ने तो स्पष्ट लिखा है कि–"Journalism is communication. It is the events of the day distilled in the few words, sounds of pictures, processed by the mechanism of communication to satisfy the human curiosity of world that is always eager to know what's news".[4] और इसका खुलासा करते हुए लिखते हैं कि "Journalism is the times and guaradian, the daily mirror and the sun."[5] गरज़ कि पत्रकारिता हमें सामाजिक, राष्ट्रीय और अन्तर्राष्ट्रीय सरोकारों से जोड़ती है और अन्तर्राष्ट्रीय व्यक्तित्व प्रदान करती है। वह हमारी युग-निर्मात्री होने के साथ-साथ अभिभाविका भी है। वह दैनिक जीवन का दर्पण एवं भाष्कर भी है। कारण कि 'जर्नलिज़्म' शब्द फ्रेंच के 'जर्नी' शब्द से व्युत्पन्न है, जिसका अर्थ ही होता है 'प्रतिदिन के कार्यों की विवरणिका की प्रस्तुति। इसलिए व्युत्पत्यर्थ के आधार पर उसका प्राथमिक दायित्व ही बनता है 'प्रतिदिन की ख़बरों की प्रस्तुति।' इसी वजह से पत्रकारिता को इतिहास का प्रथम प्रारूप (First draft of the History) कहा जाता है। दूसरी ओर मैथ्यू आर्नल्ड की दृष्टि में 'यह शीघ्रता में लिखित साहित्य है'। कारण कि पत्रकार मूलतः साहित्यकार होता है और साहित्यकार अनिवार्यतः पत्रकार होता है। हमारी पत्रकारिता का अतीत इस बात का साक्षी है और सिद्ध करता है कि पत्रकारिता अगर जल्दबाजी में लिखित साहित्य है तो साहित्य विलम्बित साहित्य है। बहरहाल, पत्रकारिता साहित्य और इतिहास दोनों की आधारशिला है।

आम धारणा है कि पत्रकारिता नवजागरण की सन्तान है और इसका पालन-पोषण औद्योगिक क्रान्ति की छत्र-छाया में हुआ है। संचार-माध्यमों के अभाव के कारण सात समन्दर पार से यूरोपीय नवजागरण को भारत आने में विलम्ब हुआ। इसलिए यहाँ पत्रकारिता का उद्भव और विकास भी काफ़ी विलम्ब से हुआ। गौरतलब यह है कि कि यूरोपीय और भारतीय नवजागरण में समयान्तर ही नहीं है, संवेदना का भी अन्तर है जो देशान्तर के कारण है। दोनों नवजागरणों का जन्म दो भिन्न परिस्थितियों में हुआ है। इसलिए दोनों की कुंडलियों में काफ़ी फ़र्क है। यूरोपीय नवजागरण का जन्म यूरोप के स्वतन्त्र राज्यों में हुआ था। इटली को अवश्य अपनी आजादी से हाथ धोना पड़ा था। मगर यह इस आन्दोलन के आख़िरी दौर की

घटना है। इसके ठीक विपरीत भारतीय नवजागरण की पैदाइश गुलामी के गर्भ से हुई थी और आजादी का चेहरा देखे बगैर ही वह काल-कवलित हो गया। कहना असंगत नहीं होगा कि वह साम्राज्यवाद से जद्दोजहद करते हुए 'धर्मक्षेत्र' में शहीद हो गया। भारतीय नवजागरण की जन्मजात प्रवृत्ति स्वातन्त्र्य-चेतना को शक्ति और स्फूर्ति देना था तथा उसे गति और दिशा देना उसकी साधारण प्रतिज्ञा थी। इस प्रक्रिया में अंग्रेजों द्वारा निर्दिष्ट औद्योगीकरण को स्थगित करना उसकी सामयिक आवश्यकता थी। पुनरुत्थान के साथ-साथ सामाजिक रूढ़ियों एवं आधि-व्याधियों का निराकरण स्वातंत्र्य-चेतना का अनिवार्य उपक्रम था। इसी प्रकृतिगत वैभिन्य के कारण नामवर सिंह को यूरोपीय और भारतीय नवजागरण को एक-दूजे का पर्याय मानने में संकोच होता है। "19वीं शताब्दी के भारतीय नवजागरण को 'रिनेसाँ' कहने में एक कठिनाई तो यही है कि इस युग के भारतीय विचारकों और साहित्यकारों के प्रेरणा-स्रोत यूरोप के 15वीं शताब्दी के चिन्तक और साहित्यकार नहीं थे। बल्कि इसके विपरीत प्रेरणा-स्रोत के रूप में अधिकांश विचारक उस काल के थे, जिसे यूरोप में 'एलनाइटेनमेंट' का काल तथा उसके बाद का काल कहा जाता है। स्वयं बंकिम की सहानुभूति रूसो और प्रधो के साथ थी और वे कांट, जॉन स्टुअर्ट मिल तथा हर्बर्ट स्पेंसर से प्रभावित दिखायी पड़ते हैं। कमोबेश यही स्थिति बंग्ला के राममोहन राय, ईश्वरचन्द्र विद्यासागर, देरजियो आदि की दिखायी देती है और हिन्दी में महावीर प्रसाद द्विवेदी और रामचन्द्र शुक्ल की भी।"[6] प्रेरणा-भूमि के इस अन्तर को नजरअन्दाज़ करते हुए भारतीय नवजागरण के अग्रदूत राजा राममोहन राय ने अलेक्जेंडर डफ से बातचीत के क्रम में 19वीं शती की इस नयी आहट को यूरोप के 'रिनेसाँ' के समीप स्वीकार किया था। लेकिन इसी नवजागरण के महान प्रवक्ता बंकिमचन्द्र चटोपाध्याय की दृष्टि में 'रिनेसाँ' भारत का 15वीं सदी का सांस्कृतिक जागरण ही था। बंकिमचन्द्र के इस दृष्टि-दोष की निष्कृति रामविलास शर्मा की अवधारणा से हो जाती है कि समान भौगोलिक व्याप्ति के बावजूद भक्ति-आन्दोलन और नवजागरण-आन्दोलन में बुनियादी फ़र्क है। भक्ति-आन्दोलन की प्रकृति सामन्तवाद विरोधी और मानवतावादी थी, तो 19वीं शताब्दी के नवजागरण की फितरत साम्राज्यवाद-विरोधी और सामन्तवाद-विरोधी थी। गरज कि सामन्तवाद-विरोध दोनों की 'कॉमन' प्रवृत्ति थी। मगर मानवतावाद और साम्राज्यवाद-विरोध उनके भेदक तत्त्व हैं—इस तथ्य का समर्थन करते हुए डॉ. मैनेजर पाण्डेय कहते हैं कि "भक्ति-आन्दोलन का स्वर जहाँ सामन्तवाद-विरोधी तथा मानवतावादी है, वहीं 19वीं शताब्दी का नवजागरण एक ऐसा सामाजिक, राजनीतिक और सांस्कृतिक आन्दोलन है, जिसका मुख्य स्वर साम्राज्यवाद-विरोधी और सामन्तवाद-विरोधी है।"[7] भक्ति आन्दोलन और भारतीय नवजागरण के बीच पनपी द्विधा की निष्कृति के लिए शर्माजी ने भक्ति-आन्दोलन को नयी अभिधा दे दी है 'लोक जागरण'। दोनों के अलगाव की 'सुविधा के लिए यह अभिधा ग्राह्य

है। गोकि यूरोपीय नवजागरण का चेहरा भी विविध मत-मतान्तरों के घने कुहासे में स्पष्ट नहीं है। पर इतना तो आभास होता ही है कि वह व्यापारिक क्रान्ति और उदीयमान पूँजीवाद के परिदृश्य में धर्म-सुधार-आन्दोलन, भौगोलिक खोज, ज्ञानोदय और प्रकृति-विज्ञान—इन पाँचों प्रवृत्तियों की क्रिया-प्रतिक्रिया का निष्कर्ष है। मगर भारतीय नवजागरण में पुनरुत्थान और बौद्धिकता का आग्रह तो है, पर औद्योगीकरण और विज्ञान के निषेध का स्वर भी प्रबल है, भले ही ये दोनों बातें उपनिवेशवाद की प्रतिक्रिया से आयी हों। इसमें रहस्यवाद की प्रतिध्वनि भी प्रखर है। इन दोनों चीज़ों की वज़ह से भारतीय नवजागरण में प्रगतिशीलता का स्वर मंद है। इसके बावजूद इसने भारतीय समाज-चिन्तन में आस्था की जगह बौद्धिकता, रूढ़िवाद के स्थान पर उपयोगितावाद, जातिवाद के स्थान पर मानवतावाद तथा साम्प्रदायिकता के स्थान पर राष्ट्रीयता की भावना को शक्ति एवं स्फूर्ति दी तथा सम्पूर्ण भारत को एक सूत्र में पिरोकर अपनी सारी ऊर्जा स्वातन्त्र्य-संघर्ष में झोंक दी; भारत के प्राचीन स्वर्ण-चिह्नों एवं गौरव-शिखरों को देदीप्यमान किया और अंग्रेजों द्वारा भारतीय जनमानस में 'इंजेक्टिड' हीनता-भाव को आत्मविश्वास और स्वाभिमान की भावना जगाकर 'एंटीडोट' किया। यही नहीं, भारत की सांस्कृतिक स्रोतस्विनी सर्जनात्मक और आलोचनात्मक ठहराव के कारण जहाँ-जहाँ प्रदूषित हो गयी थी, उसे विवेकपरक संवादधर्मिता के द्वारा 'प्यूरीफाई' किया। कारण कि विवेकपरक संवादधर्मिता उसके जीवन की धड़कन थी। डॉ. गजेन्द्र पाठक की यह अवधारणा बिल्कुल सही और सार्थक है कि "नवजागरण की मूल प्रेरणा अनिवार्यतः विवेकपरक संवादधर्मिता पर आधारित है। एक-दूसरे के विचारों से दो-चार होकर उनका सर्जनात्मक प्रयोग ही इस संवाद का लक्ष्य है।"[8] नवजागरण के प्रणेताओं की यह ख़ासियत थी कि उन्हें कूपमंडूकता से सख़्त नफ़रत थी। वे अपने आँख-कान सर्वदा खुले रखते थे और विभिन्न जातियों एवं भाषाओं के विचारों की आवा-जाही में विश्वास करते थे। उनकी इस संवादधर्मी चेतना के लिए पत्र-पत्रिकाएँ आवश्यक मंच बनीं। यह कहने में थोड़ी भी दिक्कत नहीं है कि तद्युगीन पत्रकारिता ने अपने धर्म का निर्वाह ईमानदारी और समर्पण भाव से नहीं किया होता तो भारत में नवजागरण का उद्‌भव और विकास तीव्रता से नहीं होता, और न ही स्वातन्त्र्य-चेतना का प्रभाव-प्रसार जनमानस तक सम्भव होता। बंगला और मराठी में सबसे पहले नवजागरण की दस्तक सुनायी देती है। इसका मुख्य कारण यही है कि वहाँ पत्रकारिता का विकास सबसे पहले हुआ था। और, हिन्दी प्रदेश में उसके विलम्बित आगमन का कारण हिन्दी पत्रकारिता का विलम्बित विकास है। इससे स्पष्ट हो जाता है कि आधुनिक पत्रकारिता भारतीय नवजागरण की सन्तान नहीं है, बल्कि उसकी ऐसी जीवन-संगिनी है जो 'लिव-इन-रिलेशनशिप की संस्कृति में यकीन करती है। दोनों के स्वतन्त्र साहचर्य का ही सुफल है कि आधुनिक पत्रकारिता का स्वभाव मूल्यधर्मी रहा और नवजागरण का स्वर जीवन्त

और संक्रामक रहा। पत्रकारिता आरम्भ से ही सामाजिक, राजनीतिक, सांस्कृतिक एवं नैतिक मूल्यों की पक्षधर रही और स्वातन्त्र्य-चेतना की संवाहिका रही। उनदिनों की पत्रकारिता में 'है' और 'चाहिए' के प्रति आज की तरह न द्वन्द्व और द्विधा थी, और न आपसी अन्तर्विरोध ही। यथार्थ और आदर्श की जैसी जीवन्त और सार्थक अन्तर्क्रियाएँ तद्‌युगीन पत्रकारिता में मिलती हैं, वैसी अन्तर्क्रियाओं की आशा आज की पत्रकारिता से दुराशा ही होगी। पत्रकारिता के इस चरित्र निर्माण में नवजागरण की भूमिका से इन्कार उसके प्रति ज़्यादती होगी। निर्भीकतापूर्वक अन्याय, अत्याचार एवं भ्रष्टाचार का विरोध तो भारतीय पत्रकारिता की निजी पहचान रही है, मगर स्वातन्त्र्य-चेतना और आलोकधर्मिता के लिए वह नवजागरण की ऋणी जरूर है और, नवजागरण भी पत्रकारिता का कम आभारी नहीं है। पत्रकारिता ने नवजागरण को विविध-आयामी व्यक्तित्व दिया, प्रभावशाली स्वरूप दिया और आम आदमी तक उसकी पैठ बनायी।

निष्कर्ष के तौर पर यह कहना गैरमुनासिब नहीं होगा कि भारतीय पत्रकारिता के साथ नवजागरण का अद्वैत सम्बन्ध है। यहाँ नवजागरण का प्रादुर्भाव पत्रकारिता के साथ हुआ है और दोनों का जन्म लोकतान्त्रिक चेतना से हुआ है। यहाँ के जनमानस में जागरूकता के साथ-साथ अस्मिता का सवाल भी पत्रकारिता ने ही खड़ा किया। उन दिनों के अधिकांश समाज सुधारकों की अभिव्यक्ति का यह सशक्त माध्यम थी। इस दृष्टि से यह उन दिनों भी बौद्धिक चिन्तन एवं विचारों के आदान-प्रदान का सार्थक मंच थी, जिसमें राजा राममोहन राय, श्यामसुन्दर सेन, वृजेन्द्र नाथ बन्धोपाध्याय, भारतेंदु जैसे नवजागरण के अग्रदूतों की महत्त्वपूर्ण भूमिका थी। इसीलिए उस समय के अधिकांश राष्ट्रीय नेता और साहित्यकार अनिवार्यतः पत्रकार भी थे। पत्रकार होने के नाते भारतीय पत्रकारिता के आदि पुरुषों से भी रू-ब-रू होने का मौका मिला होगा। उनके जेहन में हिकी और डुआनी के जीवन का तात्पर्य मालूम ही होगा। और, यह भी कि सरकार इनकी आक्रामक आलोचनाओं से या आक्रामक मुद्राओं से कितनी भयभीत थी। कारण कि इन दोनों की पत्रकारिता का मूल स्वर ब्रितानी सरकार का विरोध और नवजागरण का था। सम्भवतः यही वज़ह है कि डॉ. देवप्रकाश मिश्र इन दोनों आद्य पत्रकारों के प्रति कृतज्ञता ज्ञापित करते हैं कि "भारतीय पृष्ठभूमि में नवजागरण का स्वर एवं आत्मसम्मान का भाव पैदा करने का श्रेय हिकी और डुआनी जैसे पत्रकारों को जाता है, जिनके अथक प्रयास और मानववादी मूल्यों से प्रभावित होकर भारतीय जन-नायकों को सजग एवं सचेत मार्गदर्शन मिला।"[9] प्रभाष जोशी भी लिखते हैं कि "भारत का पहला अखबार जो निकला, वह अपनी सरकार के खिलाफ़, एक प्रकार के सत्य के अन्वेषण के लिए निकला।"[10]

भारतीय पत्रकारिता का जन्म कब हुआ—कहना कठिन है। कारण कि इसके बीज तत्त्व हमारे पुराणों में भी मिल जाते हैं। देवर्षि नारद, रामदूत हनुमान तथा

जटायु संवाददाता की भूमिका के लिए लोक-जीवन में भी सुख्यात हैं। विश्वकोश में नारद को आद्य पत्रकार कहा गया है। 'Narad is legending journalist from heaven to earth.' श्री वेंकटलाल ओझा के अनुसार, "महर्षि नारद एक विशेष संवाददाता की तरह स्थल मार्ग को न अपनाकर आकाशमार्ग से भ्रमण करते थे और एक राजा से दूसरे राजा के दरबार तक खबरें पहुँचाकर स्वर्गलोक और मृत्युलोक के बीच सीधा संचार-संबंध स्थापित करने में समर्थ थे।"[11] गरज कि नारद की एक विशेषता यह भी थी कि वे अपने विवेक से संवादों में नमक-मिर्च लगाकर टिप्पणी भी करते थे और अपने सम्पादकीय वक्तव्यों से लोकहित में अपने अभीष्ट को प्राप्त भी कर लेते थे। यानी उस समय उनकी भूमिका सकारात्मक थी और रचनात्मक भी। यह बात दीगर है कि लोक में उनकी भूमिका और छवि एक नकारात्मक संदेशवाहक की मिलती है। लोकचर्या में उन्हें 'चुगलखोर' व्यक्ति माना जाता है और उन्हें अनिष्टकारक व्यक्ति कहा जाता है। मगर सच्चाई यही है कि वे भयमुक्त, अप्रत्याहतगति, स्पष्टवादी थे, अनिकेत थे, कहीं टिकते नहीं थे। उनसे कहीं परदा नहीं था। वे तथ्य के अद्वितीय पारखी थे और शिवेतररक्षति उनका संकल्प था जिसके लिए वे समर्पित थे। उन्हें कल्पित चरित्र माना जाए तो प्रज्ञाचक्षु सुबंधु को पत्रकारिता के उपलब्ध इतिहास में आदि पुरुष कहा जाएगा। उन्होंने अत्यन्त कष्टसाध्य पृथ्वी-भ्रमण किया था, जिसका तथ्यपूर्वक विवरण 'सुबन्धु तिलक' है। महाभारत काल में संजय आदि वार्त्तिकों की चर्चा आँखों-देखा हाल प्रस्तुतकत्ताओं एवं संदेशवाहकों के रूप में पर्याप्त मिलती है। इन संदेशवाहकों के पास दिव्य-दृष्टि होती थी। इस प्रकार की भी मिथकीय अलंकृति मिलती है। मौर्य-काल में चन्द्रगुप्त ने राजकीय सूचनाओं के प्रचार-प्रसार एवं गुप्त संदेशों के आदान-प्रदान के लिए गुप्तचरों एवं अनुचरों का संजाल (Network) निर्मित किया था। इस कार्य में चाणक्य जैसे कूटनीतिज्ञ का मार्गदर्शन उसे प्राप्त था जिसकी वज़ह से सम्पूर्ण आर्यावर्त्त को एक ध्वज के तले लाने और रखने में सहूलियत हुई थी। मुगल साम्राज्य में भी इस तरह की पत्रकारिता की भूमिका सन्दर्भवान थी और वह तदयुगीन राजतन्त्र को प्रभावित करने में सफल हुई थी। इतिहास साक्षी है कि शेरशाह सूरी, तुगलक एवं मुगल वादशाहों ने डाक-व्यवस्था को सुचारु रूप प्रदान किया था। तद्युगीन सम्राटों ने वाकयानवीस (स्थानीय संवाददाता), सहानवनवीस (जीवनी-लेखक) खुफियानवीस (गुप्तचर) तथा क़ासिदों (सन्देशवाहक) की नियुक्तियाँ की थीं। इसका सविस्तर उल्लेख इतालवी यात्री निकोला मनूकी ने अपने यात्रा-संस्मरण में किया है। लार्ड लैटन के हवाले ए.एन. शिव रमन लिखते हैं कि "Lord Lytton described the press in India as 'exotic' and not of native origin and growth.."[12] पर उसे यह मानने में संकोच नहीं है कि समाचार-पत्रों का प्रचलन हो गया था। इसके अतिरिक्त भी राजकीय सूचनाएँ, निर्देश एवं उपलब्धियाँ शिलालेखों के रूप में दर्ज़

होने लगी थीं। ये सभी पत्रकारिता के ही आद्य रूप हैं जो भारत में मुद्रण-व्यवस्था के पहले ही मिलते हैं।

उनदिनों भी यानी मुगलकाल में संवाददाता का कितना सम्मान था और संवाददाता भी कितना विवेकवान था—इसका बोध इस घटना से होता है। इस घटना का उल्लेख अखिलेश मिश्र ने किया है। उन्होंने लिखा है कि "औरंगजेब के दरबार में एक 'चर' (संवाददाता) गया था। उसने कुछ बताया, कुछ सुनाया। बख्शीश पाने के लिए हाथ पसारे, सिर झुकाया। सिर झुकाने के पहले पगड़ी उतार कर बगल में दाब ली। कारण यह बताया कि मैं इसके पहले शिवाजी के दरबार में गया था, उनके पास बख्शीश देने को कुछ नहीं था। इसीलिए अपनी पगड़ी उतारकर मुझे दे दी। मेरा सिर तो हुजूर, हर जगह सबके सामने झुकता है, झुकेगा। लेकिन यह पगड़ी कैसे झुकने दूँ। इस उत्तर पर बादशाह नाराज नहीं हुए, बख्शीश बढ़ा दी।"[13] कितना नैतिक बोध था उस 'चर' में! (आज की पत्रकारिता के लिए यह दृष्टान्त प्रेरणास्पद है, नहीं?)

बुराई में भी अच्छाई का कुछ-न-कुछ अंश होता है क्योंकि यहाँ न तो कुछ भी सर्वांशतः अच्छा होता है और न बुरा ही। अंग्रेजी साम्राज्यवाद अधिकांश मायने में हमारे लिए अभिशाप था, पर कुछेक मायने में उपादेय भी सिद्ध हुआ। भले ही उपादेयता अभिशाप का 'बाइ-प्रॉडक्ट' क्यों न हो। 'बाइ-प्रॉडक्ट' इसलिए कि अंग्रेजी साम्राज्यवाद की नीयत थी यहाँ की भाषा और संस्कृति को नष्ट-भ्रष्ट कर देने की। अपने उद्देश्य की पूर्ति के लिए उसने भारत में यातायात एवं संचार-माध्यमों को विकसित किया। और प्रेस-संस्कृति का सूत्रपात किया। जाने-अनजाने अंग्रेजों के इन प्रगतिशील कदमों का भारतीय विद्वानों ने स्वागत किया और बखूबी उनका इस्तेमाल भी किया तथा स्वयं इस्तेमाल हुए भी। कारण कि अंग्रेजों ने एक ऐसे अभिजात वर्ग का निर्माण किया जो साम्राज्यवाद का अन्धभक्त हो गया। लेकिन इसका उज्ज्वल पक्ष यह है कि प्रेस-संस्कृति का भारत में विकास हुआ तथा पत्रकारिता को आधुनिक स्वरूप मिला। इस उपलब्धि की ओर ए.एन. शिवरमन ने हमारा ध्यान आकृष्ट किया है, "The advent of British started a new era in journalism only in the sense that the printed newspapers made its appearance not untill after the British had come to India.."[14] अंग्रेजी साम्राज्यवाद के इस सकारात्मक पक्ष का ज़िक्र मार्क्स ने भी किया है।

इस तथ्य की पुष्टि इस घटना से होती है कि हमारे देश में सर्वप्रथम समाचार का प्रकाशन जेम्स आगस्टस हिकी नामक अंग्रेज ने ही किया। हमारे यहाँ एक मिथक है कि विष्णु के कान की 'खोंट' (विकृति) से दो दुरात्माओं, मधु और कैटभ का जन्म हुआ था। इसी तरह अंग्रेजी साम्राज्यवाद की विकृतियों से हिकी और डुआनी जैसे आक्रामक पत्रकारों का जन्म हुआ। हिकी ने अपने पत्र 'बंगाल गजट' या 'कलकत्ता

ज़नरल एडवरटाइजर' में थी साम्राज्यवाद की आलोचना आरम्भ की और इस उपक्रम में गवर्नर हेस्टिंग्स को भी वह नहीं बख्सता था और न उनकी पत्नी को ही। उसने अपने साप्ताहिक पत्र के प्रथम अंक में लिखा था, 'मुझे अपने मन और आत्मा की स्वतंत्रता के लिए अपने शरीर को दास बनाने में प्रसन्नता होती है।' उसके पत्र का आदर्श वाक्य था 'सबके लिए खुला, फिर भी किसी से प्रभावित नहीं' जब तद्‌युगीन गवर्नर वारेन हेस्टिंग्स ने पत्र पर दमनात्मक कार्रवाई शुरू की तो पत्र में अपनी दृढ प्रतिज्ञा व्यक्त की थी, 'मैं ज़ुल्म के विरुद्ध आवाज़ बुलन्द करना हरगिज़ बन्द नहीं करूँगा, भले ही मेरा अखबार बन्द हो जाए। मैं प्रख्यात कवि होमर की तरह कविताएँ लिख-लिख कर कलकत्ता की सड़कों पर गाऊँगा, गुनगुनाऊँगा। कविताओं की पुस्तिकाओं को खुद घूम-घूम कर बेचूँगा, किन्तु ज़ुल्म के आगे कभी सिर नहीं झुकाऊँगा।' इसी निर्भीकता, साहसिकता और प्रतिबद्धता के कारण उसने कलकत्ता उच्च न्यायालय के न्यायाधीशों के विरुद्ध अनेक टिप्पणियाँ की थीं फलतः उन पर मुकद्‌दमे चले और प्रेस जब्त कर लिया गया और हिकी को कारावास की सजा हुई। अन्ततः बंगाल गजट उर्फ़ 'कैलकटा जनरल एडवरटाइजर' का आकस्मिक पटाक्षेप हो गया। इसी मूल्यधर्मिता के कारण जेम्स आगस्टस हिकी का नाम भारतीय पत्रकारिता के इतिहास में स्वर्णाक्षरों में दर्ज़ है। इसी प्रकार सम्पादक के रूप में डुआनी के आने पर 'बंगाल जनरल' के मन-मिजाज़ में क्रान्तिकारी परिवर्तन आया। यह पत्र आरम्भ में सरकारपरस्त था, पर डुआनी ने इसका चरित्र बदल दिया। इसका मूल-स्वर जन हित की ओर प्रखर होने लगा। डुआनी ने स्वतन्त्र रूप से 'इंडियन वर्ल्ड' नाम से एक पत्र प्रकाशित किया। इसका मूल स्वर ब्रितानी सरकार का विरोध एवं नवजागरण था। ब्रितानी सरकार ने आतंकित होकर डुआनी को भारत से निर्वासित कर दिया। इन दोनों ने भारत में आलोकधर्मी पत्रकारिता की जो आधारशिला रखी, उसपर ही भारतीय पत्रकारिता की इमारत, भग्नावशेष के रूप में ही सही, आज तक खड़ी है। इसका सबूत तो यही है कि व्यावसायीकरण के बावजूद 'टैबलायड पत्रकारिता' को 'दो गज जमीं न मिली कूचे यार में।'

इसके बाद मद्रास, बम्बे, कलकत्ता आदि महानगरों से अनेक अंग्रेजी पत्र निकले। लेकिन जो सम्पादक हिक्की के नक़्शेकदम पर चले, उनके पत्र का हश्र वही हुआ जो 'बंगाल गज़ट' का हुआ। मगर जो सत्तापरस्त थे और सरकारी नीतियों का वन्दन और सिंचन करते थे, वे दीर्घायु हुए। पर सत्ताविरोधी पत्रों की संख्या ज्यादा थी और क्रिया-प्रतिक्रिया के कारण वही सुर्खियों में रहे। फलतः सरकार ने उनसे आजिज आकर 02 जून 1799 में एक आदेश पारित किया, जिसमें पत्र-प्रकाशन से पूर्व सत्ता-तन्त्र की अनुमति अनिवार्य हो गयी। भारतीय भाषाओं में सबसे पहला समाचार पत्र बंगला में था 'समाज-दर्पण', जिसका प्रकाशन सन् 1818 में आरम्भ हुआ था। इस पत्र का आदर्श वाक्य था—'दर्पण सौन्दर्य देखने के लिए होता

है। यह दर्पण विभिन्न वृत्तान्तों और समाचारों का हैं।' इसी तरह पहला गुजराती समाचार-पत्र 'श्री मुंबइना समाचार' फरदुंजी मार्जमैन ने 1822 ई में निकाला था, जिसकी उद्घोषणा थी–'यह केवल खरीद और बिक्री के मामले में ही रास्ता नहीं दिखाएगा, आपका मनोरंजन भी करेगा।' हिन्दी भाषा में पहला पत्र 'उदंत मार्तण्ड' को माना जाता है जो साप्ताहिक था और जिसके सम्पादक युगल किशोर शुक्ल थे। इनका नाम आचार्य शुक्ल ने अपने इतिहास में 'पं. जुगल किशोर' दर्ज़ किया है, और पत्रकार डॉ. लक्ष्मीशंकर व्यास ने उनके उपपद 'शुक्ल' को निरस्त कर 'सुकुल' को पदस्थापित किया है ख़ैर, यह पत्र 1826 ई. में अस्तित्व में आया था। 'शुक्ल' ने अपने पत्र की प्रकृति और प्रवृत्ति का संकेत इन शब्दों में किया हैः

'दिनकर कर प्रगटत दिनहि यह प्रकाश अठयाम
ऐसो रवि अब उग्यो नहि, जेहि-जेहि सुख को धाम।
उत कमलनि विकसित करत बढ़त चाव चितवाम,
लेत नाम या पत्र का, होत हर्ष अरु काम।'

इस समाचार पत्र में विभिन्न नगरों के सरकारी क्षेत्रों की विभिन्न गतिविधियाँ प्रकाशित होती थीं और तद्‌युगीन वैज्ञानिक खोजों तथा आधुनिक जानकारियों को भी महत्त्व दिया जाता था। इसके उद्‌देश्य के सम्बन्ध में बांग्ला साप्ताहिक 'समाचार चंद्रिका' ने लिखा था कि 'नासमझी तथा रूढ़ियों के अँधेरों में जकड़े हुए हिन्दुस्तानी लोगों की प्रतिभाओं पर प्रकाश डालने और 'उदंत मार्त्तण्ड' द्वारा ज्ञान के प्रकाशनार्थ' इस पत्र का श्री गणेश हुआ था। और, 'हिन्दुस्तान और नेपाल आदि देशों के लोगों, महाजनों तथा इंगलैंड के साहबों के बीच वितरित हुआ और हो रहा है।' लगता है, खरीद कर पढ़ने वालों की संख्या उस समय (भी) कम रही होगी। इसलिए ग्राहकों की (पाठकों की नहीं) संख्या कम होने के कारण आज की लघु पत्र-पत्रिकाओं की तरह ही इसकी असामयिक मृत्यु हो गयी। इसके निधन पर सम्पादक की शोक-विज्ञप्ति इस प्रकार थीः

'आज दिवस लौं उग चुक्यौ मार्त्तण्ड उदंत,
अस्ताचल को जात है दिनकर दिन अब अंत।'

उन्होंने अपने सम्पादकीय के अन्त में ग्राहकों एवं पाठकों से निवेदन किया था कि 'हमारे कुछ कहे-सुने का मन में न लाइयो जो दैव और भूधर मेरी अन्तरव्यथा और गुण को विचार सुधि करेंगे तो मेरे ही हैं। शुभमिति।' शुक्ल ने इस पत्र के बाद भी 'समदन्त मार्त्तण्ड' नामक एक और पत्र निकालने की हिम्मत जुटायी। लेकिन दुर्भाग्य से वह भी अल्पायु निकला। इस समय पत्रों की पहुँच व्यापारी वर्ग एवं अभिजात वर्ग में ही ज्यादा थी और उनकी ही जिज्ञासाओं को केन्द्र में रखकर सूचनाएँ इनमें दर्ज़ होती थीं। इस समय की खास खबरें प्रायः बाजार के माल, जीवन-रक्षा के आधुनिक उपाय, बड़ी हस्तियों की दिनचर्याएँ तथा अनेक प्रकार के

मनोरंजक गप्प यानी आज की शब्दावली में 'चैटिंग' इत्यादि थीं। कारण कि 'खबरों की भूख' सबसे पहले व्यापारियों और अभिजात वर्गों में ही पैदा हुई थी। इन पत्रों की उपलब्धि यही है कि इन्होंने मनुष्यता को एक ऐसे युग से बाहर निकाला जब सूचना का माध्यम चिट्ठियाँ भेजकर या नगाड़ा बजाकर की जाने वाली घोषणाएँ थीं। बन्दरगाहों पर मालवाही जहाज आकर खड़े नहीं हुए कि सन्देशवाहक डुगडुगी पीटकर जनता के पास सूचनाएँ देने के लिए दौड़ पड़ते थे।

सन् 1854 में पहला हिन्दी-बंगला दैनिक 'समाचार सुधावर्षण' निकला। इसका भी प्रकाशन कलकत्ता से ही हुआ। बाबू श्यामसुन्दर सेन ही इस पत्र के सर्वस्व थे, सम्पादक, संचालक और प्रकाशक भी। यह पत्र न्याय का पक्षधर था और अन्याय का मुखर प्रतिरोधक। इसमें विषय की विविधता और उनके चयन की सामयिकता भी थी। यह पत्र भारतीय पत्रकारिता का महत्त्वपूर्ण अध्याय है, जो अनेक पत्रों के लिए प्रेरणास्पद रहा। कारण कि यह सम्प्रेषण की स्वतन्त्रता का आदर्श था। तदन्तर उस काल की अर्द्धविकसित बुर्जआ मानसिकता को पत्रकारिता के इस स्तर से असन्तोष हुआ और उसने अपने वैचारिक, सामाजिक और राजनीतिक विकास के लिए पत्रकारिता को राष्ट्रवाद एवं सुधारवाद की ओर उन्मुख किया। पर ऐसा नहीं हुआ कि पुराने मुद्दों को एकदम छुट्टी मिल गयी, बल्कि उनके साथ-साथ कुछ नयी प्रतिबद्धताओं की सृष्टि हुई। नवजागरण के नायकों ने पत्रकारिता में शिक्षा, जनतंत्र, जातीय गौरव, धार्मिक और सामाजिक सुधार को केन्द्रीय महत्त्व दिया। इससे जागरण का संदेश जनमानस में प्रवाहित होने लगा। अन्याय और शोषण की शिकार मानसिकता में क्रान्तिकारी कारकों के भ्रूण विकसित होने लगे। क्षोभ, असन्तोष, आक्रोश और विद्रोह की सुगबुगाहट फ़िजा में घुलने लगी। विद्रोह की धमक और गमक पाकर अंग्रेजी साम्राज्यवाद सजग और सतर्क हो गया। कारण कि वह नहीं चाहता था कि यहाँ की गँवार जनता को आज़ादी की आहट मिले। वह उसे सर्वदा अन्धकार में रखना चाहता था। अंग्रेज हिन्दुस्तानियों को अबोध शैतान (हाफ डेविल, हाफ चाइल्ड) मानते थे। उन्होंने स्पष्ट स्वीकार किया है कि "It is our policy in those days to keep the natives of India in the profoundest possible state of knowledge among the people either of our own or the Independent states was vehemently opposed and presented."[15] इसी उद्देश्य से 1820 ई. में मद्रास के गवर्नर टॉमस मुनरो ने घोषणा की कि—"A free press and dominion of strangers are things which are quite incompatible, and which can not long exist together. For what is the first duty of free press? It is to deliver the country from a foreign yoke, and to sacrifice to this one great object every meaner consideration and if we make the press really free to the natives as well as to Europeans, it must invitably lead to this result."[16] सम्भवतः मुनरो को नियन्त्रण की यह प्रेरणा नेपोलियन से मिली होगी। उसकी भी मान्यता थी कि चार अख़बार एक साथ एक लाख सशस्त्र दुश्मनों के मुकाबले नुकसान पहुँचाने वाले होते हैं। इसीलिए उसने सन् 1800 में पेरिस के इलाके में सेंसरशिप के अन्तर्गत चलने वाले पत्रों को छोड़कर बाक़ी सभी राजनीतिक पत्रों पर प्रतिबन्ध लगा दिया था। भारतीय पत्रकारों ने प्रेस पर ऐसे नियंत्रण का काफ़ी विरोध किया। ऐसे पत्रकारों की सूची में राजाराम, द्वारिकानाथ टैगोर, हरचन्द घोष के नाम शीर्षस्थ हैं। इन सबने सर्वोच्च न्यायालय में एक याचिका दाखिल की, जिसमें अभिव्यक्ति की स्वतन्त्रता की याचना थी। यह याचना भारतीय पत्रकारिता के परिप्रेक्ष्य में 'ऐरियापैगोटिका' की हैसियत रखती है। दरअसल, जॉन मिल्टन ने दृढ़तापूर्वक घोषणा की थी कि "Give me liberty to know, to utter and to argue freely according to conscience, above all liberties. राजा राममोहन राय की याचिका का खुलासा भी यही था, पर सर्वोच्च न्यायालय ने उसे खारिज कर दिया। इंग्लैंड की 'प्रिवी काउंसिल' ने भी उसकी अनसुनी और अनदेखी कर दी। नतीजतन, जॉन एडम्स के कानूनों का 'मिरातुल अखबार' शिकार हुआ। राजाराम मोहन राय को हताशा और निराशा में पत्र प्रकाशन को स्थगित कर देना पड़ा। ब्रितानी आक्रोश का शिकार एक आंग्ल स्वामित्व का पत्र 'कलकत्ता जर्नल' हुआ जो सत्ता का मुखर और आक्रामक आलोचक था। उसके स्वत्वाधिकारी जेम्स सिल्क बकिंघम थे, जिनको अंग्रेजों ने निर्वासित कर दिया। उनके उत्तराधिकारी सेंडी आरनाट का भी यही हश्र हुआ। समाचार पत्र को जनता का दर्पण और प्रेस को नेतृत्व का गुण प्रदान करने की दिशा में बकिंघम का योगदान सतत् स्मरणीय रहेगा। हिकी, डुआन और बकिंघम की त्रिवेणी पत्रकारिता के आदर्शों का तीर्थस्थल है, जिसने इतिहास को ही प्रेरणा नहीं दी, बल्कि आज की मीडिया का भी ध्रुवतारा की तरह दिग्दर्शन करता है।

सरकार के सख्त नियंत्रण के कारण पत्रकारिता की विकास-प्रक्रिया में लम्बा गतिरोध आया। यह गतिरोध तब भंग हुआ, जब भारत में लार्ड विलियम बैंटिक का आगमन हुआ। उसने पदभार ग्रहण करते ही घोषणा की कि वे पत्रों की स्वाधीनता को सुशासन की दिशा में सहायक मानते हैं। इस घोषणा से दम तोड़ती पत्रकारिता को ऑक्सीजन मिला और मुक्त चिन्तन-धारा को लयात्मक गति मिली। उन दिनों पत्रकारिता की नियति दूर्वादल के समान थी जो ग्रीष्म के आतप में कुचलने-रौंदने और जलने के बाद भी जीवित रहती है और अनुकूल मौसम पाते ही सर उठाकर खड़ी हो जाती है। गुलाम भारत की पत्रकारिता की यह जिजीविषा और युयुत्सा काबिले तारीफ़ है। विलियम की उदार नीति से राजा राममोहन राय की सामाजिक और राजनीतिक चेतना पुनर्जागरित हुई। उन्होंने सन् 1829 में अंग्रेजी पत्र 'बंगाल हेराल्ड' का प्रकाशन आरम्भ किया और उनकी प्रेरणा से नीलरतन हालदार के सम्पादन में हिन्दुस्तान का

पहला त्रिभाषी पत्र 'बंगदूत' अस्तित्व में आया। यह बांग्ला, देवनागरी और फारसी लिपियों में प्रकाशित हुआ। राममोहन राय की उन्मुक्त चिन्ताधारा और प्रगतिशील सोच ने सती प्रथा जैसी रूढ़ियों एवं अन्य अन्धविश्वासों पर संघातक प्रहार किया। मगर इन सुधारवदी कदमों ने वैमनस्य भी मोल लिया। ढेर सारे कट्टरपंथियों एवं रूढ़िवादियों को उनकी प्रगतिशीलता रास नहीं आयी और यथास्थितिवादी ताक़तें एकजुट होकर 'समाचार चन्द्रिका' नामक पत्र का प्रकाशन आरम्भ किया। मगर उनकी गति अवरुद्ध नहीं हुई। बल्कि उनके समर्थन में ईश्वरचंद्र विद्यासागर का दैनिक पत्र 'संवाद-प्रभाकर' नमूदार हो गया और अपनी प्रभा से राजाराम मोहन राय की विचारधारा का पथ प्रशस्त करने लगा। यह बंगाल का पहला दैनिक पत्र है। बहरहाल, विलियम बैंटिक के प्रोत्साहन से वाणी और विचार-स्वातन्त्र्य की कुंठित धारा नवजागरण के साधकों के भगीरथ प्रयास से अपनी गति और दिशा पुनः हासिल कर ली। मगर प्रथम स्वतन्त्रता-संघर्ष यानी 1857 ई. तक भारतीय पत्रकारिता का स्वर धार्मिक, सामाजिक और क्षेत्रीय घटनाओं तक ही सीमित था। इस समय तक प्रशासन और राजनीति में उतनी पैठ नहीं थी। दूसरी बात यह भी लक्ष्य करने योग्य है कि हिन्दी पत्रकारिता में हिन्दी प्रदेशों की खुशबू नहीं थी। उन दिनों हिन्दी के अधिकांश पत्र कलकत्ता से ही निकलते थे। यहाँ कहने की जरूरत नहीं कि भारतीय पत्रकारिता की असली जन्मभूमि बंगाल ही है। हिन्दी प्रदेशों में पत्रकारिता के उद्भव में बाधक तत्त्वों में दो प्रमुख थे. पहला यह कि उन दिनों हिन्दी प्रदेशों में उर्दू का वर्चस्व था और दूसरा यह कि यहाँ प्रेस का आगमन बिलम्ब से हुआ। सन् 1845 में बनारस से 'बनारस अखबार' का प्रकाशन हुआ तो इसके प्रकाशक हिन्दी प्रदेश के कौन कहे, हिन्दी भाषी भी नहीं थे, वे मराठी भाषी थे। इस अखबार में भी उर्दू का ही बोलबाला था। हिन्दी की स्थिति डावाँडोल थी। 1848 ई. में इन्दौर से 'मालवा अखबार' 1850 ई. में बनारस से 'सुधाकर' (हिन्दी और उर्दू), 1852 ई. में आगरा से सदासुख लाल का 'बुद्धि प्रकाश', 1855 ई. में राजा लक्ष्मण सिंह के सम्पादन में 'प्रजा हितैषी' नामक पत्रों का उल्लेख इतिहास के वर्कों में मिलता है। गरज़ कि हिन्दी पत्रकारिता के आरम्भिक दौर में हिन्दुस्तानी भाषा का स्वरूप उभरकर आ रहा था। हाँ, इस युग की पत्रकारिता के प्रवर्त्तकों के आदर्श थे और समर्पण भाव थे। उनमें 'लॉ एंड जस्टिस' के प्रति निष्ठा थी और युगीन चेतना के प्रति सतर्कता भी। पर साधन सीमित थे। इसके बावजूद वे एक साथ हिन्दी गद्य के निर्माण के समान्तर सामाजिक संरचना के निर्माण में भी संलग्न थे। यही नहीं, अंग्रेजी पत्रों की तुलना में हिन्दी पत्रों पर प्रतिबंध ज्यादा थे। इस काल में भारतीय भाषा के समाचार-पत्रों पर जहाजों की गतिविधियों, व्यापारिक सूचनाओं आदि के प्रकाशन पर सख्त प्रतिबन्ध थे। प्रशासन की विसंगतियों पर किसी प्रकार की टिप्पणी तो अपराध था। फिर भी 'पयामे आज़ादी' ने निर्भीकतापूर्वक राष्ट्रवादी विचारों का विनिमय करके पत्रकारिता

की अद्वितीय शक्ति का अहसास करा रही थी। 1857 ई. के स्वतन्त्रता आन्दोलन में इस पत्र की भूमिका अविस्मरणीय है। इस पत्र के सम्पादक स्वाधीनता संघर्ष के अनन्य नेता श्री अजीमुल्ला खाँ थे। इन्होंने 1857 के क्रान्तिकारियों के आह्वान और नेतृत्व का निम्नांकित शब्दों में स्वागत किया था। ये शब्द उनके सम्पादकीय के हैं: "हमारे कान इस तरह आपकी ओर लगे हैं, जिस तरह रोज़ेदारों के कान मुआज्जिन की तरफ लगे रहते हैं। हम आपकी आवाज सुनने के लिए बेताब हैं। हमारी आँखें आपकी दीदार की प्यासी हैं। बिना आपकी आमद के गुलाब के पौधे में फूल नहीं खिल सकते।"[18] इसके अलावे इसी पत्र में 1857 ई. की क्रान्ति का एक राष्ट्रीय गीत छपा था, जिसने जनमानस में स्वाधीन चेतना का संचार किया था। उसकी कुछ पंक्तियों का जायजा लेने से ही उसकी तासीर का अन्दाज मिल जाता है:

'हम हैं इसके मालिक, हिन्दुस्तान हमारा
पाक वतन है कौम का, जन्नत से भी प्यारा
ये है हमारी मिल्कियत, हिन्दुस्तान हमारा
इसकी सहामियत से रौशन है जग सारा
... ...
आज शहीदों ने तुमको अहलेवतन ललकारा
तोड़ो गुलामी की जंजीरें, बरसाओ अंगारा
हिन्दु, मुसलमां, सिख हमारा भाई-भाई
ये है आजादी का झंडा, इसे सलाम हमारा।

इन दृष्टान्तों से साफ ज़ाहिर होता है कि 1857 ई. की जनक्रान्ति में शस्त्रधारी सैनिकों के आजू-बाजू कलमधारी सैनिकों की हिस्सेदारी रही है, जिसका ख़ामियाज़ा पत्रकारिता को भी भुगतनी पड़ी। क्रान्तिकारियों की नृशंस हत्याओं के साथ अंग्रेजों ने इस क्रान्ति के दमन के लिए पत्र-पत्रिकाओं की भी हत्याएँ कीं। 'पयामे आजादी' की तो सारी प्रतियाँ जब्त कर ली गयीं और नष्ट भी कर दी गयीं। यहाँ तक कि जिन घरों में इसकी प्रतियाँ पायी गयीं, उनके स्वामियों की भी हत्याएँ की गयीं। 1857 ई. में जनक्रान्ति में पत्रकारिता की भूमिका से आतंकित होकर उसी वर्ष (Gangging Act) यानी गलाघोंट प्रेस एक्ट लागू किया। इसमें कानून को प्रस्तुत हुए जून 1857 लार्ड कैनिंग के शब्द स्मरणीय हैं, "यह सबको अच्छी तरह नहीं मालूम कि इन पत्रों ने राजद्रोह को समाचारों के रूप में जनता में फैलाया है"।[19]

इस प्रकार सन् 1857 के बाद हिन्दी पत्रकारिता दूसरे सोपान पर क़दम रखती है। प्रथम स्वाधीनता आन्दोलन से लेकर स्वतन्त्रता-प्राप्ति की अवधि में पत्रकारिता की गतिविधियाँ तीव्र हो जाती हैं और अपने लक्ष्य और उपलक्ष्य के प्रति उनमें गहरी निष्ठा मिलती है। उसकी केन्द्रीय प्रवृत्ति स्वतन्त्रता के लिए छटपटाहट है और स्वातन्त्र्य-संघर्ष में अपना सर्वस्व झोंक देने की तड़फ़ड़ाहट है। इस काल में

साहित्यकारों से लेकर राष्ट्र-नायकों तक ने पत्रकारिता के क्षेत्र में अपने विचारों के स्फुलिंग को जन-जन तक पहुँचाने के लिए अपनी सक्रिय और समर्थ उपस्थिति दर्ज़ की। इसलिए कई विद्वानों ने इस युग की पत्रकारिता की विभिन्न मुद्राओं को विशिष्ट पुरुषों के नाम से संज्ञापित किया है जैसे, भारतन्दु युग, तिलक युग तथा गाँधी युग। पत्रकारिता के सम्बन्ध में जो बात रोनॉल्ड ई. वोल्सले ने कही है, वह बात इस युग की पत्रकारिता पर शब्दशः लागू होती है: "Journalism is instant history, an account of history as it is being made."[20]

विफल प्रथम स्वाधीनता संघर्ष के बाद ब्रिटिश पार्लियामेंट ने भारतीय शासन-व्यवस्था को ईष्ट इंडिया कम्पनी से अपने हाथों में ले लिया। अंग्रेजी साम्राज्यवाद की बुनियाद और बुलन्द हो गयी। उसने उपनिवेश को दीर्घायु बनाने के लिए यहाँ की भाषा और संस्कृति को भी नष्ट करना आरम्भ कर दिया। उनके आर्थिक शोषण और सांस्कृतिक कुचक्रों से यहाँ की जनता परेशान और पशेमान थी। लोगों में हताशा और निराशा ने जड़ता और हीनता की भावना घर करने लगी थी। इस अवसादपूर्ण वातावरण से मुक्ति के लिए पहली जरूरत थी कि लोगों के इतिहास के गौरवशाली पृष्ठों से अनुप्रेरित कर आत्मसम्मान और स्वाभिमान की भावना का संचार किया जाय और इसके द्वारा स्वाधीनता-संघर्ष के लिए अनुकूल भावभूमि निर्मित किया जाय। मोहग्रस्त अर्जुन के लिए अन्याय और अत्याचार के खिलाफ़ गीता का जो सन्देश कृष्ण ने दिया था, वही सन्देश हमारे देश के पत्रकारों ने इस काल में दिया। इस दृष्टि से अकबर इलाहाबादी की यह पंक्ति मानीखेज़ है :

'खींचो न कमानों को, न तलवार निकालो,
जब तोप मुकाबिल हो तो अखबार निकालो'

साम्राज्यवाद के विरोध के लिए भारतेन्दु ने पत्रकारिता को एक औज़ार के रूप में इस्तेमाल किया। उनके काव्य में राजभक्ति और देशभक्ति के द्वैत की जो आलोचना की जाती है, दरअसल वह अंग्रेजों से लोहा लेने का एक पैंतरा मात्र था। उनकी पत्रकारिता की रंगभूमि में वह द्वैत प्रायः नजर नहीं आता। भारतेंदु ने स्वाधीनता-संग्राम का शंखनाद पत्रकारिता के माध्यम से किया था। डॉ. रामविलास शर्मा की यह उक्ति किसी भी मायने में एकांगी नहीं है कि "भारतेन्दु के राजनीतिक विचारों की प्रौढ़ता राष्ट्र की इस उदार कल्पना से समाप्त नहीं होती। बंग-भंग से बहुत पहले, कांग्रेस के स्वदेशी आन्दोलन से भी पहले भारतेंदु ने अपने व्याख्यानों तथा साहित्यिक रचनाओं के द्वारा हिन्दुस्तान में स्वदेशी आन्दोलन का सूत्रपात किया था।"[21] कहने की ज़रूरत नहीं कि अपनी पत्र-पत्रिकाओं के माध्यम से देशभक्ति और स्वदेशी भावना का प्रचार-प्रसार किया। एक तरह से भारतेन्दु का यह पत्रकार-कर्म दूसरे स्वाधीनता-संग्राम का मंगलाचरण है। उनकी कविवचनसुधा, हरिश्चन्द्र चंद्रिका, हरिश्चन्द्र मैगजीन और बाल बोधिनी पत्रिकाओं की भूमिका

स्मरणीय है। पहले 'कविवचन सुधा' अपने नाम के अनुरूप काव्य-पत्रिका थी। बाद में उसने गद्य-विधाओं को भी स्थान दिया। 'हरिश्चन्द्र चंद्रिका' ने राष्ट्रीय सन्दर्भों में महत्तम भूमिका निभायी थी। स्वदेशी आन्दोलन की शुरुआत इसी ने की। दरअसल, इसका बीजारोपण 'कविवचन सुधा' ने ही कर दिया था। भारतेन्दु का यह आह्वान जनता तक उसी ने सम्प्रेषित किया था कि "हम लोग सर्वान्तदासी सत्र स्थल में वर्तमान सर्वद्रष्टा और नित्य सत्य परमेश्वर को साक्षी देकर यह नियम मानते हैं और लिखते हैं कि हमलोग आज के दिन से कोई विलायती कपड़ा नहीं पहनेंगे और जो कपड़ा पहिले से मोल ले चुके हैं और आज की मिति तक हमारे पास है, उनके जीर्ण हो जाने तक काम में लावेंगे, पर नवीन मोल लेकर किसी भाँति का भी विलायती कपड़ा न पहिरेंगे।"[22] यकीनन, भारतीय पत्रकारिता के क्षेत्र में भारतेन्दु का प्रवेश एक क्रान्तिकारी घटना है। राजाराम मोहन राय और स्वामी दयानन्द ने जो काम आन्दोलन के द्वारा सम्पादित किया, वही अनुष्ठान भारतेन्दु ने भाषा और साहित्य के माध्यम सम्पन्न किया। भारतेन्दु ने अपने पत्रों के माध्यम से साहित्य-रूपों, कला-रूपों के विकास के साथ-साथ राष्ट्रीय चेतना और जनमत को भी विकसित किया। उनके पत्रों की लोकप्रियता का आलम यह था कि जब अन्य पत्रिकाएँ घूम-घूम कर, घर-घर जाकर सुनाने पर भी नहीं बिकती थीं, तब ये पत्रिकाएँ हाथोंहाथ बिक जाती थीं। इसका रहस्य भारतेन्दु की श्रम-साधना, व्यक्तित्व, गद्य-शैली तथा सम्पादन-कला में निहित था। सबसे बड़ी बात तो यह थी कि इन्होंने अपने साथ-साथ दूसरों को भी पत्र-प्रकाशन और साहित्य-लेखन के लिए प्रेरित और प्रोत्साहित भी किया था। इनके अनुकरण पर कई साहित्यकारों ने पत्रकारिता को जनजागृति के माध्यम के रूप में अपनाया। बालकृष्ण भट्ट ने 'हिन्दी प्रदीप' तथा प्रतापनारायण मिश्र ने 'ब्राह्मण' नामक पत्र निकाला। भारतेन्दु के पत्रों के प्रभाव और उनके अदम्य साहस का वर्णन भी बालमुकुन्द गुप्त ने किया है। वे लिखते हैं कि ''कविवचन सुधा' जब पाक्षिक होकर राजनीति सम्बन्धी और दूसरे लेख स्वाधीनता भाव से प्रकाशित करने लगी तो बड़ा आन्दोलन मचा। भारतेन्दु जी ऑनरेरी मजिस्ट्रेट नियुक्त किये गये, तब भी वे निडर होकर लिखते रहे। सर्वसाधारण में उनके पत्र का आदर होने लगा। उस समय हिन्दी भाषा के प्रेमी बहुत कम थे तो भी 'हरिश्चन्द्र' के ललित लेखों ने लोगों के जी में विशेष जगह कर ली थी।' ये सभी उद्धरण इस बात को प्रमाणित करने के लिए पर्याप्त हैं कि भारतेन्दु ने हिन्दी पत्रकारिता की मजबूत आधारशिला रखी और एक आलोकधर्मी तथा उदग्र पत्रकारिता का दिशा-निर्देश किया। आलोक मेहता ने एक महत्त्वपूर्ण बात बिना सन्दर्भ-चर्चा के उद्धृत की है 'यों तो सन् 1826 से 1873 तक अनेक साहसी व्यक्ति पत्रकारिता के अखाड़े में उतरे किन्तु उन सबमें अधिक प्रतिभाशाली व्यक्तित्व भारतेन्दु बाबू हरिश्चन्द्र का था।'

जैसा कि संकेत किया है पं. बालकृष्ण भट्ट ने भी इनके नक्शेकदम पर 'हिन्दी

प्रदीप' का सम्पादन आरम्भ किया। यह भी राष्ट्रीय आन्दोलन का प्रमुख पत्र था। इसने बिटिश सरकार की भाषा-नीति, प्रेस, कर आदि प्रावधानों पर जमकर प्रहार किया। इसे भी सरकारी कोप का शिकार बनना पड़ा। इसने सरकार के प्रति नरम रुख वाले पत्रों की आलोचना की और सामाजिक कुरीतियों के उन्मूलन का भी साहसिक प्रयास किया।

प्रताप नारायण मिश्र के 'ब्राह्मण' ने इसी परम्परा का निर्वाह किया, मगर इसकी जिन्दगी संक्षिप्त थी। अल्पावधि में ही सरकार के विरुद्ध अपनी आवाज बुलन्द की और जन-चेतना को शक्ति प्रदान की। 'हिन्दोस्थान' नामक दैनिक पत्र का प्रकाशन हुआ। इसके सम्पादक पं. मदनमोहन मालवीय थे। इस पत्र ने भी पत्रकारिता के क्षेत्र में नये प्रतिमानों की स्थापना की। कलकत्ता से प्रकाशित होने वाला 'भारत मित्र' हिन्दी का प्रथम राजनीतिक पत्र था। पहले इसका प्रकाशन पाक्षिक था। उसके प्रथम पृष्ठ पर यह सूक्ति लिखी होती थी—"जयोस्तु सत्य निष्ठानां येषां मनोरथः।" इस पत्र को लोकप्रियता, लोकमान्यता और प्रभाव-प्रतिष्ठा के शिखर पर स्थापित करने का श्रेय सम्पादक बालमुकुन्द गुप्त को है। इनका कार्यकाल 16 फरवरी, 1899 से 14 सितम्बर 1907 तक था। इस पत्र में भारतेन्दु और दयानन्द सरस्वती छपते थे। सबसे ज्यादा लोकप्रियता इसे दी, सम्पादक के 'शिवशम्भू के चिट्ठे' ने। ये आलेख धारधार व्यंग्य के कालजयी शिलालेख हैं। इसके अंग्रेजी अनुवाद करके लार्ड कर्जन को सुनाये जाते थे। इसके अलावे गुप्तजी के करारे राजनीतिपरक व्यंग्य 'कर्जन फुलर' 'टेसू' शीर्षकों से प्रकाशित हुए जिन्होंने राष्ट्रीय आन्दोलन में मुखर भूमिका निभायी। 1920 ई. में इसके सम्पादक पं. लक्ष्मीनारायण गर्दे हुए। महात्मा गाँधी से भेंट कर इन्होंने लम्बी बातचीत की जिसको अपने पत्र में सम्पादित किया। इस तरह से पत्रकारिता के क्षेत्र में साक्षात्कार विधा का जन्म हुआ। उन्होंने अवकाश ग्रहण करते हुए लिखा था "'भारत मित्र' हमारा सार्वजनिक जीवन था और जिसका इतिहास अत्यन्त पवित्र और स्वदेशी स्वधर्म की निःस्वार्थ सेवा से परिपूर्ण है।"[23] गरज़ कि भारतेन्दु-युग के पत्रकार जीवन्त भारतीय चेतना के प्रति सजग और सचेष्ट रहे और इनके पत्र भारत की गौरवशाली परम्पराओं के प्रति आस्था और विश्वास के साथ राजनीतिक एवं साहित्यिक संस्कृति के निर्माण में प्रयत्नशील रहे तथा सामयिक और समकालीन मुद्दों से रू-ब-रू होते रहे।

हिन्दी पत्रकारिता की दृष्टि से बीसवीं शताब्दी का आरम्भ गौरवपूर्ण तरीके से हुआ। सन् 1900 में 'सरस्वती' का प्रकाशन एक जबर्दस्त घटना है। इसको बहुआयामी व्यक्तित्व महावीर प्रसाद क्विेदी ने 1903 ई. में दिया। इन्होंने अपने दो दशकों के सम्पादन-काल में लेखकों की टीम तैयार की, जिसने साहित्य-सेवा के साथ-साथ देश-सेवा का भी संकल्प लिया था। इस पत्रिका ने पत्रकारिता-जगत में भी एक नवीन क्रान्ति का सूत्रपात किया। इसके प्रभाव-प्रसार से पत्र-पत्रिकाओं का

सैलाब आ गया। समाज में जनजागृति का दौर चल रहा था। बीसवी शती का पूर्वार्द्ध हिन्दी पत्रकारिता का क्रान्तिकारी दौर है। इस युग में राजनीति की धारा दो भागों में विभक्त हो गयी थी। पहली गाँधीवादी तो दूसरी उग्रवादी। इसी प्रकार पत्रकारिता भी दो धाराओं में बँट गयी, एक साहित्यिक तो दूसरी राजनीतिक। कभी ये दोनों धाराएँ समान्तर विकसित हो रही थीं और साहित्य और राजनीति को एक दूसरे का सम्पूरक मानती थीं। मगर 20वी शती के दूसरे दशक के बाद यानी राजनीतिक क्षितिज पर महात्मा गाँधी के अभ्युदय के बाद, इनकी प्राथमिकताएँ अलग-अलग हो गयीं। एक का सरोकार साहित्य से बढ़ गया तो दूसरी का राजनीति से। मगर ऐसा नहीं हुआ कि साहित्य और राजनीति की दिशाएँ बदल गयीं। साहित्यक पत्रिकाओं में 'सरस्वती', मतवाला, सेनापति, हँस, चाँद, विश्वामित्र पत्र थे। मगर 'चाँद' के फाँसी अंक ने सम्पूर्ण देश में राष्ट्रीयता और विद्रोह की भावना को प्रोत्साहित किया। नतीजतन अंग्रेजी सरकार ने इस पर अंकुश लगा दिया और इसकी प्रतियों को नष्ट कर दिया। इसी प्रकार 1925 ई. में 'सैनिक' का प्रकाशन हुआ। इसके प्रकाशक कृष्णदत्त पालीवाल थे। यह बहुत ही निर्भीक पत्र था। इस पत्र की प्रकृति के बारे में डॉ. माहेश्वरी लिखते हैं कि "'सैनिक' प्रधानतः राजनीतिक पत्र था किन्तु उसमें साहित्यक प्रवृत्तियों के लिए भी स्थान था।"[24] गरज कि दोनों प्रकार की पत्रिकाओं को एक दूसरे की प्रकृति और प्रवृत्ति से परहेज नहीं था, अन्तर सिर्फ प्रधानता की थी। इस युग में कुछेक ऐसी भी पत्रिकाएँ थीं जो आरम्भ में साहित्यिक थीं और बाद में उन्होंने राजनीतिक लिबास पहन लिया, उदाहरण के लिए 'सुधा', जिसके सम्पादक पं. दुलारेलाल भार्गव थे और बाद में रूपनारायण पाण्डेय तथा नन्दकिशोर तिवारी हुए। प्रारम्भ में यह पत्रिका अपने समय की सर्वश्रेष्ठ साहित्यिक पत्रिकाओं में स्थान रखती थी। बाद में इसने अपने सरोकार राजनीति से स्थापित कर लिया। इसी प्रकार 'विशाल भारत' साहित्य और राजनीति दोनों के लिए समर्पित था। बनारसीदास चतुर्वेदी ने साहित्यिक सामाजिक और राजनीतिक विषयों को समाविष्ट कर लोकप्रिय बनाया था। श्री रामानंद चटर्जी 'विशाल भारत' के प्रकाशक थे, मगर उन्होंने चतुर्वेदी जी को सम्पादन कार्य के लिए पूर्ण स्वतन्त्रता दे रखी थी। यह अपने समय का सर्वश्रेष्ठ और सर्वांगपूर्ण मासिक पत्र था। यह राजनीतिक, सामाजिक जागृति के उपक्रमों के प्रति प्रतिबद्ध था। इस पत्र ने कई साहित्यिक आन्दोलन को जन्म दिया था। चतुर्वेदी जी के अग्रलेख 'घासलेटी साहित्य' ने तो ज़ेहाद ही छेड़ दिया था, जिसने सारे देश के स्तरहीन साहित्य के विरुद्ध वातावरण तैयार किया। यही नहीं, जब 'चाँद' के सम्पादक मुंशी नवजादिक लाल को बर्खास्त कर दिया गया, तब इस पत्र ने पत्रकारों की सुरक्षा को लेकर आन्दोलन छेड़ दिया था। इस प्रकार 'विशाल भारत' साहित्य और पत्रकारिता दोनों की ही एक समान चिन्ता करता था। हंस का प्रकाशन भी इस काल की ऐतिहासिक घटना है। प्रेमचन्द के मृत्योपरान्त

इसका प्रकाशन भी शिवदान सिंह चौहान ने किया। यह साहित्यिक पत्रिका थी, पर राजनीतिक और सामाजिक सवाल भी इसके लिए अस्पृष्य नहीं थे। आजकल यह राजेन्द्र यादव के सम्पादन में प्रकाशित हो रही है। इस 'हंस' ने नीर-क्षीर विवेक खो दिया है। विमर्शों के आग्रह ने 'हंस' की प्राचीन गरिमा को आहत किया है—इसमें कोई शक नहीं । प्रेमचन्द ने इस पत्र का प्रकाशन मार्च, 1930 में आरम्भ किया था। यह गाँधी के विचारों से प्रभावित था। प्रथम अंक में 'हंसवाणी' के अन्तर्गत इसके प्रयोजन का उल्लेख करते हुए प्रेमचन्द ने लिखा था, "...मगर स्वाधीनता केवल मन की वृत्ति है। इस वृत्ति का जागना ही स्वाधीन हो जाना है। अब तक इस विचार ने जन्म ही न लिया था। हमारी चेतना इतनी मन्द, शिथिल और निर्जीव हो गयी थी कि उसमें ऐसी महान कल्पना का आविर्भाव ही नहीं हो सकता था। पर भारत के कर्णधार महात्मा गाँधी ने इस विचार की सृष्टि कर दी।"[25]

इसी के समान्तर राजनीतिक पत्रों का भी प्रकाशन जारी था। ऐसे पत्रों में 'प्रताप' का प्रताप सर्वाधिक है। इसके सम्पादक श्री गणेशशंकर विद्यार्थी थे। ये जनमन के प्रवक्ता थे और जन-आन्दोलनों के पर्याय भी। इसलिए इस दैनिक पत्र का क्रान्तिकारी और राष्ट्रवादी विचारों का संवाहक होना स्वाभाविक था। इस पत्र में शहीद भगत सिंह 'बलवन्त सिंह' के छद्‌म नाम से लिखा करते थे। इसका उद्‌देश्य स्वतन्त्रता सेनानियों को जन्म देना था। हिन्दी पत्रकारिता के परिसर में इस पत्र को आन्दोलन के रूप में परिभाषित किया जाता है। विद्यार्थी के अन्तिम अग्रलेख की टिप्पणी द्रष्टव्य है, जिसे भगत सिंह, सुखदेव और राजगुरु को फाँसी दिये जाने की प्रतिक्रिया में लिखी थी:

"निराश होने की आवश्यकता नहीं है। इस प्रकार की प्रत्येक घटना जिसकी भयंकरता से हृदय काँप उठे, जिसकी कटुता भावी सन्तति के लिए कलेजा छेदने वाली कही जा सके, आशा और शुभ सन्देश की वाहिनी है। देश में जिस स्वाधीनता का जन्म हो रहा है, यह उसी की प्रसव-वेदना है।"[26] 1919 ई. में 'स्वदेशी' नामक पत्र का प्रकाशन हुआ। इस पत्र ने उत्तर प्रदेश के अनेक अंचलों में स्वतन्त्रता-आन्दोलन के प्रचार-प्रसार में महत्त्वपूर्ण भूमिका अपनायी। आरम्भ में इसके सम्पादक पं. दशरथ प्रसाद द्विवेदी थे, बाद में पांडेय बेचन शर्मा 'उग्र' ने भी इसका सम्पादन किया था। इसका उद्‌देश्य था:

'स्वर्गालय के लिए आत्मबलि हम न करेंगे,
जिस स्वदेश में हम जिये, उसी पर सदा मरेंगे।'

इसकी प्रत्येक प्रति इंग्लैण्ड में अधिकारियों के पास भेजी जाती थी ताकि इसकी क्रान्तिकारी गतिविधियों पर नज़र रखी जा सके। कहते हैं कि इसके विजयांक में प्रकाशित कविता 'क्रान्ति की उषा से होगा रक्त भारतीय व्योम' पर सम्पादक को नौ माह की कारावास की सजा हुई थी। इसी घटना से स्वाधीनता-संग्राम में इसकी

भूमिका तथा क्रान्तिकारी भावना का अन्दाज लग जाता है। 1920 ई. में 'आज' नामक दैनिक पत्र का प्रकाशन हुआ। राव विष्णुराव पराड़कर के सम्पादन-काल में पत्रकारिता में इस पत्र ने जिन आदर्शों की सृष्टि की, वे आज भी स्मरणीय एवं स्पृहणीय हैं। पराड़कर जी वाकई पत्रकारिता के शिखर पुरुष हैं। इनके अग्रलेख अक्सर सेंसर के शिकार हो जाते थे। वैसी स्थिति में सम्पादकीय पृष्ठ खाली छोड़ दिये जाते थे और उन पर लिख दिया जाता था—'काले कानून को भेंट।' कहने की ज़रूरत नहीं कि यह पत्र स्वाधीनता आन्दोलन को सर्वथा समर्पित पत्र था। घोर आन्दोलन के समय जब इसके प्रकाशन पर प्रतिबन्ध लग जाता था तो पराड़कर जी इसे गुप्त रूप से 'रणभेरी' के नाम से निकालते थे। सोचिए, वे कितने जीवट के आदमी थे और अपने पत्र-कर्म के प्रति कितने प्रतिश्रुत थे।

1924 ई. में कोलकत्ता में 'युगान्तर' की युगान्तरकारी भूमिका का ज़ौहर देख कर लोग दंग थे। पं. रामदहिन ओझा इसके सम्पादक थे और परिमल भट्ट उनके सहयोगी थे। इस पत्र के हर अंक में गाँधी जी के चित्र के नीचे निम्नांकित पंक्तियाँ प्रकाशित होती थीं:

मुक्त हों हाथ, हथकड़ी टूटे
राष्ट्र का सिंहनाद घर-घर हो
हे प्रभु देश में युगान्तर हो।

सम्पादक में युगान्तर की इतनी प्रबल आकांक्षा थी कि ब्रितानिया सरकार का विरोध करने का एक भी अवसर वे नहीं चूकते थे। अंग्रेजों के खिलाफ उनकी लेखनी आग उगलती थी। फलतः उनकी किताबें जब्त कर ली गयीं। उन्हें कोलकत्ता से निष्कासित कर दिया गया। फिर गिरफ्तार हुए, और जेल में जहर देकर सरकार ने इनकी हत्या कर दी। अहिंसावादी आन्दोलन में एक सम्पादक सैनिक की यह पहली शहादत थी।

सन् 1920 में ही माखनलाल चतुर्वेदी के सम्पादन में 'कर्मवीर' साप्ताहिक का प्रकाशन आरम्भ हुआ था। यह पत्र भी गरम दल की नीतियों का सम्पोषक था। बिहार के रामवृक्ष बेनीपुरी भी इसके सम्पादक रहे थे। चतुर्वेदी जी की प्रसिद्धि 'एक भारतीय आत्मा' के रूप में है। ये खुद स्वतन्त्रता-सेनानी थे और स्वतन्त्रता सेनानियों के प्रति इनके क्रान्तिकारी मानस में गहरी निष्ठा थी।

'मुझे तोड़ लेना वनमाली, उस पथ में देना तुम फेंक
मातृभूमि पर शीश चढ़ाने जिस पथ जावें वीर अनेक।'

यह अभिलाषा ही उनकी राष्ट्रीय चेतना का उपजीव्य थी। 'दादा' का नाम लेते ही 'कैदी और कोकिला' का स्वर आज भी मन-प्राणों में गूँजने लगता है। आज की तरह इन कवियों के लेखन और जीवन में द्वैत नहीं था।

उनके लेखन और जीवन में सामरस्य एवं चिन्तन तथा आचरण में सौमनस्य

था। इसलिए 'कर्मवीर' के शौर्य की भूमिका स्वतन्त्रता संघर्ष में सहज ही अनुमेय है। यह भी बात गौरतलब है कि उन दिनों 'स्पेशलाइजेशन' का ज़माना नहीं था, और न मनुष्य की चेतना, संवेदना एवं दायित्व भावना में विच्छेद था। साहित्य, राजनीति, नैतिकता आदि के अन्तर्सम्बन्धों से व्यक्तित्व का रसायन तैयार होता था। उदाहरण के लिए स्वातन्त्र्य-संघर्ष के जितने भी ऋत्विज थे, उनका सरोकार साहित्य, संस्कृति और राजनीति से (अनुपात भेद से) मिलता है। चाहे वे भारतेन्दु हों या बालगंगाधर तिलक, प्रेमचन्द हों चाहे गाँधी जी, माखनलाल चतुर्वेदी हो, चाहे राम मनोहर लोहिया। माखनलाल चतुवेदी साहित्यकार होते हुए पत्रकारिता के गुरुतर दायित्व को बखूबी समझते थे। उन्होंने 1927 ई. को पत्रकार-परिषद में भाषण किया था: "यदि समाचारपत्र संसार की एक बड़ी ताक़त है तो उनके सिर पर जोख़िम भी कम नहीं। पर्वत की जो शिखरें हिम से चमकतीं और राष्ट्रीय सुरक्षा की महान दीवार बनती हैं, उन्हें ऊँची होना पड़ता है। जगत में समाचार पत्र यदि बड़प्पन पाये हुए हैं तो उनकी जिम्मेदारी भी भारी है। बिना जिम्मेदारी के बड़प्पन का मूल्य ही क्या है? और वह बड़प्पन तो मिट्टी के मोल हो जाता है, जो अपनी जिम्मेदारी को संभाल नहीं सकता। समाचारपत्र अपनी ग़ैरज़िम्मेदारी से स्वयं ही मिट्टी का मोल नहीं हो जाता, अपितु वह देश के अनेक महान अनर्थों का उत्पादक और पोषक हो जाता है।"[27] इस प्रकार उन दिनों साहित्य और पत्रकारिता दोनों ही राष्ट्रीयता के पर्याय थे और सवतन्त्रता दोनों के ही संगठित और संतुलित प्रयास की परिणति थी।

मेरा ख्याल है कि स्वतन्त्रता-पूर्व पत्रकारिता का उल्लेख अधूरा होगा जब तक कि महात्मा गाँधी के हस्तक्षेप का ज़िक्र न किया जाय।

महात्मा गाँधी ने पत्रकारिता के इलाके में प्रवेश संवाददाता के रूप में किया था। गाँधी जी जब लंदन में थे तो वहीं से दादा भाई नौरोजी 'इंडिया' नामक पत्र निकाला करते थे। उन्होंने गाँधी जी को संवाददाता के रूप में बहाल किया। गाँधी जी के परामर्श पर उनके बाल सखा मदनजीत ने 'इंडियन ओपीनियन' नाम का पत्र-संपादन किया। यह पत्र अंग्रेजी, तमिल, गुजराती और हिन्दी में निकला, पर ग्राहकों के अभाव में तमिल और हिन्दी संस्करणों को स्थगित करना पड़ा। आर्थिक संकट से उबारने के लिए गाँधी जी ने इस पत्र का सम्पादन कार्य अपने हाथ में ले लिया। यह पत्र मुख्यतः उनके अपने विचारों के सम्प्रेषण का माध्यम था। यह उनकी विचार-यात्रा का ज्ञापक था। उन्होंने स्पष्ट स्वीकार किया है कि "जब तक 'इंडियन ओपीनियन' मेरे अधीन था, उसमें किये गये परिवर्तन मेरे जीवन में हुए परिवर्तनों का द्योतक थे। जिस तरह आज 'यंग इंडिया' और 'नवजीवन' मेरे जीवन में कुछ अंशों के निचोड़ हैं। उसी तरह 'इंडियन ओपीनियन' था।"[28] गुजराती 'नवजीवन' के बाद 1921 ई. में 'नवजीवन' का हिन्दी संस्करण प्रकाशित हुआ। उनके पत्रों में अवांछनीय विज्ञापन नहीं छपते थे। उनकी पत्रकारिता भी निराली थी। उनकी

पत्रकारिता का उद्देश्य मनोरंजन नहीं था। उनकी स्पष्ट घोषणा थी कि "मेरे पत्र मनोरंजन के लिए नहीं, अपने दैनिक जीवन को ढालने के लिए चलाये गये हैं।"[29] इस पत्र के माध्यम से गाँधी जी सरकार के जन विरोधी कार्यों की आलोचना करते थे। इसके माध्यम से नवजागरण के आवश्यक सन्देशों को जन-जन तक पहुँचाते थे। वे आम आदमी के प्रतिनिधि थे। इसलिए वे उसकी भावनाओं की कद्र करते थे और उनके हितों के लिए प्रतिबद्ध भी थे। उन्हें इस बात का सन्तोष था कि इस देश के किसान और मजदूर भी समाचार-पत्र पढ़ने लगे हैं, पहले तो अंगेजी अखबारों को अभिजात तबके ही पढ़ा करते थे।

गाँधी जी ने अछूतोद्धार के लिए 11 फरवरी 1933 ई. में 'हरिजन' नामक पत्र का प्रकाशन आरम्भ किया। इसके प्रवेशांक में गाँधी जी ने सम्पादकीय लिखा जिसका शीर्षक था 'अस्पृश्यता' था जिसमें विस्तार से उल्लेख किया था कि अस्पृश्यता शास्त्र-सम्मत नहीं है। और स्थापित किया कि "ईश्वर के समक्ष मानव समान है, ईश्वर भेद-भाव से परे है।[30] यह पत्र स्वतन्त्रता संग्राम के दौर में ऐसा पत्र था कि प्रारम्भ से ही जनता ने हाथों-हाथ लिया। 'हरिजन' में अम्बेडकर के वक्तव्यों के लिए भी जगह थी और परम सनातनी मदन मोहन मालवीय के भी विचारों के लिए पर्याप्त अवकाश था। गाँधी जी हरिजन-सेवार्थियों को बराबर उत्साहित करते थे। उनका स्पष्ट सन्देश था कि "इस देश के नवयुवकों को समझ लेना चाहिए कि मानवीय सेवाओं में सबसे कठिन सेवा हरिजनों की सेवा करना है। अतः इसके लिए हर सेवक के मन की उत्कृष्ट पवित्रता और अपार सरलता अनिवार्य है।"[31]

बहरहाल, गाँधी जी की पत्रकारिता सोलहों आने स्वराज्य और सामाजिक परिवर्तन के प्रति समर्पित थी। वह समाज सुधार और देशोद्धार का अस्त्र थी, उनके सत्य-अहिंसा की प्रयोगशाला थी। उन्होंने समाचार-पत्रों के प्रयोजनों का अनुसधांन भी किया था, जिसकी वजह से पत्रकारिता तात्कालिकता के बावजूद शाश्वत होती है। वे 'आत्मकथा' में लिखते हैं: "समाचार पत्रों का एक लक्ष्य जनता की भावनाओं को समझना और उन्हें अभिव्यक्ति देना है; दूसरा लक्ष्य है लोगों में वांछनीय भावनाएँ जगाना; और तीसरा लक्ष्य है लोगों में प्रचलित दोषों को निर्भयता-पूर्वक सबके सामने लाना।"[32] हम जानते हैं कि गाँधी जी की कथनी और करनी में कोई फाँक नहीं थी। अपनी पत्रकारिता के माध्यम उन्होंने इन लक्ष्यों को हासिल करने का भगीरथ प्रयत्न किया जिससे स्वातन्त्र्य-चेतना को जनमानस में जागरित करने में तथा स्वातन्त्र्य-आन्दोलन के लिए अनुकूल उर्वर भावभूमि तैयार करने में सफलता मिली। दरअसल, उस समय की पत्रकारिता की मुख्य प्रकार्य था, गुलामी की ऊसर और सख़्त धरती में स्वतन्त्रता की फसल उगाने की प्रचेष्टा जिसमें उसे वांछित सफलता भी प्राप्त हुई। गाँधी जी की पत्रकारिता और उनके नेतृत्व की विश्वसनीयता का एक प्रमाण देने का लोभ संवरण नहीं कर पा रहा हूँ। कारण कि इसका ताल्लुक

तत्कालीन पत्रकारिता से भी बनता है। गाँधी जी ने 'यंग इंडिया' के तीन अंकों में अंग्रेजों को भारत से हटाने के लिए प्रेरणात्मक लेख लिखे। उसी आन्दोलन के बीच बम्बई, मद्रास और चौरी चौरा (गोरखपुर) में स्वतन्त्रता सेनानियों द्वारा कुछेक हिंसात्मक घटनाएँ हो गयीं। गाँधी जी ज़वाबी हमले के प्रबल विरोधी थे, यह जानी-सुनी बात है पर अंग्रेजों ने उन पर हिंसात्मक कार्यों की ज़िम्मेदारी डाल दी और गिरफ्तार कर लिया और मुक़दमा भी चलाया। कांग्रेसी नेताओं और वरिष्ठतम वकीलों के परामर्श को ठुकरा कर गाँधी ने अपराध स्वीकार किया और सजा भोगी भी। तो यह थी पत्रकारिता के प्रति प्रतिबद्धता उस ज़माने में!

बहरहाल, स्वतन्त्रता-पूर्व की हिन्दी पत्रकारिता देश भक्ति और स्वाधीन चेतना की सशक्त विधा थी। त्याग, समर्पण और बलिदान इसके शक्ति-स्रोत थे। अटूट आस्था और साधना इसकी खुराक थी। वह संघर्ष-सा-घना की कवच भी थी पं. बाबूराव विष्णु पराड़कर ने एक बार कहा था कि 'कलकत्ता जाने का मेरा मुख्य उद्देश्य पत्रकारिता न थी, प्रत्युत् क्रान्तिकारी दल में सम्मिलित होकर देश-सेवा का कार्य करना था। परिवार का खर्च चलाने और पुलिस की नजरों से बचने के लिए मैंने 'हिन्दी बंगवासी' में सहायक सम्पादक का कार्य स्वीकार किया था। 'हितवार्त्ता' और 'भारतमित्र' के सम्पादन के साथ-साथ चंदननगर की गुप्त समिति का कार्य भी मैं कर रहा था।' लक्ष्मण नारायण गर्दे ने सम्पादकीय 'आत्मपरीक्षण' करते हुए अक्टूबर 1930 के 'विशाल भारत' में लिखा था कि 'पत्र-सम्पादन के कार्यक्षेत्र में प्रवेश करने का मेरे लिए प्रत्यक्ष कारण स्वदेशी आन्दोलन हुआ।' गरज कि उनदिनों पत्रकारिता देश-सेवा और स्वातंत्र्य आंदोलन का माध्यम थी। पत्रकारों के लिए उसमें सक्रिय हिस्सेदारी का साधन थी। उन दिनों पत्रकारिता में संकल्प-चेतना इतनी प्रबल थी कि पत्रकार अपने दायित्व निर्वाह के लिए अपना सर्वस्व होम करने के लिए हमेशा उद्यत और तत्पर रहते थे। कलकत्ता के एक महान हिन्दी पत्रकार ने अपने सहकर्मियों एवं सहधर्मियों को सम्बोधित करते हुए कहा था कि "देशी सम्पादकों, सावधान! कहीं जेल जाने का नाम सुनकर कर्त्तव्यविमूढ़ मत हो जाना। धर्म की रक्षा करते हुए यदि गवर्नमेंट को सत्परामर्श से जेल जाना पड़े तो क्या चिन्ता है। इससे मान-हानि नहीं होती है। हाकिमों के जिन अन्याय आचरणों से गवर्नमेन्ट पर सर्वसाधारण की अश्रद्धा हो सकती है, उनका यथार्थ प्रतिवाद करने में जेल तो क्या द्वीपान्तरित भी होना पड़े तो क्या बड़ी बात है।"[33] साथ में यह भी देशवासियों से अनुरोध किया था कि "भारत के दुर्भाग्य को अपना दुर्भाग्य और भारत के सौभाग्य को अपना सौभाग्य समझो, नहीं तो भारत का दुर्भाग्य कदापि दूर नहीं होयगा।"[34] अमृत बाजार पत्रिका के सम्पादक मोतीलाल घोष को लिखे पत्र में बाल गंगाधर तिलक ने स्पष्ट कहा था कि "सत्य का समर्थन और राष्ट्रीय आदर्श की रक्षा करने के अपराध में यदि

पूना के बदले अंडमान में रहना पड़े तो वह श्रेयस्कर है। यदि मुझे सजा हुई तो देशवासियों की जो सहानुभूति मुझे प्राप्त होगी, वह मुझे बल देगी।"[35] ध्यातव्य यह है कि सम्पादकों ने जेल-यातनाएँ झेली भी। इतिहास साक्षी है कि उन दिनों सम्पादकों एवं पत्रकारों का एक पैर दफ्तर में रहता तो दूसरा पैर जेल में। तब के सम्पादकों के सम्बन्ध में बाबू विष्णुराव पराड़कर ने कहा है कि 'वे ही सम्पादक थे जिनसे घनी घृणा करते थे, शासक क्रुद्ध रहा करते थे, जो हमारे ही जैसा एक पैर जेल में रखकर धर्म बुद्धि से संपादन करते थे।' उनकी कर्त्तव्य-निष्ठा और श्रम-साधना का आलम यह था कि प्रेस का सारा काम सम्पादक ही कर लेने की ताकत रखते थे। यह बात सर्वविदित है कि लोकमान्य तिलक को 'आर्यभूषण प्रेस' जहाँ से 'मराठा' और 'केसरी' का मुद्रण शुरू हुआ था, के टाइप की पेटियाँ अपने कंधों पर उठाकर ढोनी पड़ती थीं। राष्ट्रीय अभीप्सा को 'उचित वक्ता' प्रदान करने के लिए पं. दुर्गाप्रसाद मिश्र को प्रेस के अनेकमुखी दायित्वों को अकेले सम्पन्न करना पड़ता था। पत्र-सामग्री तैयार करना, कम्पोज करना, छापवना, ग्राहकों तक पहुँचाना यहाँ तक कि पाठकों को पढ़कर सुनाना और समझाना भी उनके दायित्वों में शामिल था। यानी कि 'उचित वक्ता' के लिए किसी भी भूमिका का निर्वाह करने के लिए वे प्रतिबद्ध थे। पत्रकारिता के प्रति यह प्रतिश्रुति वाकई दिव्यानुभूति की स्रोत है।

सबसे बड़ी बात यह है कि तद्‌युगीन सम्पादक अपनी अभिव्यक्ति की स्वतन्त्रता की रक्षा के लिए पत्र-मालिकों से भी, समझौता करने पर तैयार नहीं थे। आजकल की तरह वे अपने मालिकों के मुंशी-मैनेजर मात्र नहीं थे। 'हिंदोस्तान' और 'हिन्दी बंगवासी' से बाबू बालमुकुन्द गुप्त ने अपना रिश्ता तोड़ लिया क्योंकि उनके मालिकों को साम्राज्यशाही से उनकी युयुत्सा असह्य थी और वे (गुप्तजी) अपने विवेक के प्रतिकूल आचरण करने के लिए राजी नहीं हुए। गरज़ कि उन दिनों सम्पादकों का स्वतन्त्र-अस्तित्व था और पत्र उनके व्यक्तित्व के प्रतिकृति हुआ करते थे। उन दिनों पत्र में उसके उद्योक्ता का कोई हस्तक्षेप भी प्रायः नहीं होता था। कारण कि पत्रकार और मालिक दोनों के राजनीतिक और सांस्कृतिक तात्पर्य में प्रायः एकता पायी जाती थी। दोनों की प्रतिबद्धता में देशोद्‌धार और राष्ट्रीय मुक्ति-साधना शामिल होती थी। उनदिनों सम्पादक और मालिक के रिश्ते भी सौहार्दपूर्ण होते थे। भारतेन्दु के समय प्रकाशकों और लेखकों के सौहार्दपूर्ण रिश्तों की समझ के लिए आलोचना (2001-तीन-चार) में धीरेन्द्रनाथ सिंह का आलेख पठनीय है। खड्‌गविलास प्रेस के स्वत्वाधिकारी रामदीन सिंह की साहित्य एवं साहित्यकारों के प्रति गहरी आत्मीयता थी। श्री सिंह लिखते हैं कि "उस कालखंड में रॉयल्टी नाम की कोई चीज़ नहीं थी। लेखक के सुख-दुःख में प्रकाशक आर्थिक सहयोग करता था। भारतेन्दु के जीवन का उत्तरपक्ष अधिक कष्टमय था। उन्होंने अपने कर्ज से मुक्ति के लिए खड्‌गविलास

प्रेस के संचालक से याचना नहीं की। किन्तु रामदीन सिंह को इसकी जानकारी हुई तो उन्होंने उन्हें ऋणमुक्त किया।"[36]

उन दिनों पत्रकारिता साम्राज्यवादियों की नज़र में राजद्रोह थी। वह नानाविध संकटों के दौर से गुजर रही थी। फिर भी उच्च आदर्शों के प्रति समर्पित पत्रकारों ने सीमित साधनों और असीमित संकटों के बीच अपनी स्वाधीनता, निष्पक्षता, और वस्तुनिष्ठता को जीवित रखा। पत्रकारिता की इस उदग्र चेतना और उसके आदर्शों की रक्षा के लिए सम्पादकों को भारी मूल्य चुकाना पड़ा था। पत्रकारों को द्वीपांतरित होना पड़ा था, जेल की असह्य यातना झेलनी पड़ी थी, प्राणाहुति तक देनी पड़ी थी। हिन्दी के महान पत्रकार पं. रुद्रदत्त शर्मा को भूखों मरना पड़ा था। पं. अमृतलाल चक्रवर्त्ती को कर्ज न चुका पाने के अपराध में जेल जाना पड़ा था। दुर्गाप्रसाद जी को 'घर का धान पुआल में मिलाना' पड़ा था। मोतीलाल नेहरू जैसे व्यक्ति ने कहा था कि जब तक मेरे घर की एक ईंट बाकी रहेगी, तब तक 'अभ्युदय' का प्रकाशन बन्द नहीं होगा। प्रसिद्ध क्रान्तिकारी मन्मथनाथ गुप्त ने इस स्थिति का आकलन प्रस्तुत करते हुए लिखा है कि "सच बात तो यह है कि उस युग में पत्रकारिता और देश-सेवा एक ही सिक्के के दो पहलू थे या यों कहिए कि इन्हीं दोनों आँखों से हम खून के आँसू रोते थे। इस दृष्टि से देखा जाए तो स्वतन्त्रता-संग्राम में पत्रकार-लेखकों का जो भाग था, स्वतन्त्रता-संग्राम के किसी भी इतिहास में इसका पूरा दिग्दर्शन नहीं कराया गया और उस युग (1857-1947) के पत्रकारों की त्याग-तपस्या और सूझ-बूझ को योग्य श्रेय नहीं दिया गया। प्रारम्भिक युग में पत्रकार और लेखकों ने ही फूँक-फूँक कर ओढ़ी, बुरी तरह धुआँ देकर आँसू लाने वाली लकड़ियाँ जलाकर संग्राम का अलाव जलाया। लकड़ियाँ इस बुरी तरह कच्ची और गीली थीं कि आग जलाने वालों की आँखें फट-फट गयीं, फिर भी यज्ञ की लकड़ियाँ जलने से चिड़चिड़ाकर इनकार करती रहीं। कवियों ने गीत गा-गाकर देशभक्ति की अग्नि को उत्तेजित करना चाहा, पर लोगों के मन इस तरह मुर्दा बन चुके थे कि शब्द शुरू में बेकार साबित हुए। आग जलकर नहीं देगी, कभी मृत लहरों में लहू नहीं लहराएगा पर धीरे-धीरे दृश्य बदला। जगह जगह चिनगारियाँ दिखायी देने लगीं जो थोड़े समय बाद मिलकर जलने लगीं और इस प्रकार एक दिन स्वाधीनता-सूर्य का उदय हुआ।"[37] गरज कि हमारी पत्रकारिता ने अपनी जीवन-यात्रा तब आरम्भ की थी जब हमारे संस्कार जड़ता और रूढ़िवादिता के शिकार थे। राजनीतिक चेतना लुप्तप्राय थी। अंग्रेजों के प्रति मोहग्रस्तता थी। गुलाम मानसिकता इस कदर थी कि अंग्रेज अमलों और कोतवाल को हम सर-आँखों पर बिठाते थे और उनके सामने हिन्दुस्तानी रईसों को तुच्छ समझते थे। स्वातन्त्र्य-भावना तो आकाश-बेलि के सामान थी। इसी वजह से बंकिमचन्द्र चटोपाध्याय ने कहा था कि "भारतीय जनमानस स्वतन्त्र होने की स्वाभाविक इच्छा से कोसों दूर है।"[38] ऐसी दिमागी गुलामी से मुक्त करने का श्रेय

पत्रकारिता को ही है। कारण कि पत्रकारों का अटूट विश्वास था कि "राजनीति और समाजनीति का संशोधन, जैसे समाचारों-पत्रों से होता है वैसा दूसरे उपाय से नहीं हो सकता।" गोकि बंकिमचन्द्र चटर्जी के इस उद्घृतांश पर कुछ लोगों को गहरी आपत्ति है, लेकिन इसमें तथ्यांश है। इस तथ्य के प्रर्याप्त प्रमाण है कि नवजागरण के अग्रदूत राजराम मोहन राय एवं भारतेन्दु हरिश्चन्द्र–दोनों में अंग्रेजों एवं अंगेजी शिक्षा के प्रति आसक्ति थी। और, उन्हें विश्वास भी था कि अंग्रेजी शिक्षा और संस्कृति से ही भारतीयों की 'उन्नति' और प्रगति संभव है। भारतेन्दु अस्ताचलगामी होने से पूर्व तक यानी बलिया वाले अपने अन्तिम व्याख्यान तक अपना वही पुराना राग अलापते हैं।

'अंग्रेज राज सुख-साज सजै सब भारी'

वो तो दादा भाई नौरोजी के निबन्ध 'पावर्टी' एंड अन-ब्रिटिश रूल इन इंडिया' का प्रभाव है कि उनको शदीद अहसास हुआ कि

'पै धन बिदेस चलि जात इहै अति ख्वारी'

भारतेन्दु के राष्ट्रवाद की वकालत करने वाले नामवर सिंह भी लिखते हैं कि "मुस्लिम शासन में भारत किसी का उपनिवेश नहीं था, उपनिवेश हुआ वह अंगेजी राज में, जिससे देश का सारा धन विदेश चला जाता है। इस कटु सत्य का बोध भारतेन्दु को कुछ तो अपने व्यापार के अनुभव से और बहुत कुछ दादा भाई नौरोजी के लेखों से हुआ जिनका धारावाहिक प्रकाशन 1880 ई. में 'कविवचन सुधा' में किया था।''[39] इसीलिए 'सारसुधानिधि' के सम्पादक 16वें अंक के सम्पादकीय में अपने सहयोगियों से अपील करते हैं कि ''कदाचित हमारे हिन्दुस्तानी भाइयों के राजनीतिक और सामाजिक संस्कारों को देख निराश हो राजनीतक और सामाजिक विषयों की समालोचना छोड़ न दें। यदि विचार करके देखें तो ऊपर कहे हुए कारणों को सुधारने का एक ही कारण है। जब हम संस्कारक कार्य में ब्रती हुए हैं तो हम लोगों को उचित है यावज्जीवन हम गुरुतम कार्य के साघन में प्रवृत्त रहें। यह भी ध्यान रहे कि जब-जब जो-जो राजनीति और समाजनीति के सुधारने के प्रयत्न हुए हैं। मानापमान सभी उनको सहज करना पड़ता है। इस विषय का साक्षी इतिहास और वर्तमान है। हम लोगों के लिए प्रधान आश्रय धीरता, साहस और अध्यवसाय है... यह निश्चय है कि जो कुछ भारतवर्ष का हित होना है वह समाचार पत्रों से होना है।"[40] समाचार-पत्रों के प्रकार्य के प्रति इस अटूट आस्था और उनके द्वारा राजनीति और समाजनीति में परिवर्तन की असीम आकांक्षा से लगभग एक शताब्दी की संघर्ष-यात्रा के बाद हमें स्वतन्त्रता नसीब हुई। कहने की आवश्यकता नहीं कि "भारतीय पत्रकारिता की कहानी भारतीय राष्ट्रीयता के विकास की कहानी है। दोनों की भूमियाँ एक दूसरे की सहायक रही हैं। यदि पत्रकारिता को राष्ट्रीयता ने प्रवर्द्धन दिया तो पत्रकारिता ने राष्ट्रीयता के विकास की अनुकूल भूमि तैयार की।"[41] यानी

पत्रकारिता और राष्ट्रीयता की नाभिनाल सम्बद्धता ही भारतीय स्वतन्त्रता की जननी है। स्वातन्त्र्य-आन्दोलन के दौर की पत्र-पत्रिकओं की अभिधाओं से भी इस तथ्य का बोध हो जाता है। कारण कि उन दिनों पत्रों के शीर्षक उनकी प्रकृति एवं प्रवत्ति के दर्पण होते थे, जैसे मनुष्य का चेहरा उसके मनोभाव का चित्र होता है। इन नामों के उच्चारणमात्र से शक्ति, साहस, शौर्य, आस्था और विश्वास आदि सकारात्मक भावों का हृदय में अभ्युदय होने लगता है। जैसे, 'युगान्तर' युग-परिवर्तन, 'कर्मवीर' सकर्मकता, 'स्वतन्त्र' और 'स्वराज्य' स्वाधीनता, 'सैनिक' संघर्षशीलता, 'अभ्युदय' राष्ट्रीयता, 'विप्लव' क्रान्तिकारिता, 'रणभेरी' विद्रोह-भावना, 'प्रजाहितैषी' जनोन्मुखता, 'भारतमित्र' प्रतिबद्धता आदि स्वातन्त्र्य-आदोलन के अनिवार्य तत्वों के द्योतक हैं।

आजादी से पूर्व का समय यदि हिन्दी पत्रकारिता का संघर्ष-युग था, तो स्वातन्त्र्योत्तर काल उसका स्वर्णयुग है। इस काल की पत्रकारिता में न केवल मात्रात्मक अन्तर आया, बल्कि गुणात्मक अन्तर भी उसी अनुपात में लक्षित हुआ। हिन्दी पत्रकारिता में मात्रा एवं प्रकार का यह समानतुपात अद्भुत है। स्वतन्त्रता के बाद मुद्रण-कला में क्रान्तिकारी परिवर्तन हुआ और तीव्रता से उसके स्वरूप का विकास हुआ। जनजीवन में भी नवीन चेतना का संचार हुआ। नैतिक और सामाजिक चिन्ताओं में अभिवृद्धि हुई। देश के निर्माण के लिए नया उत्साह पैदा हुआ। यों तो उन दिनों आजादी के बाद के भारत की रूप रेखा का ज्ञान तो भारतीय जनमानस को था ही नहीं। सम्भवतः आजादी का मतलब भी पूर्णरूपेण लोगों को मालूम नहीं था। अंग्रेज चले जाएँगे सत्ता हमारे हाथ में आ जाएगी। शोषण का खात्मा हो जाएगा, बस इतना ही बोध था। नवनिर्माण की कामना शिक्षित और प्रबुद्ध वर्ग में था और अपने सपनों को आकार देने का प्रयत्न भी पत्र-प्रकाशन द्वारा किया। स्वतन्त्रता के उषाकाल में 'नयी दुनिया' (इंदौर) 'जागरण' (कानपुर) 'स्वतन्त्र भारत' (लखनऊ), प्रदीप (पटना) नवजीवन (लखनऊ) का प्रकाशन आरम्भ हुआ। 'नेशनल जर्नल्स फर्म' के बैनर तले 'अमर उजाला' के अन्य संस्करण भी शुरू हुए। 'दैनिक जागरण' के भी कई संस्करणों का सूत्रपात हुआ। 'टाइम्स ऑफ इंडिया' ग्रुप ने 'बाइ-प्रॉडक्ट' के रूप में हिन्दी पत्र-पत्रिकाओं का प्रकाशन आरम्भ किया। 'नवभारत टाइम्स' बम्बई और दिल्ली से निकलने लगा। सन् 1951-52 तक आते-आते भारत में समाचार-पत्रों का सैलाब-सा आ गया। इस साल भारत सरकार की प्रेस रिपोर्ट के अनुसार—

The Indian Press Year Book 1951-52, listed about 220 daily newspapers and a number of weekly, fortnightly and monthly publications. We find out of about 220 daily newspapers, in the early 1950's, 175 are Indian language papers, as follows: Hindi-44, Urdu-44, Gujarati-17, Bengali-5; Marathi-17; Malayalam-15, Tamil-11; Kannada-09, Punjabi-4; Telugu-3, Oriya-3, Sindhi-2, Assamese-01.

इस तरह से स्वतन्त्रता के पश्चात् हिन्दी पत्रकारिता का भी काया-विस्तार हुआ। जो पत्रकारिता आजादी से पहले स्वातन्त्र्य-संघर्ष के लिए समर्पित थी और दोनों ही स्तरों पर यानी अभिव्यक्ति की स्वतन्त्रता और सांस्कृतिक राजनीतिक स्वतन्त्रता के लिए सीमित शक्ति और साधनों के बीच अपने जुझारू व्यक्तित्व का परिचय दे रही थी, वह भारत के नवनिर्माण के उपक्रम में संलग्न हो गयी। धर्मवीर भारती आजादी के बाद के कुछेक वर्षों में भारतीय पत्रकारिता को परिभाषित करते हुए लिखते हैं कि 'आजादी के बाद एक मिलाजुला मूड था। आजादी पाने का उल्लास भी, विभाजन की ठेस और कसक भी मगर फिर भी एक आश्वस्ति कि हम एशिया-अफ्रिका के देशों में अग्रणी हैं। देश के अन्दर कुछ भी हालात हों, पर नेहरू सारी तीसरी दुनिया के नायक हैं। हमारी आजादी दुनिया को एक नया आलोक दे रही है। हमारी नैतिक वरिष्ठता के आगे नतमस्तक हैं दुनिया की महाशक्तियाँ। कुछ इसी मिले-जुले आत्मसन्तोष, बल्कि 'सेल्फ ग्लोरीफिकेशन' के दौर से गुज़र रही थी हमारी पत्रकारिता भी'। इसी आत्मगुग्धता की भावभूमि पर हिन्दी पत्रकारिता आत्मविकास के साथ-साथ देशोत्थान के लिए पूरी शक्ति के साथ तत्पर हुई। वह भारत के आद्यौगिक विकास, तकनीकी अनुसंधान, जनजागरण, ज्ञान-विज्ञान के अनेकानेक अनुशासनों की संवाहिका बन गयी, जिससे जीवन-मूल्यों, सामाजिक एवं क्षेत्रीय चिन्तन, विषय-क्षेत्रों का तेजी से विकास हुआ। इसी के समान्तर हिन्दी पत्रकारिता का भी चतुर्मुखी विकास सम्भव हुआ। यद्यपि कि राष्ट्रीय आन्दोलन के परवान चढ़ते ही अंग्रेज उद्योगपतियों ने वापसी की आशंका को भाँपते ही अपने पत्र-प्रतिष्ठान भारतीयों को बेचना शुरू कर दिया था। इस प्रक्रिया में धनश्यामदास बिड़ला ने इलाहाबाद से प्रकाशित 'लीडर' और 'भारत' एवं पटना से प्रकाशित 'सर्चलाइट' के शेयर खरीद लिये। उन्होंने 'हिन्दुस्तान टाइम्स' के शेयर खरीदने के लिए मदन मोहन मालवीय को सहयोग किया। 'टाइम्स ऑफ इंडिया' को रामकृष्ण डालमिया ने खरीद लिया। स्वतन्त्रता के बाद भी कई उद्योगपतियों ने पत्र प्रकाशन आरम्भ किया, क्योंकि उनके प्रबन्धन की शक्ति और पूँजी उनके ही पास थी। फिर भी पत्रकारिता के मन-मिजाज में व्यावसायिकता की भावना ने जगह नहीं तलाशी थी। तत्कालीन पत्रकारिता को यह चिन्ता नहीं थी कि राजसत्ता उसे किस प्रकार देखती है, बल्कि उसकी केन्द्रीय चिन्ता यह रहती थी कि राजसत्ता को जाँचने-परखने में कोई फिसलन तो नहीं आ गयी, गरज कि तत्कालीन पत्रकारिता ने सत्ता-प्रतिष्ठान को अपने ऊपर हावी होने नहीं दिया और न प्रेस-प्रतिष्ठान ही सम्पादकों के सामाजिक, राजनीतिक सोच में हस्तक्षेप करते थे। इसका मुख्य कारण यह था कि स्वातन्त्र्योत्तर पत्रकारिता के क्षेत्र में स्वातन्त्र्य-संघर्ष के भागीदार और साझीदार ही सम्पादक और संस्थापक थे। दोनों में आजादी-पूर्व के मानवीय मूल्य उनकी रगों में दौड़ते थे। इसलिए उनके मिशनवादी दृष्टिकोण में कोई खास परावर्त्तन नहीं आया

था। रामशरण जोशी का नजरिया सही है कि "1947 से 1964 के नेहरू काल की पत्रकारिता मूलतः निर्माण और विकास की पत्रकारिता है। इस दौर में स्वतन्त्रता-आन्दोलन के मूल्य जीवित थे। राजनीति का मंडीकरण नहीं हुआ था... यह भारत के लिए निर्माण एवं विकास का काल था। इसलिए पत्रकारिता ने स्वयं को भटकने नहीं दिया।"[42] हिन्दी पत्रकारिता ने आजादी के 15 साल बाद यानी 1962 ई. में अपनी अग्नि-परीक्षा में सोत्साह सफलता हासिल करके सारी दुनिया को बता दिया 'कि मैं अभी चुकी नहीं हूँ। अभी मुझमें वही शक्ति और स्फूर्त्ति शेष है जिसने अंगेजों को भारत छोड़ने के लिए विवश कर दिया था। सन् 1962 में चीन ने भारत पर आक्रमण किया और भारत की शर्मनाक पराजय हुई। भारत की आत्ममुग्धता झटके से बिखर गयी, उसके रूमानी सपने काँच के टुकड़ों की तरह अर्श से फ़र्श पर बिखर गये। और, हिन्दी पत्रकारिता ने अपनी ताकत का परिचय देते हुए उन सारे टुकड़ों को सहेज-सम्भाल कर सारे भारत को एक सूत्र में बाँध दिया। तमिलनाडु से कश्मीर तक और केरल से असम तक भारत एक स्वर में बोलने लगा। हमारे दैनिक अखबारों में, भारतीय पत्र-पत्रिकाओं में, ख़ासकर हिन्दी पत्रकारिता में एक नयी यथार्थ चेतना, एक नयी ताजगी और एक नया संकल्प का आविर्भाव हुआ। ठीक तीन साल बाद लाल बहादुर शास्त्री जैसे मनस्वी हिन्दी भाषी ने पाकिस्तानी हमले का मुँहतोड़ जवाब दिया। और, भारत दुनिया के मानचित्र पर पुनः आत्मविश्वास के साथ खड़ा हो गया। यह हिन्दी पत्रकारिता का अंग्रेजी पत्रकारिता पर विजय का भी परचम था। उसकी विकास-यात्रा का ऐतिहासिक मुकाम था। 'उन दिनों अंगेजी पत्रकारिता अपने अस्तित्व को कायम रखने के लिए अश्लील चित्रों, अश्लील मज़ाकों और जातिवाद के बेशर्म प्रचार जैसे 'स्कूपों' का सहारा ले रही थी, तब हिन्दी पत्रकारिता अपने 'स्कोप' का तेजी से विस्तार कर रही थी।' गौरतलब है कि आजादी के पूर्व भी देशी पत्रकारिता की तरह पत्रकारिता में राष्ट्रीय चेतना के प्रति सम्बद्धता नहीं थी। उनमें राजसत्ता के कोमल स्पर्श की चाहत बराबर मौजूद रही। यह हिन्दी जैसी देशी पत्रकारिता की पहचान है कि नेहरू-युग तक अपनी विरासत से रिश्ता जोड़े रही और सत्ता प्रतिष्ठान की मुखापेक्षी नहीं हुई। इस प्रसंग में क्षेत्रीय अखबारों की भूमिका द्रष्टव्य है। मध्य प्रदेश में 'नयी दुनिया', उत्तर प्रदेश में 'आज' और 'अमर उजाला' बिहार में 'आर्यावर्त्त', कलकत्ता में 'सन्मार्ग', राजस्थान में 'लोकवाणी' एवं 'राष्ट्रदूत' सत्ता-प्रतिष्ठान की कृपा पर उन दिनों कभी निर्भर नहीं हुए। हकीकत यह है कि इन पत्रों से तत्कालीन राज्य-सरकारें भयभीत रहती थीं। इसकी सबसे बड़ी वज़ह यही है कि पत्रकारिता और राजनीति ने अपनी-अपनी सरहदें तय कर रखी थीं। दोनों ने ऐसी कोई युगल-बन्दी नहीं की कि जो अपराध-बोध को विकसित करे और जनता के बीच शर्मिन्दा होना पड़े। दोनों में कम-अज-कम विरासत से प्राप्त आत्मबोध और आत्मसम्मान की भावना शेष तो

रह ही गयी थी। दूसरी बात यहाँ फिर दुहराना चाहता हूँ कि प्रतिष्ठानगत हिन्दी पत्रकारिता भी 'माध्यम ही संदेश है के सिद्धान्त से प्रेरित रही। तब इनके मालिकों और सामाजिक प्रतिबद्धता के बीच कोई फाँक नहीं आयी थी। सम्पादक-संस्था का वर्चस्व प्रायः अक्षुण्ण था। इस प्रसंग में टाइम्स समूह, एक्सप्रेस समूह, हिन्दुस्तान टाइम्स समूह, जैसे प्रतिष्ठानपरक प्रेस समूहों से प्रकाशित हिन्दी पत्रिकाओं का उदाहरण दिया जा सकता है। उस समय भी अंग्रेजी सम्पादकों का वर्चस्व था, पर उनकी तुलना में हिन्दी सम्पादकों का भी प्रभुत्व कम नहीं था। मुकुट बिहारी शर्मा, रतन लाल जोशी, बाँकेबिहारी भटनागर अज्ञेय और धर्मवीर भारती जैसे सम्पादकों ने सम्पादकीय विभाग की गरिमा को प्रबन्धकों के समक्ष झुकने नहीं दिया। इनके सम्पादन में निकलने वाले पत्रों की भूमिका जनोन्मुख ही रही और उनका दामन अपेक्षाकृत साफ-सुथरा ही रहा। उन दिनों के क्षेत्रीय अखबारों का हिन्दी पत्रकारिता पर वर्चस्व था। दरअसल, यह दौर वह था जब राजनीति सत्ताप्राप्ति से नहीं, वैचारिक शुद्धता तथा विचारधारात्मक प्रतिबद्धता से प्रेरित हुआ करती थी। आयाराम-गयाराम की वर्तमान संस्कृति का विस्फोट नहीं हुआ था। देश में भूदान-आन्दोलन, ग्रामदान-आन्दोलन, भूसुधार, पंचायती राज, सहकारिता-आन्दोलन, सामुदायिक विकास-योजना, जमींदारी-प्रथा का उन्मूलन, अस्पृश्यता-उन्मूलन, बैंकों का राष्ट्रीयकरण आदि जैसे सवाल पत्रकारिता के सन्मुख थे, उस समय इन्हीं विकास-उपक्रमों के मुद्दे पत्रकारों के केन्द्रीय सरोकार भी थे और वाज़िब 'रिस्पान्स' भी थे। उस समय तक पूँजी का पर्याप्त विकास नहीं हुआ था और न राजनीतिज्ञों का हस्तक्षेप था। सबसे बड़ी बात यह है कि उन दिनों अधिकांश सम्पादक साहित्यकार थे और साहित्यिक मूल्यों के साथ-साथ राजनीतिक मूल्यों की भी प्रतिष्ठा थी। उन दिनों साहित्य और राजनीति एवं पत्रकारिता की ज्यामिति त्रिकोणात्मक थी और उनके साध्यों में प्रायः समानता थी। फिर भी ऐसा नहीं कहा जा सकता कि ये सम्पादक आजादी से पहले के सम्पादकों की तरह फटे जूते पहनते थे, साइकिल या पैदल कोसों चलते थे और भुखमरी के शिकार होने पर भी अपने 'कर्त्तव्य' के प्रति निष्ठावान थे और स्वतन्त्रता आन्दोलन की तरह स्वातन्त्र्योत्तर विकास सम्बन्धी आन्दोलनों में प्रत्यक्ष हिस्सेदारी थी। राष्ट्रीय समस्याएँ उन दिनों सूचना के रूप में प्रकाशित होती थी, किन्तु पत्रकार स्वयं राष्ट्रीय समस्याओं से जूझते नहीं थे। नैतिकता की ढेर सी बातें समाचार-पृष्ठों पर छपती थीं, पर पत्रकारों में उनकी झलक ओझल हो गयी थी। निर्भीकता और निष्पक्षता ही पत्रकारिता के गुण नहीं हैं, भारतीय पत्रकारिता का सर्वोत्कृष्ट मूल्य राष्ट्रहित और जनहित के लिए आत्म-संघर्ष और आत्म-साक्षात्कार थी। इसलिए पराड़कर जी ने 1926 ई. में चेतावनी दी थी कि 'हम जब तक साधारण समाज को न अपनाएँगे और अपने पत्रों को उसके प्रतिनिधि न बना सकेंगे, तब तक न हमारी उन्नति होगी और न हम सेवा कर सकेंगे।' इतना सच है कि

इन्होंने 'सुख-साज' और 'ग्लैमर' के प्रति आकर्षण रखते हुए भी विरासत से प्राप्त मूल्यों को कायम रखने की कोशिश की। यह भी हक़ीकत है कि तद्‌युगीन पूँजीपति एवं सरकारी प्रतिष्ठानों ने सिर्फ उन्हीं साहित्यकारों को सम्पादक नियुक्त किया, जिनमें सत्ता या प्रतिष्ठान से 'एडजस्ट' होने की अतिरिक्त लियाकत थी। राजकिशोर का तो कहना है कि "धर्मवीर भारती भी 'धर्मयुग' का सम्पादन करने किसी साहित्यिक प्रतिबद्धता के तहत नहीं गये थे। बल्कि वे वहाँ उसके ग्लैमर से आकर्षित होकर गये थे। दिलचस्प बात यह है कि उनकी पत्रकारिता भी मूलतः उत्सवधर्मी पत्रकारिता थी और 1977 में जब हिन्दी पत्रकारिता के सामने नयी चुनौतियाँ आयीं और उसका एक नया दौर शुरू हुआ, तब धर्मयुग ने पाया कि वह अपने समय से काफी पीछे है।"[43] ऐसा नहीं है कि राजकिशोर के इस अभियोग में दम नहीं है। यह सभी जानते हैं कि अटल बिहारी वाजपेयी जब-जब सत्ता में आये, तब-तब सम्पादकों ने उन्हें कवि बना दिया था। इस पुण्य कार्य का समारंभ सबसे पहले 'धर्मयुग' और 'हिन्दुस्तान' ने ही किया था। इस सन्दर्भ में रामशरण जोशी की याद को ताज़ा किया जा सकता है। वे कहते हैं "मुझे आज भी याद है जब आपातकाल की समाप्ति के साथ ही दिल्ली के कांस्टीट्यूशन हॉल के आँगन में एक किस्म की 'प्रायश्चित व पश्चाताप सभी आयोजित की गयी थी, जिसमें हिन्दी के विख्यात लेखक, सम्पादक, लेखक-सम्पादक और पत्रकार शामिल हुए थे। इन सभी ने समवेत स्वर में इंदिरा गाँधी की भर्त्सना की। आत्माधिक्कार और भविष्य में खबरदार रहने का संकल्प-सत्र चलाया था। लेकिन जैसे ही मोरारजी देसाई के नेतत्व में सरकार कायम हुई, तत्कालीन विदेश-मन्त्री एवं वर्तमान प्रधान मन्त्री (अब नहीं) अटलबिहारी वाजपेयी को साप्ताहिक हिन्दुस्तान और धर्मयुग में रातोंरात कवि बना दिया गया था। कई सम्पादकों ने वाजपेयी की कविताओं एवं दोहों को छाप कर स्वयं एवं पाठकों को कृतार्थ किया था।"[44] दरअसल, इन सबों ने पाठकों को नहीं, अपने आप को ही कृतार्थ किया था। जोशी नाहक ही पाठकों को लांछित कर रहे हैं। इस औपचारिक प्रायश्चित के सन्दर्भ में स्वतन्त्रता-पूर्व के प्रायश्चित का दृश्य भी मेरी याददाश्त में कौंध जाती है जिसका श्री नारायण चतुर्वेदी ने उल्लेख किया है। "पं. माधवराव सप्रे ने हिन्दी केसरी, निकाला। दस महीने के भीतर उनसे दो-तीन बार जमानत-माँगी गयीं। वे उन्होंने दे दीं। पत्र तब भी बन्द नहीं हुआ तो सरकार ने उनपर एक लेख के लिए मुकदमा चलाया। उन्हें शायद दो वर्ष की सपरिश्रम कारावास की सजा हुई। सरकार उन्हें माफ़ी माँग लेने पर छोड़ देने पर तैयार थी। पर वे माफी माँगने पर तैयार न थे और जेल चले गये। किन्तु उनके मित्रों एवं परिजनों ने माँफी माँगने के लिए विवश किया और मोहवश उन्होंने क्षमायाचना कर ली। बाहर आकर उन्हें इस कार्य पर उन्हें बड़ी ग्लानि हुई और अन्त में प्रायश्चित के रूप में एक वर्ष मधुकरी वृत्ति धारण की ...मधुकरी-वृत्ति में ब्रह्मचर्य पालन के

साथ एक घर से भिक्षा में प्राप्त भोजन पर ही दिन भर गुजारा करना होता है। पुण्य-श्लोक सप्रेजी ने अपनी कमजोरी के लिए एक वर्षतक प्रायश्चित के तौर पर मधुकरी वृत्ति को निष्ठापूर्वक सम्पन्न किया।"[45] अब जरा गौर करें कि एक यह भी प्रायश्चित था और दूसरा प्रायश्चित आपातकाल के बाद का भी था। दोनों की प्रकृति में कितना फर्क है। एक में आत्मशोधन का भाव है तो दूसरे में आत्मप्रदर्शन का, नहीं? वो है न कि

'रात को पी, सुबह को तौबा कर ली,
रिंद के रिंद रहे, हाथ रही जन्नत भी।'

फिर भी इस प्रसंग में प्रभाष जोशी के इस मन्तव्य को उद्‌धृत करना गैरमुनासिब नहीं लगता कि "वैसे यह नहीं है कि धर्मवीर भारती की कोई राजनीति नहीं थी। लेकिन वह सत्ता की राजनीति नहीं थी। राजनीति उनकी भी थी लेकिन वे ऐसी राजनीति करते थे जिसके पीछे इस देश का साहित्य, समाज, धर्म आदि थे। उसे 'पावर पॉलिटिक्स' नहीं कह सकते। उनकी राजनीति को साहित्य, समाज, संस्कृति व परम्पराओं का संस्कार प्राप्त था...धर्मवीर भारती ने हमारे देश की साहित्यिक-सांस्कृतिक चेतना को अपनी दैनंदिन की घटनाओं और सोच-विचार के परिप्रेक्ष्य में आगे बढ़ाया।"[46] इस अवसरवादिता और उपलब्धि के बावजूद हिन्दी पत्रकारिता का स्तर दोयम दर्ज़े का ही रहा। वह अंग्रेजी पत्रकारिता का 'बाइ प्रॉडक्ट' बनकर रह गयी। इसके दो-तीन कारण आसानी से नजर आते हैं। पहला यह कि प्रेस-समूहों ने अंग्रेजी पत्रकारिता को ज़रूरत से ज्यादा तरजीह दी। उनकी सुख-सुविधाओं को प्राथमिकता दी। उन दिनों हिन्दी पत्रकारिता के लिए कोई भी पत्रकार विदेशों में नियुक्त नहीं था। विदेशों की बात तो बहुत दूर की है, दक्षिणी भारत में उनका कोई संवाददाता नहीं था। अंग्रेजी सम्पादक और पत्रकार विदेशी यात्राएँ करते थे, पर हिन्दी पत्रकारों को यह सब नसीब नहीं था। इसलिए हिन्दी पत्रकारिता अन्तर्राष्ट्रीय और सुदूर राष्ट्रीय खबरों के लिए भी अंग्रेजी पत्रकारिता की मोहताज थी, भाषान्तरण के अलावे उनके पास कोई विकल्प नहीं था, समुद्रपारीय खबरों में मौलिकता के लिए कोई जगह नहीं थी। घटनाएँ तों 'पाठ' हुआ करती हैं। उनकी खबरें तो संवाददाता एवं सम्पादक की दृष्टि की कायल होती हैं। सबसे ज़्यादा महत्त्व और असर उनकी प्रस्तुति ही रखती है। दूसरा कारण यह था कि अंग्रेजी पत्रकारों की देखादेखी हिन्दी पत्रकारों में भी सुविधापरस्ती की भावना विकसित हो गयी और इसने सत्ता तथा प्रेस-समूहों से समझौतापरस्ती को प्रोत्साहन दिया। तीसरा कारण, जिसको राजकिशोर ने सर्वाधिक महत्त्व दिया है, यह है कि जिस हिन्दी ने स्वातन्त्र्य-संघर्ष में अखिल भारतीय स्तर पर महत्त्वपूर्ण भूमिका का निर्वाह किया था और देश के सभी वर्गों एवं तबकों ने राष्ट्रीय एकता के औजार के रूप में अपनाया था, उसे स्वतन्त्र देश के संविधान

द्वारा दूसरी राजभाषा बनाकर छोड़ दिया गया, "हिन्दी को केन्द्र की दूसरी राजभाषा का दर्ज़ा जरूर मिला, लेकिन इसके साथ ही यह भी तय हो गया कि वह कभी केन्द्र की अकेली भाषा नहीं बन सकेगी और न ही केन्द्र को बहुभाषी बनाया जाएगा। स्वातन्त्र्योत्तर भारत में एक दास-संस्कृति का विकास हो रहा था, जिसके केन्द्र में अंग्रेजी का बोल-बाला था। हिन्दी पत्रकारिता को इस अंग्रेजी केन्द्रित प्रतिष्ठान की छाया तले ही पनपना था। ऐसे माहौल में हिन्दी पत्रकारिता की संस्कृति में घालमेल, चापलूसी और अस्पष्टता के वे सभी पुराने तत्त्व वापस लौट आये, जो नवजागरण के पूर्व हिन्दी समाज को दीमक की तरह खा रहे थे।"[47]

इन आगंतुक प्रवृत्तियों के बावज़ूद हिन्दी पत्रकारिता ने अपनी मूल्य-चेतना को किसी हद तक बचाये रखा था। इसलिए वह साहित्य और राजनीति के बुनियादी आचरणों की पड़ताल तथा भाषा और संस्कृति के सरोकारों के विश्लेषण में संलग्न रही, शहरों एवं महानगरों से दूर कस्बों एवं गाँवों का जायजा लेती रही और उनके यथार्थ और संघर्ष से रू-ब-रू होती रही। साथ ही साथ वह जयप्रकाश नारायण के जनजागरण-अभियान में भी शिरकत करती रही, जनसामान्य की आशाओं एवं आकांक्षाओं के प्रति भी अपनी ज़वाबदेही प्रकट करती रही। इसी मुकाम को कुछ लोगों ने हिन्दी पत्रकारिता का स्वर्णयुग स्वीकार किया है और इस अभिधा से इस दौर को गौरवान्वित किया है। हिन्दी पत्रकारिता की इस विकास-यात्रा में अचानक गतिरोध तब आया जब इंदिरा गाँधी द्वारा आपात् काल घोषित हुआ और पत्रकारिता पर सेंसरशिप लागू हुआ।

आपातकाल से पूर्व पत्रकारिता का एक ख़ास पक्ष यह भी था कि कोई पत्र-पत्रिका 'प्रॉडक्ट' या उत्पादन नहीं मानी जाती थी और प्रेस ने पूर्ण उद्योग की शक्ल नहीं धारण की थी। उन दिनों प्रेसपति का उद्देश्य मुनाफा कमाना नहीं था। कारण कि अधिकांश प्रेसपतियों के मानस में आजादीपूर्व की पत्रकारिता के संस्कार अभी साँस ले रहे थे। इसलिए उनके अन्दर अन्य उद्योगों के समान्तर प्रेस उद्योग को जाँचने और समझने की युक्ति का प्रवेश नहीं हुआ था। बल्कि उन दिनों प्रेस के घाटे को अन्य उद्योगों के मुनाफे से पूरा करने की मलमनसाहत थी। प्रेसपतियों के लिए पत्रकारिता की अवधारणा लोक और तंत्र के बीच एक सेतु की ही थी, तंत्र से लाभान्वित होने की आकांक्षा नहीं थी। वे भी मानते थे कि पत्रकारिता का दायित्व समाज और राज्य को पटरी पर बनाये रखना है। इस दायित्व-बोध के कारण उन दिनों सम्पादक की स्वायत्त सत्ता थी और पत्र-स्वामी से सौहार्द-पूर्ण सम्बन्ध भी। उस समय सम्पादक के कार्य-क्षेत्र में प्रेसपतियों का हस्तक्षेप नगण्य होता था या होता ही नहीं था। यह सौमनस्य और दायित्व-बोध नेहरू-युग के बाद तक चलता रहा। पर, इंदिरा जी का शासन-काल में आहिस्ता-आहिस्ता पत्रकारिता के मनमिजाज में परिवर्तन आने लगा। सत्ता और राजनीति में अस्थिरता आने लगी, आज़ादी के प्रति जनता में मोह-भंग

हुआ, पूँजीवादी मूल्यों का दबाव बढ़ा। फलतः पत्रकारिता का कायाकल्प हुआ, पर उसमें सांस्कृतिक 'लैग' उपस्थित हुआ। पहले पत्रकारिता दमन की शिकार थी और अब प्रलोभन की शिकार हुई। पत्रकारिता के राज्य में 'उपहार चक्र' का समारोहपूर्वक स्वागत हुआ। राजनीति और पत्रकारिता में एक नये सरोकार का उदय हुआ जो आपसी स्वार्थ-पूर्ति का आधार बना। पत्रकारिता का वैचारिक धरातल खिसकने लगा और अन्दर-अन्दर ही पूँजी का घुन उसे खोखला बनाने लगा। पत्रकारिता के विचलन का सिलसिला शुरू हो गया। इस क्रम में पत्रकारिता में समृद्धि और मांसलता आयी पर अन्दर से वह कमजोर होती गयी। इसकी सही पहचान तब हुई, जब सत्ता के चरित्र में अप्रत्याशित और आकस्मिक परिवर्तन आया। जयप्रकाश गिरफ्तार हुए। देश में आपातकाल की घोषणा हुई। सेंसरशिप की घोषणा यानी पत्रकारिता की आजादी पर वज्रपात। इस वज्रपात ने पत्रकारिता का घुँघट उठा दिया और उसके आतंक ने उसको लगभग निर्वस्त्र कर दिया, सिर्फ उसके शरीर पर अन्तर्वस्त्र बाकी रह गये थे। गरज कि बड़े-बड़े साहित्यकार-सम्पादकों ने लाज-शर्म छोड़कर बीस सूत्री का बखान करने लगे थे और सत्ता के चारण बन गये थे। मनोहरश्याम जोशी और धर्मवीर भारती भी आत्मरक्षा के पावन-कर्त्तव्य से विमुख नहीं रहे। इसीलिए मंगल माधव पराड़कर ने लिखा है कि "कुछ छोटे-मोटे पत्रों को छोड़कर अधिसंख्य बड़े पत्र सरकार के चरणों में लोट गये। अंग्रेजी के एक-दो बड़े अखबार इसके अपवाद रहे और हिन्दी का कोई पत्र अपवाद-स्वरूप नहीं रहा। एक बड़े हिन्दी अखबार के सम्पादक तो अपने कुछ साथियों को लेकर सरकार के आपातकालीन कदमों के लिए प्रधानमंत्री को बधाई भी दे आये। सम्भाव्य सरकारी कार्रवाई से भयभीत अधिसंख्य अखबार सरकार के हाथ बिक गये और पत्रों की नैतिकता व आधारशिला खंडित हो गयी।"[48] खुशवन्त सिंह के मुहावरे में तो 'बौद्धिक वर्ग मात्र कालगर्ल में परिवर्तित हो गया' था, जिसे कुछ लोगों ने 'पेन प्रास्ट्यिूट' की संज्ञा भी दी है। पर अल्पांशतः यह बात सही नहीं थी। लेकिन कुछ लोग यह भूल जाते हैं कि हिन्दी पत्रकारों में ही एक राजेन्द्र माथुर थे जिनकी रीढ़ में लचक नहीं आयी थी। बाद में भले ही दौलत ने उनकी रीढ़ को 'लचकदार' बना दिया हो। यही नहीं, मेरी याददास्त ग़लत नहीं है तो इंदिरा गाँधी के इस कदम के खिलाफ 110 लोगों की 'विरोध-सभा' हुई थी, जिनमें निश्चय ही हिन्दी पत्रकार रहे होंगे। यह मेरा देखा नहीं, सुना सच है। कान भी आँखों से बहुत दूर नहीं होते!

यह भी सच है कि जब आँधी-तूफान आते हैं तो बड़े-बड़े दरख्त ही दरकते हैं, छोटे-छोटे तो भूमिसात होने पर भी पल्ला झाड़कर खड़े हो जाते हैं। आपातकाल में क्षेत्रीय अखबरों की भूमिका छोटे-छोटे पौंधों की ही रही। कुछेक ने शुतुरमुर्गी चाल नहीं अपनायी। कुछ पत्रों में तो विरोध का स्वर प्रपंच था मगर 'नयी दुनिया' का स्वर प्रचंड था। 'सारिका' की भूमिका भी इन दिनों जीवट की थी। कमलेश्वर का

स्तम्भ 'आपका पन्ना' चर्चा में रहा, 'इंडियन एक्सप्रेस' को भी खूब ख्याति मिली। पर कुल मिलाकर पत्रकारिता ने सत्ता के समक्ष घुटने टेक दिये थे और इंदिरा-कीर्तन शुरू कर दिया था। फैसल अनुराग का मत है कि "इमरजेंसी में घुटना टेक पत्रकारिता अनजाने में नहीं हुई। इसकी सामाजिक, आर्थिक और सांस्कृतिक स्थितियाँ भारतीय समाज में ही मौजूद थीं। भारतीय समाज के ढाँचे में कई ऐसे पहलू हैं, जिन पर ग़ौर करने की जरूरत है। आपातकाल के बाद इन सवालों पर बहुत चर्चा हुई है। लेकिन अब भी जवाब नहीं मिला।"[49] पर दुर्भाग्य की बात है कि उन्होंने अपने स्तर से जवाब देने की जहमत भी नहीं उठायी है। सम्भवतः इसे इतिहासकारों एवं अनुसन्धानकत्ताओं के लिए छोड़ दिया है। खैर। फिर प्रेस की स्वतन्त्रता बहाल होते ही यानी आपातकाल के बाद पत्रकारिता का स्वर स्वस्थ और मुखर हो गया। उसने अपनी अस्मिता को पहचाना और वह इस्पात की तरह सीना तानकर खड़ी हो गया। जनमानस आपातकाल की सच्चाई को जानने के लिए टूट पड़ा पत्र-पत्रिकाओं की ओर। जनमानस का मास मीडिया से रागात्मक सम्बन्ध पुनः जुड़ गया। सन् 1977 में 'रविवार' का प्रकाशन एक ऐहितासिक घटना है। स्व. सुरेन्द्र पताप सिंह ने साप्ताहिक 'रविवार' के माध्यम से एक नयी शैली की साप्ताहिक पत्रकारिता को जन्म दिया, जिसमें व्यावसायिकता और सामाजिक सरोकारों का दिलचस्प समावेश था। इस पत्र ने 'हिन्दुस्तान' और 'धर्मयुग' से अलग पहचान विकसित की। इसे जागरूक पाठक वर्ग भी मिला। कारण कि उपर्युक्त दोनों साप्ताहिकों ने अपनी छवि आपातकाल के दौरान धूमिल कर दी थी, सम्पादकीय शुचिता गँवा दी थी। दोनों में न तो आभा बची थी और न आकर्षण। वैसे तो इन दोनों साहित्यकार-पत्रकारों ने आरम्भ से ही नरम पत्रकारिता को तरज़ीह दी थी, जोख़िम भरी पत्रकारिता से अपने को दूर रखने की कोशिश की। फिर भी साहित्यिक और सांस्कृतिक विवेचन और विश्लेषण के चलते इसकी गरिमा सुरक्षित थी। इन दोनों साप्ताहिकों की दयनीयता का लाभ उठाते हुए एस.पी. ने पाठक वर्ग में 'रविवार' को प्रतिष्ठित कर दिया। अज्ञेय और रघुवीर सहाय के 'दिनमान' ने भी खोजी पत्रकारिता के साथ अपना अकादमिक सरोकार कायम रखा। 'दिनमान' के सरोकार बहुआयामी थे। उसने युवा-आन्दोलन, नक्सलबाड़ी आन्दोलन, भू-आन्दोलन, भारत-पाक युद्ध बांग्ला देश का जन्म, राजस्थान का अकाल और नारी-समस्याओं जैसे खुरदरे मुद्दों को सुर्खियों में लाया। 'दिनमान' ने विश्लेषक पत्रकारिता की एक पीढ़ी का सृजन किया। साहित्य के क्षेत्र में ही नही, पत्रकारों के क्षेत्र में भी अपने प्रयोगों से मुद्दत से आ रही पत्रों की वैचारिक रिक्तता की पूर्ति की। अर्द्ध-अकादमिक पत्रकारिता के लिए अज्ञेय और रघुवीर को इतिहास हमेशा याद रखेगा। 1982 ई. में राजेंद्र माथुर ने 'नयी दुनिया' से त्यागपत्र देकर 'टाइम्स ऑफ इंडिया' का सम्पादक पद सम्भाला और इसके एक साल बाद सन् 1983 में प्रभाष जोशी के सम्पादन में 'जनसत्ता' का पुनर्जन्म हुआ।

दैनिकों में सम्पादक प्रायः हाशिए पर चले गये थे। उनका रुतबा एक मध्यस्थ की रह गयी थी। अंग्रेजी सम्पादकों के सामने तो उनका वजूद पासंग के बराबर था। लेकिन माथुर और जोशी के आने से अज्ञेय और रघवीर सहाय के बाद सम्पादक-संस्था को पुनः गरिमा प्राप्त हुई। अंग्रेजीदाँ परिवारों के 'ड्राइंग रूम' में 'जनसत्ता' ने सजावटी पैठ बनायी। दैनिकों की साहित्यिक और सांस्कृतिक गरिमा पुनर्स्थापित हुई। मगर यह काल छोटा रहा और इनका प्रभाव-प्रसार अभिजात वर्ग तक सम्भव हो सका। निचले स्तर तक माथुर-जोशी के प्रयोगों एवं प्रभावों का संस्थानीकरण नहीं हो सका। धीरे-धीरे ये दोनों पत्रों की तेजस्विता भी धूमिल होती गयी और बाद में तो दोनों ही अपने-अपने पक्ष के पैरोकार बनकर रह गये। फिर भी जोशी जी का एक दिन अचानक चुपके से चले जाना हिन्दी साहित्य और पत्रकारिता के लिए बहुत बड़ा हादसा है। इस सदमे से शायद ही वे उबर पायें। कारण कि दोनों एक ही गुरुकुल परम्परा की संतान थे। दोनों में सच कहने और संघर्ष करने की अपेक्षित ताकत थी। उन दोनों ने पत्रकार जीवन में अपनी मौलिक ताकत का प्रयोग किया। हालाँकि ये दोनों ही स्वभाव से साहित्यकार थे, मगर प्रधर्म से पत्रकार थे। इसीलिए इनकी पत्रकारिता ओजस्वी और तेजस्वी होने के साथ-साथ साहित्यिक भी थी, व्यावसायिक होने के साथ-साथ मूल्यधर्मी भी थी, अकादमिक सरोकारों एवं जन-मुख सरोकारों से सम्बद्ध और प्रतिबद्ध। कमलेश्वर ने कहीं कहा था कि सम्बद्धता प्रतिबद्धता से भी ऊँची चीज है। बात सही भी है। प्रभाष जोशी के मित्र शायर का एक शेर था जो उनके लिए भी था—

"ये तो फितरत है जहाँ होते नुमायाँ होते,
हम समन्दर में भी होते तो तूफाँ होते"

इस सन्दर्भ में टी.एस. इलियट की एक पंक्ति याद आती है कि 'माई एंड इज माई बिगनिंग। काश, इन दोनों पत्रकारों के साथ-साथ अतीत के भी ऐसे पत्रकारों का अन्त उनका आरम्भ होता!

इस बीच क्षेत्रीय अखबारों का भी विस्तार हुआ। इस दौर में राजनीतिक घटना-चक्र के मुताबिक क्षेत्रीय राजनीतिक शक्तियों का उदय हुआ। अपने लाभ-लोभ के लिए नवधनिक वर्ग ने पत्रकारिता का इस्तेमाल शुरू कर दिया। अपनी टुच्ची महत्त्वाकांक्षाओं की पूर्ति के लिए पत्रकारिता के माध्यम से सत्ता के गलियारे में घुसपैठ आरम्भ की। जो पत्रकार आपातकाल में जेल गये थे, वे आम आदमी की नज़र में 'ग्लैमर ब्वाय' हो गये थे, हीरो बन गये थे। उन्होंने जमकर उस समय के अत्याचारों और दमनात्मक कार्रवाइयों का पर्दाफाश किया। शक्तिपुँज इंदिरा-शासन का अस्त हो गया, जिसकी कल्पना किसी को नहीं थी। पर इस समय नवप्रभामण्डल प्राप्त पत्रकारों में वैचारिक परिपक्वता और प्रतिबद्धता की जगह आत्मप्रवंचना ने ले ली और तथाकथित त्याग और बलिदान को भुनाने की फ़िक्र

में लग गये। जो पत्रकारिता शक्तिसंचय कर सकती थी, वह धनसंचय में बुरी तरह 'इन्वॉल्ड' हो गयी। लोगों में लाभदायक पदों एवं राज्यसभा के नामांकन के लिए जनता सरकार की देहरी पर और मरणासन्न जयप्रकाश जी के दर पर लम्बी 'क्यू' खड़ी हो गयी थी। पत्रकारिता जो अपने शैशव में 'रियासत' थी, वह यौवन में सियासत की रखैल बन गयी। अंग्रेजी पत्रकारिता तो किशोरावस्था से सत्ता की संगिनी थी, उसकी यह भूमिका उतनी नहीं अखरती जितनी हिन्दी पत्रकारिता की। कारण कि हिन्दी पत्रकारिता का यह भ्रष्टाचरण किसी कुलवधू के हरजाईपन सा लगता है। गरज कि पत्रकारिता स्वार्थपूर्ति की एक नयी शैली और स्वीकृत विधा बन गयी। सम्पादकों एवं पत्रकारों को लोभ-लाभ में कुर्सी के कहाँर बनने में शर्म नहीं आयी और अब तो ये शर्म-वर्म की बातें 'आउट डेटेड' हो गयीं हैं।

लगे हाथ खोजी पत्रकारिता की बात कर ही ली जाय, क्योंकि उसकी पैदाइश का भी वक़्त यही है। वैसे तो पत्रकारिता का आरम्भ ही पर्दाफाश से हुआ था। पत्रकारिता के पिता हिक्की ने यही पद्धति अपनायी थी, वारेन हेस्टिंगस के कारनामों को उजागर करने के लिए। मगर उसका उद्देश्य सकारात्मक था। इसीलिए पत्रकारिता को सजग प्रहरी कहा गया था और 'वाच डॉग ऑफ द नाइट' भी। इसी प्रभाव में डेलेन ने कहा था कि 'पर्दाफाश ही प्रेस की जिन्दगी है'। इतिहास भी साक्षी है कि गत शती के तीसरे दशक में बम्बई में (अब मुम्बई) बैकबे रैकेट और पूना में सरकारी ठगी के मामले को पत्रकारिता ने ही उजागर किया था। गरज़ कि पत्रकारिता को ऐसा करने के लिए बहुत मशक्कत करनी पड़ती है और आरम्भ से यह साहसिक कार्य करती आयी है। दरअसल, गोपनीयता सत्ता-प्रतिष्ठानों की औजार है तो प्रेस और संसद की औज़ार है पारदर्शिता। लेकिन खोजी पत्रकारिता में आत्मानुशासन की काफी ज़रूरत होती है। उसे आनन-फानन में मिलने वाली प्रसिद्धि से परहेज करना बहुत जरूरी होता है। इसी लोभ में 'वाशिंगटन पोस्ट' की एक पत्रकार ने एक नकली स्टोरी बनायी और उस उपलब्धि पर पुलित्जर पुरस्कार मिल गया। बाद में उस लड़की ने अपने जुर्म का इकबाल भी किया। तात्पर्य यह कि खोजी पत्रकारिता के लिए उच्चपदासीन पदाधिकाकियों के ग़लत कारनामों की खोज करना और राष्ट्राध्यक्षों एवं प्रधान मंत्रियों को पदच्युत करना रोमांचक कार्य है। लेकिन किसी के निजी जिन्दगी को सार्वजनिक करने में आत्म नियंत्रण की सख़्त आवश्यकता होती है। सतर्क, सकारात्मक एवं आत्मानुशासित खोजी पत्रकारिता व्यक्ति, समाज और राष्ट्र के लिए उपयोगी सिद्ध हो सकती है। हिन्दी की खोजी पत्रकारिता के साथ एक सवाल तहलका प्रकरण ने जोड़ दिया कि साध्य की शुचिता के साथ-साथ साधन की शुचिता आवश्यक है अथवा नहीं, पक्ष और विपक्ष में मत आते हैं। आदर्श स्थिति तो यह है कि साधन की सात्विकता भी अनिवार्य है। लेकिन यथार्थ और व्यावहारिक स्थिति इसके विरोध में खड़ी हो जाती है। तहलका प्रकरण में जो

साधन अपनाया गया था, उसकी आलोचना ज्यादा हुई, उसकी अनुशंसा कम। खोजी पत्रकारिता में नैतिकता एवं समाज और राष्ट्र के प्रति दायित्व-बोध अनिवार्य है। पशुपालन घौटाले का जो रहस्योद्घाटन पत्रों ने किया, वह सराहनीय रहा। इसमें क्षेत्रीय अखबार 'प्रभात खबर' की भूमिका अविस्मरणीय है।

'द ट्रिव्यून' ने भी उसके इस कार्य को नोटिस लिया था "Its news against Bihar's animals husbandary mafia is on banner headlines and news items recounting the latest escapasles dons who now dominate the front pages of the newspaper."[50]

अगर खोजी पत्रकारिता किसी के निजी स्वार्थ-पूर्ति का जरिया बनती है तो निश्चय ही वह जनोन्मुख पत्रकारिता नहीं है। अगर वह किसी के निजी जीवन में, ड्राइंग और बेडरूम में ताक-झाँक कर चटख और मसालेदार न्यूज बनाकर पाठकों की रुचि को विकृत करने की कोशिश करती है तो निश्चय ही वह असामाजिक तत्त्वों में शुमार हो जाती है। केवल लूट-पाट और हत्या ही असामाजिक कार्य नहीं है, अपने नैतिक दायित्वों एवं कत्तव्यों से विमुखता भी अपराध-कर्म है। कारण कि जो जितना ही बड़ा होता है उसका दायित्व-बोध भी उतना ही बड़ा होता है। धर्मवीर भारती का कहना बिल्कुल सही है कि, "नकारात्मक और मूल्य मर्यादाविहीन पर उस (खोजी) पत्रकारिता का भी सामाजिक उपयोग नगण्य हो जाता है। क्या आपको कभी-कभी ऐसे उदाहरण देखने में नहीं आते कि किसी भ्रष्ट मंत्री या उद्योगपति या अफसर नेता या अभिनेता का भंडाफोड़ कर रहा है कोई ऐसा पत्रकार, जो स्वयं मत्रियों या दूतावासों या अफसरों से स्वार्थ साधने की जुगाड़ में रहता है? और, उसके भन्डाफोड़ लेखन को रस लेकर कौन पढ़ता है? कोई घूस लेने वाला क्लर्क, या दोहरे बही खाता वाला व्यापरी या पढ़ाई के अलावा हर दूसरे शौक में मुब्तिला छात्र। क्या इनमें से किसी में यह भावना जागती है कि वह स्वयं अपने जीवन या अपने आस-पास के जीवन से भ्रष्टाचार मिटाने की कोशिश शुरू करे! फिर ऐसे लेखन से फायदा क्या हुआ?"[51] खोजी पत्रकारों में इस प्रश्न के उत्तर की भूमिका होनी चाहिए, तभी खोजी पत्रकारिता की सार्थकता प्रमाणित हो सकती है। व्यावसायिकता और पत्रकारिता—परस्पर विरोधी दो ध्रुवांतों के बीच एक मूल्यपरक बिन्दु की तलाश तो जरूरी ही है न? दोनों की मूल्यगत प्रणाली में एक संतुलन साधने की मशक्कल तो करनी ही होगी : मूल्य और मुनाफे के बीच का विकल्प। कारण कि 'पत्रकारिता सामाजिक बदलाव की, मौन क्रान्ति की एक सार्थक, सोद्देश्य प्रक्रिया है।' पत्रकारिता एक शक्ति सम्पन्न रियासत है जिसका कर्त्तव्य विधायिका, न्यायपालिका और कार्यपालिका का दिग्दर्शन और मार्गदर्शन ही नहीं है, उसका सबसे बड़ा दायित्व जनशिक्षण, जनमत निर्माण और देश तथा समाज की अन्तरात्मा में आत्म ज्योति का जागरण भी है। यों ही इसे 'फोर्थ इस्टेट' नहीं कहा जाता।

तो जरूरत इस बात की है कि जिस प्रकार मनोहर श्याम जोशी, धर्मवीर भारती, अज्ञेय, रघुवीर सहाय, राहुल बारपुते, राजेन्द्र माथुर, प्रभाष जोशी और एस.पी. सिंह जैसे हिन्दी और अंग्रेजी के दिग्गज पत्रकारों ने पत्रकारिता और व्यावसायिकता के बीच सन्तुलन साधा, वह निश्चय ही पत्रकारिता प्रशिक्षण-संस्थानों से डिग्रियाँ प्राप्त अभिजात पत्रकारों के लिए स्पृहणीय है। कारण कि आज के ज़माने में किसी से विद्यार्थी, प्रेमचन्द और पराड़कर के किरदारों को निभाने की आशा करना दुराशा है। इतनी तो आशा की ही जा सकती है कि वह ज़नसरोकारों के प्रति ईमानदार रहे। मगर सच्चाई तो एक अलग कहानी कहती है, जिसको अकबर इलाहाबादी के लफ्ज़ों में बयाँ करना ज़्यादा आसान होगाः

"पुरानी रोशनी में और नयी में फ़र्क इतना है,
उसे कश्ती नहीं मिलती, इसे साहिल नहीं मिलता।"

सन्दर्भ और टिप्पणी

1. 'संचार माध्यम और पूँजीवादी समाज', सं.—मुरली मनोहर प्रसाद सिंह, लेखः संस्कृति, मीडिया और विचारधारात्मक प्रभाव, लेखकः स्टुअर्ट हाल, पृ. 265
2. नया मीडिया और नये मुद्द्द, सुधीश पचौरी, पृ. 224
3. हिन्दी पत्रकारिताःआधुनिक सन्दर्भ, देव प्रकाश मिश्र, पृ. 49 पर उद्धृत
4. हिन्दी पत्रकारिताः आधुनिक सन्दर्भ, देव प्रकाश मिश्र, पृ. 49 पर उद्धृत
5. हिन्दी पत्रकारिताः आधुनिक सन्दर्भ, देव प्रकाश मिश्र, पृ. 48 पर उद्धृत
6. आलोचना, 79 (अक्तूबर-दिसम्बर, 86) सम्पादकीय, पृ. 1
7. साहित्य और इतिहास-दृष्टि, मैनेजर पाण्डेय, पृ. 190
8. हिन्दी-नवजागरण, डॉ. गजेन्द्र पाठक, पृ. 5
9. क्षेत्रीय पत्रकारिता के ग्लोबल फलक, सं.—फैसल अनुराग, पृ. 21
10. क्षेत्रीय पत्रकारिता के ग्लोबल फलक, सं.—फैसल अनुराग, पृ. 313
11. हिन्दी समाचार निर्देशिका, श्री वेंकटलाल ओझा, (हिन्दी की साहित्यिक पत्रकारिता, अवधेश कुमार), पृ. 4
12. द जर्नलिज्म इन मॉडर्न इंडिया, ए.एन. शिवरमन, पृ. 16
13. पत्रकारिता : मीडिया से मिशन तक, अखिलेश मिश्र, पृ. 91
14. द जर्नलिज़्म इन मॉडर्न इंडिया, ए.एन. शिवरमन, पृ. 16
15. The newspaper in India, Harendra Prasad Ghose, p. 20
16. वही, पृ. 38
17. John Milton's Areopagitice, 1644.
18. पत्रकारिता के विविध परिदृश्य, डॉ. संजीव भानावत, पृ. 51

(हिन्दी की साहित्यिक पत्रकारिता, अवधेश कुमार, पृ. 99 पर उद्धृत)

19. हिन्दी पत्रकारिता का आलोचनात्मक इतिहास, डॉ. रमेश कुमार जैन, पृ. 2 (हिन्दी की साहित्यक पत्रकारिता, पृ. 101 पर उद्धृत)
20. हिन्दी पत्रकारिता : आधुनिक सन्दर्भ : देवप्रकाश मिश्र, पृ. 50
21. भारतेंदु युगः रामविलास शर्मा, पृ. 114
22. भारतीय मीडिया :अंतरंग पहचान, सं. और लेखक डॉ. स्मिता मिश्र, पृ. 44
23. भारतीय पत्रकारिता : नींव के पत्थर, डॉ. मंगला अनुजा, पृ. 146
24. हिन्दी साहित्य का वृहत, इतिहास, डॉ. सम्पूर्णानन्द, भाग-13, पृ. 118 ('हिन्दी की साहित्यिक पत्रकारिता' अवधेश कुमार)
25. भारतीय मीडिया : अंतरंग पहचान, डॉ. स्मिता मिश्र, पृ. 38 से साभार
26. भारतीय पत्रकारिता : नींव के पत्थर, डॉ. मंगला अनुजा, पृ. 276 से साभार
27. पत्रकारिता और सामाजिक प्रतिबद्धता, शम्भूनाथ, आलोचना, 93, पृ. 42
28. भारतीय पत्रकारिताः नींव के पत्थर, डॉ. मंगला अनुजा, पृ. 317 से साभार
29. वही
30. भारतीय पत्रकारिताः नींव के पत्थर, डॉ. मंगला अनुजा, पृ. 310 से साभार
31. भारतीय पत्रकारिताः नींव के पत्थर, डॉ. मंगला अनुजा, पृ. 311 से साभार
32. समकालीन पत्रकारिता:मूल्यांकन और मुद्दे, सं. राजकिशोर, में संकलित गणेश मंत्री के आलेख 'व्यावसायिकता के बावजूद' में उद्धृत
33. सार सुधानिधि, वर्ष-2, अंक-25
34. वही
35. समकालीन पत्रकारिता : मूल्यांकन और मुद्दे, सं. राजकिशोर, पृ. 16 से साभार
36. आलोचना, जनवरी-मार्च, 2001, पृ. 28
37. लोकराज (वार्षिकी 1997) स्वतन्त्रता से पहले का माहौल—मन्मथनाथ गुप्त, पृ. 45 (भारतीय मीडिया : अन्तरंग पहचान से साभार)
38. द आर्टिस्ट इन चेन : द लाइफ ऑफ बंकिम चन्द्र चटर्जी, शिशिरदास 1984
39. आलोचना, जनवरी-मार्च 2001, पृ. 11
40. सार सुधानिधि, सम्पादकीय—हिन्दुस्तानियों का राजनीतिक संस्कार, वर्ष-2, अंक-16
41. हिन्दी पत्रकारिता, डॉ. कृष्णबिहारी मिश्र, पृ. 57
42. मीडिया-विमर्श, रामशरण जोशी, पृ. 63
43. हिन्दी पत्रकारिता : आधी सदी का सफर, राजकिशोर, समकालीन सृजन, अंक-20, सन् 2000, पृ. 136
44. मीडिया विमर्श : रामशरण जोशी, पृ. 86
45. महाराष्ट्र मानस, नवम्बर 1983, सम्पादकाचार्य पं. विष्णु पराड़कर : विशेषांक लेख का शीर्षक : कर्मठ पत्रकारों की परम्परा और पराड़कर : श्री नारायण चतुर्वेदी
46. क्षेत्रीय पत्रकारिता के ग्लोबल फलक, सं. फैसल अनुराग, लेखः 'पत्रकारिता और राजनीति' लेखकःप्रभाष जोशी, पृ. 314
47. समकालीन सृजन, अंक—20, सन् 2000, पृ. 136 पर प्रकाशित राजकिशोर का आलेख 'हिन्दी पत्रकारिताः आधी सदी का सफर'
48. क्षेत्रीय पत्रकारिता के ग्लोबल फलक, सं. फैसल अनुराग, लेखः 'पतन की राह पर पत्रकारिता',

लेखक: मंगल माधव पराड़कर, पृ. 22

49. क्षेत्रीय पत्रकारिता के ग्लोबल फलक, सं. फैसल अनुराग, प्राक्कथन, पृ. (xiv)
50. द ट्रिव्यून—20 फरवरी 1993, लेख: Newspaper takes up arms against mafia.'—ले. सुनीतवीर सिंह और सुमिता दास गुप्त।
51. समकालीन पत्रकारिता : मूल्यांकन और मुद्दे, सं. राजकिशोर, लेखः 'उत्कर्ष और विघटन के आयाम' लेखक: धर्मवीर भारती, पृ. 35

हिन्दी पत्रकारिता के स्वर

नाटकों में एक ऐसा पात्र भी होता है जो रंगमंच पर कभी दृष्टिगोचर नहीं होता, पर वह नाटक के समस्त कार्य-व्यापारों का जनक होता है, उसके संवादों की अन्तर्वस्तु होता है, पात्रों के चरित्र का नियामक एवं नियंत्रक होता है। ऐसे पात्र को 'मैगुफिन' कहा जाता है। आज के समाज और जीवन में भूमंडलीकरण और बाजारवाद की भूमिका 'मैगुफिन' की तरह है, जो पूँजीवाद के ही नये अवतार या आधुनिक संस्करण हैं। आज से साठ-पैंसठ साल पहले अमेरिका में एक बहुत चर्चित किताब प्रकाशित हुई थी, जिसका नाम है 'बिदाउट क्राइस्ट एण्ड विदाउट मार्क्स'। यह पुस्तक घोषणा करती है कि जल्दी ही दुनिया को एक ऐसी क्रान्ति आलिंगन में लेने वाली है जो इन्सानियत और साम्यवाद से तो पैदा नहीं होगी, पर इन दोनों से बहुत बड़ी होगी। ज़ाहिर है, लेखक का इशारा प्रौद्योगिकी से आयी बाजारवादी क्रान्ति से था, संचार-माध्यमों से उपजे भूमंडलीकरण से था। सन् 1957 में ही बर्ट्रेंड रसेल ने दुनिया को सावधान किया था कि "आज जिस व्यक्ति के हाथों में प्रचुर यांत्रिक शक्तियाँ हैं, उसे नियंत्रित नहीं किया गया तो वह अपने आप को सर्वशक्तिमान देवता समझने लगेगा"।[1] यहाँ सर्वशक्तिमान देवता से उसका आशय विष्णु से नही था, बल्कि इन्द्र जैसे स्वार्थी और सत्तालोलुप देवता से था, जो अपनी महत्त्वाकांक्षा-पूर्ति के लिए अपनी मर्यादा को भी दाँव पर लगा देता है या उस अग्नि से था, जो सर्वभक्षी होती है, जो जंगल को ही नहीं, सागर को भी अपनी लपटों में ले लेती है, इसलिए भारतीय मनीषा ने आत्मरक्षा के लिए सबसे पहले उसकी ही प्रार्थना की है। हरबर्ट आई. शिलर ने अपनी पुस्तक 'संचार माध्यम और सांस्कृतिक वर्चस्व' में इस मान्यता को पुष्ट किया है कि कारखानों में बने उपभोक्ता सामानों के लिए बनी बाजार-व्यवस्था आज दुनिया के स्तर पर विचार, स्वाद और विश्वास की बिक्री के लिए उपयोग में लायी जा रही है। वास्तव में विकसित पूँजीवाद की वर्तमान मंजिल से सूचना का उत्पादन, वितरण पूरी दुनिया में हर तरह से प्रधान और अपरिहार्य कार्यकलाप बन गये हैं। गरज कि साम्राज्यवाद की गतिविधियाँ केवल आर्थिक और राजनीतिक परिधियों में ही सीमित नहीं रहतीं, बल्कि सुरसा की तरह अपने जबड़े में सामाजिक और सांस्कृतिक सूत्रों एवं स्रोतों को भी ले लेती हैं। पत्रकारिता भी समाज सापेक्ष

सत्ता है और मूलतः उद्योगवाद की संतान है तो उसे बाजारवाद या मुनाफावाद से तटस्थ रहने और रखने की हिदायत और नसीहत कैसे दी जा सकती है? बाजारवाद के सर्वग्रासी माहौल में स्वतन्त्रता-पूर्व की पत्रकारिता की तरह साध्वी और तापसी होने की आशा क्या दुराशा नहीं होगी? खासकर उस परिस्थिति में, जब हमारी पूरी प्रकृति और संस्कृति ही बाजारवाद का आखेट बन गयी हो? अतीत के प्रति मुग्धता का भाव तो हमारा स्वभाव है। अपना अतीत वसन्त की तरह हमेशा सुखद लगता है और वर्त्तमान पतझड़ की तरह शुष्क और नीरस। गहरी साँस लेकर अक्सर हम कहते हैं—झड़ने लगे नीम के पत्ते, बढ़ने लगी उदासी मन की' या निराला के छन्द में शब्दान्तर से कहते हैं—'स्नेह-निर्झर बह गया है, रेत ज्यों जग रह गया है'। गरज़ कि हमारी पत्रकारिता में ख़िजा आज ही नहीं आयी है, इसका उन्मेष तो पत्र-जगत में आज़ादी से पहले ही हो गया था। उन दिनों अधिकांश अंग्रेजी-पत्रों के रुख़सार सत्तामुखी थे, वे अंग्रेजों के पक्षधर थे। हाँ, कुछ अपवाद भी थे। पर अपवादों का कोई व्याकरण तो होता नहीं। यह दीगर बात है कि इतिहास उन्हीं का होता है। सन् 1971 में 'टाइम्स ऑफ इंडिया' के सम्पादकीय का यह अंश तदयुगीन अंग्रेजी पत्रकारिता के अक्षांश का सही पता देता है : "हम भारतीय इस धरती के सबसे भाग्यशाली लोग हैं, क्योंकि हम पर केवल श्वेतों का ही नहीं, बल्कि श्वेत अंग्रेजों का शासन है'।[2] इस इबारत से धर्मवीर भारती का यह कथन सही प्रतीत होता है कि 'अंग्रेजी पत्रकारिता की यह प्रवृत्ति आज की नहीं है, इसकी जड़ें सौ साल पुरानी हैं। उस समय जब अंग्रेजी अखबार निकले (19वीं सदी के उत्तरार्द्ध में) उनके संवाददाता देशी भाषा बोलना भी हतक-इज्जती समझते थे। जनता से उनका प्रत्यक्ष सम्पर्क नहीं था। वे तो शाम को उस क्लब में जाकर बैठ जाते थे, जहाँ बड़े अंग्रेज अफसर, उनकी बीवियाँ, उनकी बीवियों के प्रेमी और बड़े जागीरदार और उनके अंग्रेजपरस्त चमचे इकट्ठे होते थे और वहीं से अंग्रेजी अखबार-नवीस को ख़बरें मिलती थीं, जिन्हें नमक-मिर्च लगाकर वह अपने अंग्रेजपरस्त पाठकों के समक्ष पेश करता था।'[3] कहा न, कि इस प्रवृत्ति के कुछ अपवाद भी थे। जैसे, श्रीनिवास शास्त्री, सी.वाई. चिन्तामणि, मदनमोहन मालवीय एवं महात्मा गाँधी जैसे पत्रकारों ने उन पत्रों को राष्ट्रीय सरोकार देने की भरसक कोशिश की और उन्हें आत्मचेतना से तेजस्वी स्वर भी दिया। किन्तु आम अंग्रेजी पत्र जन सरोकारों से असम्पृक्त थे। आजादी के बाद अंग्रेजी पत्रों के नक्शेक़दम पर चलने की ललक हिन्दी पत्रकारिता में भी दिखायी देती है। उस जमाने में हर पत्रकार और सम्पादक नेहरू के करीब दिखना चाहता था और अक्सर उनके सम्पादकीय इस तकियाकलाम से शुरू होते थे: 'एज मि. नेहरू राइटलि सेड...' यह प्रवृत्ति इन्दिरा गाँधी के शासन-काल में बलवती हुई और जनता दल के शासन काल में परवान चढ़ी तथा संजय गाँधी और राजीव गाँधी के शासन-काल में अपनी

मंजिल पा ली। इस दौर में हिन्दी पत्रकारिता ने दो घोड़ों की सवारी की। एक तो राजनीति से साँठ-गाँठ और दूसरे प्रेसपतियों के पूँजीवादी मूल्यों से समझौता। हिन्दी और अंग्रेजी पत्रकारिता के इस बदलते मिज़ाज की भनक विद्यार्थी जी को बहुत पहले मिल चुकी थी। और, बहुत क्षोभ के साथ लिखा था कि "संसार के अधिकांश समाचार-पत्र पैसे कमाने और झूठ को सच तथा सच को झूठ करने में लगे हैं जितने कि संसार के चरित्र शून्य व्यक्ति...जिन लोगों ने पत्रकार-कला को अपना काम (यानी पेशा) बना रखा है, उनमें बहुत कम लोग हैं जो अपने चित्त को इस बात पर विचार करने का कष्ट उठाने का अवसर देते हैं कि सच्चाई की भी लाज रखनी चाहिए। केवल मक्खन-रोटी के लिए दिन भर में कई रंग बदलना ठीक नहीं है...हिन्दी पत्रों के सामने भी यह लकीर खिंचती जा रही है।"[4] मगर उन दिनों हिन्दी पत्रकारिता में उभरती इस लकीर को काटने वाले फकीर भी थे। 'हंस' के सम्पादक प्रेमचन्द का यह आत्म-सन्तोष इस दृष्टि से मानी खेज है। वे लिखते हैं कि 'हमें आर्थिक हानि भी हुई। राजनीतिक दंड भी भोगना पड़ा, पर हमने हिम्मत नहीं हारी। हमने अपने सामने जो आदर्श रखा है, वह उत्साह बढ़ाने के लिए काफी है। हम घाटे-नाफ़े के कायल नहीं हैं।' पर प्रेमचन्द का यह आदर्श आज की पत्रकारिता का प्रतिदर्श नहीं है, वह कब का इसे छोड़कर बहुत दूर 'पेड न्यूज' तथा 'प्राइवेट ट्रीटी' के मुकाम तक पहुँच गयी है। जहाँ से उसकी वापसी असम्भव तो नहीं, पर कठिन अवश्य हो गयी है। दरअसल, वह घाटा-नफ़ा की इतनी कायल हो गयी है कि वह समाचारों के साथ 'फ्लर्टिंग' करती है, वह अपने भौतिक ऐश्वर्य के लिए नेताओं तथा उद्योगपतियों की 'रखैल' बन गयी है, 'प्रॉस्टिट्यूट' की भूमिका में आ गयी है तथा इस कार्य में शर्म का नहीं, गर्व का अनुभव करती है। यही सबसे बड़ी त्रासदी है।

अब इसे पत्रकारिता कहना किसी कोने से भी वाजिब नहीं लगता। कारण कि आज के मीडिया को पत्रकारिता कहना स्वतन्त्रतापूर्व की मूल्यधर्मी तथा आलोकधर्मी परम्परा को गाली देना होगा। कारण कि आज मीडिया मिशन नहीं रह गयी है उसमें मिशनरी संस्कृति का कोई संस्कार शेष नहीं रह गया है। हाँ, उसके कुछेक जीवाश्म जरूर बाकी हैं, हमारी मीडिया की चेतना में, जिसकी वजह से आज पत्रकार, सम्पादक और भारतीय नेतृत्व एक मंच पर एकत्र होकर उसकी चरित्रहीनता पर चिन्ता व्यक्त करने लगे हैं और उसको पटरी पर लाने की कोशिश में संलग्न हैं। आज का मीडिया सफल जरूर है, पर सार्थक रत्ती भर नहीं। सार्थकता और सफलता आज की तारीख में परस्पर विरोधी घ्रुव हैं, दोनों ध्रुवान्तों में छत्तीस का आँकड़ा है, यह हम सबका साझा अनुभव है।

यह बताते चलूँ कि हिन्दी पत्रकारिता में 'मीडिया' शब्द का प्रयोग हाल-फिलहाल की घटना है, यानी बीसवीं शताब्दी के अन्तिम दो दशकों की। इससे कुछ पहले

इस शब्द का वजूद अधिक-से-अधिक विज्ञापन विभाग तक सीमित था। प्रसिद्ध पत्रकार अखिलेश मिश्र का तो कहना है कि "कानून ने पत्रकारिता को मीडिया नहीं माना है। 'मीडिया' शब्द का चलन बहुत बाद में हुआ। चला भी तो आरम्भ में विज्ञापन विभाग पर लागू हुआ। लेकिन अब तो सबकुछ मीडिया है—प्रिंट और इलेक्ट्रानिक मीडिया यानी सब धान बाईस पसेरी।'[5] दरअसल, सरकारी तंत्र ने मीडिया के अर्थ क्षेत्र में पत्रकारिता को इसलिए ग्रहण किया कि उनके सेवक भी पत्रकारिता की गरिमा पा जाएँ। बात केवल शब्द की नहीं है, उसके अर्थ-संस्कार की है। मीडिया से एक माध्यमक यानी दलाल की 'महक' आती है। अपनी तापसी और सतीसाध्वी पत्रकारिता को मीडिया कहने में वैसे ही शर्म का अनुभव होता है, जैसे आधुनिक श्रवण कुमारों द्वारा माँ को 'मम्मी' कहने में। 'मम्मी' शब्द से उस पाश्चात्य औरत की गन्ध आती है जो पति को बिस्तर की चादरों की तरह बदलती है, पर भारतीय माँ के 'आँचल में दूध और आँखों में पानी' होता है यानी वह वात्सल्य और करुणा की जीवित प्रतिभा होती है। और, 'मम्मी'? जैविक और भौतिक वासना की साक्षात् विग्रह होती है। यकीनन, हिन्दी पत्रकारिता 'मीडिया' के अर्थ-क्षेत्र में प्रवेश करते ही 'वाच डॉग ऑफ द पीपल' से 'लैप डॉग आफ द पावर एंड पॉलिटिक्स' हो गयी। साथ ही, वह औद्योगिक घरानों के लिए 'माल' हो गयी, जो पत्रकारों और पूजीपतियों दोनों को ही मालोमाल करने लगी और अपने पाठकों को हर तरह से फटेहाल करने पर तुल गयी। गरज कि वह पराड़कर जी की भविष्यवाणी की जीवन्त मिसाल बन गयी—"आगे चलकर पत्र सर्वांग सुन्दर होंगे, आकर बड़े होंगे, छपाई अच्छी होगी, कल्पकता होगी, गम्भीर गवेषणा की झलक होगी और मनोहारिणी शक्ति भी होगी। ग्राहकों की संख्या लाखों में होगी... यह सब होगा, पर पत्र प्राणहीन होंगे।"[6] कहने की आवश्यकता नहीं कि आज मीडिया के पास सबकुछ है, रूप-रंग, साज-सज्जा में गुणात्मक फर्क आया है, पर उसकी आन्तरिक शक्ति ही नदारद है। जिस सर्जनात्मक क्षमता से कभी उसने जनता को जागरूक किया था, सामाजिक कुरीतियों एवं जड़ताओं के विरुद्ध संघर्ष किया था, स्वतन्त्रता के संग्राम के लिए जऩमत-तैयार किया था। देश के बुद्धिजीवी वर्ग को समाज-चिंतन एवं आत्म-चिन्तन के लिए प्रेरित किया था, उसका सर्वथा लोप हो गया है। वह बाहर से ताजमहल एवं अन्दर से कब्रिस्तान हो गयी है। इस आमूल-चूल परिवर्तन में पत्रकारों की दयनीयता एवं विवशता की भूमिका भी उल्लेखनीय है। पहले के पत्रकारों में दृढ़ निश्चय और संकल्प की भावना थी। वे अपने कर्त्तव्य-निर्वाह के लिए हर जोखिम उठाने के लिए तैयार थे। उनकी मानसिक बनावट में त्याग और बलिदान की सघनता थी। वे किसी भी कीमत पर बाहरी दबावों को बर्दाश्त नहीं करते थे। दूसरी बात यह कि वे पत्रकार गाँधी के जीवन-सूत्र 'सेटिस्फाइ योर नीड्स एण्ड चेक योर डिजायर्स'

को आत्मसात कर दायित्व-निर्वाह करते थे। और, प्रेसपतियों से समझौता नहीं करते थे। एकाध तो अपनी जेब में त्याग-पत्र लेकर प्रेस का काम करते थे और ईमानदारी से सम्पादन कार्य सम्पन्न करते थे। उस समय के प्रेस-मालिक भी मूल्यों में विश्वास करते थे और समाचार-पत्रों को जीविकोपार्जन का माध्यम नहीं मानते थे। सेवा-भाव से उनका प्रबन्धन-कार्य सम्भालते थे। वे अपने पत्र के लिए योग्य सम्पादक की तलाश करते थे और उनको सम्मान भी तहेदिल से देते थे। उनकी धारणा होती थी कि इस पत्र को मेरे जैसे कई मालिक मिल जाएँगे पर सम्पादक जैसा कोई व्यक्ति नही मिलेगा, इसलिए उसकी स्वतन्त्रता को हर हाल में बहाल रखते थे। साक्ष्य के रूप में एकाध घटनाओं का ज़िक्र गैरवाजिब नहीं होगा। कारण कि आज के व्यावसायिक माहौल में ये बातें सहज विश्वसनीय प्रतीत नहीं होतीं, दूर की कौड़ी प्रतीत होती हैं। स्वचाधीनता आन्दोलन के दिनों का ख्यात पत्र 'लीडर' के सम्पादक सी.वाई. चिन्तामणि थे। एक बार मोतीलाल नेहरू, जो स्वयं भी बोर्ड के सदस्य थे, ने उनके सम्पादकीय को बोर्ड की नीतियों के लिए हानिकर बताया और उसमें कुछ बदलाव का प्रस्ताव रखा। इस पर सी.वाई. चिन्तामणि ने दो टूक लहजे में कहा कि 'बोर्ड के पास मुझे बर्खास्त करने का पूरा अधिकार है, पर मेरे सम्पादकीय को बदलने का कतई अधिकार नहीं है।' और मोतीलाल नेहरू निरुत्तर हो गये। इसी प्रकार एक बार उनका मदनमोहन मालवीय से मतभेद हो गया। उन्होंने उनके आगे अपना त्याग-पत्र रख दिया। उस अन्दाज़ में नहीं, जिस अन्दाज में आज के राजनीतिज्ञ अपने त्याग-पत्रों के द्वारा सत्ता एवं सम्पदा के लिए आलाकमान को 'ब्लैकमेल' करते हैं, बल्कि पूरी गम्भीरता के साथ, संजीदगी के साथ। मालवीय जी ने अपने विवेक और विनम्रता का परिचय दिया और कहा—'लीडर मालवीय के बिना तो जिन्दा रह सकता है, पर सी.वाई. चिन्तामणि के बिना नहीं रह सकता।' यह था प्रेस के प्रति मालिकों का समर्पण, प्रेस की स्वतन्त्रता और सम्पादक नामक संस्था का गौरव! स्वातन्त्र्योत्तर पत्रकारिता में भी पत्र-मालिकों ने अपने आदर्श के लिए स्वार्थों की आहुति देने की क्षीण परम्परा को जीवित रखा। उदाहरण के लिए, आपातकाल में रामनाथ गोयनका को याद किया जा सकता है, जिनके नाम पर उत्कृष्ट पत्रकारिता के लिए पुरस्कार का आयोजन होता है। उस समय गोयनका ने पत्रों के माध्यम से प्रतिपक्ष की भूमिका का निर्वाह बखूबी और दृढ़संकल्प के साथ किया था। जबकि कई पत्र-मालिकों ने घुटने टेक दिये थे और अपनी भूमिका बदल दी, तो कुछ ने शुतुरमुर्ग के आचरण को अपना लिया था। उस आपात्कालीन स्थिति में व्यवसाय पर आदर्श को वरीयता देना अविस्मरणीय घटना है और यह गोयनका को स्वतन्त्रता-पूर्व की पत्रकारिता का परिशिष्ट साबित करती है।

पर आज स्थिति इसके बरअक्स है। आज पत्र-मालिक अपने मुनाफे और स्वार्थ

की कीमत पर इस तरह की कोई छूट पत्रकारों को देने के लिए तैयार नहीं हैं और न पत्रकारों में ही मालिक को असंतुष्ट करने की नैतिक चाहत है। दूसरी बात यह भी है कि पत्रकार प्रतिष्ठान की नाराजगी का खौफ, अंधविश्वासों में जनता की अनुरक्ति, धार्मिक कट्टरता का भय, रूढ़ियों को चुनौती देने से पाठकों एवं विज्ञापन-दाताओं के रूठने की आशंका और इन सबसे ऊपर मालिकों के नुकसान की चिन्ता—ये सभी बातें पत्रकारों को अपने दायित्व-निर्वाह से रोकती हैं। इन जटिल और विषम परिस्थितियों में पत्रकारिता की स्वतन्त्रता का गायब हो जाना कोई आश्चर्यजनक घटना नहीं है। नतीजतन, वह व्यवसाय धर्म के तकाज़े पर पीत पत्रकारिता की ओर उन्मुख हो गयी है और अंग्रेजी पत्रकारिता की उद्धरणी मात्र भी। आज वही सम्पादक सफल है या पत्रकार भी, जो मालिकों के हित-चिन्तन में ही सदा-सर्वथा समाधिस्थ रहता है। कारण कि पत्र-मालिक तनिक भी सम्पादकों से समझौता करने के लिए तैयार नहीं हैं। अब सम्पादक प्रबन्ध सम्पादक भर रह गये हैं। यहाँ एक बात और ध्यातव्य है। यहाँ के पत्र-मालिक अमेरिका आदि देशों की तरह सिर्फ पत्र-मालिक ही नहीं हैं, वे अन्य उद्योगों के भी मालिक हैं। उनके लिए समाचार-पत्र जनता को जानकारी देने के लिए कम, अन्य उद्योगों के पल्लवन-पुष्पन के लिए भी उर्वरक का काम करते हैं। अब ऐसे पत्रों का गला घोंट दिया जाता है, जो अन्य उद्योगों के लिए बंजर साबित होते हैं। उनके लिए तो ऐसे पत्र-प्रबन्धकों की जरूरत होती है, जो अन्य उद्योगों के विकास और विस्तार में सत्ता और मालिक के बीच एक सफल एवं सशक्त बिचौलिया का काम करे। इसलिए उनकी मान्यता है कि—

'जो ज़रा-सी पी के बहक उठे, उसे मयकदे से निकाल दो,
यहाँ कमनज़र की गुजर नहीं, यहाँ अहले जर्फ़ का काम है।'

समसामयिक राजानीति के एक दूरदर्शी टीकाकार के रूप में ख्यात नॉम चॉम्स्की ने एक इंटरव्यू के दौरान मीडिया की बदलती प्रकृति के बारे में कहा था कि 'दूसरे व्यापारिक प्रतिष्ठानों की तरह मीडिया भी एक प्रोडक्ट बेचने वाला प्रतिष्ठान है। इसका प्रोडक्ट वह श्रोता-दर्शक समुदाय है जिसे बाजार में विज्ञापन-दाताओं को बेचा जाता है।' 'टाइम्स ऑफ इंडिया' को ब्रांड कहने वाले समीर जैन कहते हैं कि "प्रकाशक-मालिक का काम यह देखना नहीं है कि वह जो छापता है, उसका सामाजिक महत्त्व क्या है। उसका काम तो बस यह देखना है कि वह पत्र बिक रहा है और उसमें पर्याप्त विज्ञापन आ रहे हैं। अखबार के ब्रांड बन जाने पर सम्पादक नहीं, ब्रांड मैनेजर ही सबकुछ बन जाता है। ब्रांड की स्थापना और सम्पादक पद का ह्रास बाजारीकरण के परिणाम हैं।"[7] इस सच्चाई से अब आँखें नहीं चुरायी जा सकतीं कि आज प्रकाशक-मालिक अपने आर्थिक हितों को अखबार के माध्यम से विकसित करना चाहता है और सम्पादक भी भारी सुविधाएँ वसूल कर सत्ता

और राजनीति में पैठ बनाना चाहता है। आज की तारीख में 'नेशनल हेराल्ड' के सम्पादक के. रामाराव का यह सन्दर्भ फालतू लगता है कि 'सम्पादक के रूप में मेरी नियुक्ति 300 रुपये प्रतिमाह पर हुई थी जो आने वाले सालों में घटते-घटते 30 रुपये महीने तक पहुँच गयी और वेतन में यह कमी मालिक ने नहीं, मैंने स्वयं की थी।" जाहिर है यह कटौती रामाराव ने मालिक के आर्थिक संकट को ध्यान में रखते हुए की होगी। इस स्वैच्छिक कटौती और त्याग का कारण दोनों के सरोकारों की आपसी अन्तरंगता रही होगी। अब भी आपसी अन्तरंगता वैसी ही है, पर वह त्याग के धरातल पर नहीं, व्यवसाय के धरातल पर है। अन्तर यही है कि वह पत्रकारिता मूल्यपरक थी और आज की मुद्रापरक। इसके लिए बाजारीकरण की प्रवृत्ति ही जिम्मेदार नहीं है, बल्कि यह व्यापार-प्रधान समाज है जिसमें मानवीय सत्य, अहिंसा, त्याग, बलिदान शाश्वत सत्य हैं, पर अपने लिए नहीं, दूसरों के लिए। अपने लिए तो ये सब मिथक हैं, इतिहास हैं। अब पत्रकारिता के लिए भी मिशनरी स्पिरिट भी मिथक मात्र ही है। इसलिए ख्यात व्यंग्य-लेखक और पत्रकार यशवंत व्यास अपनी पुस्तक 'अपने गिरेबाँ में' झाँकते हुए मानते हैं कि "एक पीढ़ी ने अपने खून-पसीने से सींचकर अखबार निकाले, दूसरी पीढ़ी उनके फल खाकर उन्हें चलाती रही, पर तीसरी पीढ़ी उन्हें चला ही इस नीयत से रही है ताकि क्षेत्रीय क्षत्रपों और उनकी राजनीति को प्रभावित कर वह अपने व्यावसायिक साम्राज्य के हितों का पोषण और संवर्धन करती रहे।"[8] आज पहले की अपेक्षा अलग-अलग विषयों के अलग-अलग विशेषज्ञ हैं। आर्थिक विश्लेषक, खेल संवाददाता, फिल्म संवाददाता, विज्ञान-लेखक, विकास रिपोर्टर आदि। पर इनके विश्लेषणों में गाम्भीर्य और मौलिक चिन्तन का अभाव मिलता है, वे सूचनात्मक अधिक होते हैं। है तो यह 'पत्रिका क्रान्ति' का दौर, पर इसमें मिशनरी अन्दाज की बजाय गैर-मिशनरी उत्तेजना ज्यादा दृश्यमान है। इन्हें जिस्म और प्रतिष्ठा दोनों को ही नंगा करने में महारत हासिल है। आज पत्रकारिता का प्रमुख उद्देश्य मनोरंजन है। पाठकों की सस्ती रुचि का तुष्टीकरण है। अब वह पाठकों के रुचि-परिष्कार में रुचि नहीं लेती, बल्कि और विकृत कर अखबार रूपी माल को अधिकाधिक बेचना चाहती है। यही उसका मर्म और धर्म हो गया है।

बहुतों का तो अनुमान है कि मुद्रित पत्रकारिता ख़तरे के दौर से गुजर रही है। इलेक्ट्रॉनिक मीडिया इसको निगल जाएगी। इसके दो कारण बताये जाते हैं। पहला यह कि आने वाले दिनों में कागज का संकट अवश्यंभावी है। कारण कि दिनों-दिन जंगल कटते जा रहे हैं और शहर बनते जा रहे हैं। जंगल कट-कट कर खेत भी बनते जा रहे हैं। कागज पेड़ों के पल्प का ही उत्पाद है और वस्त्र उद्योग भी। दोनों उद्योगों के उपजीव्य जंगल ही हैं। दोनों में स्पर्द्धा भी बेजोड़ है। फिनलैंड के एक विज्ञापन के अनुसर बर्च की एक शाख से 100 कि. फाइबर निकलता है

और इसके पाँच पेड़ से एक व्यक्ति का आजीवन पोशाक। जबकि इतने कपड़े के लिए एक हेक्टेयर में लगे कपास की जरूरत होगी। आज भी हमारा देश न्यूजप्रिंट और पेपर के मामले में आत्मनिर्भर नहीं है। दरअसल पेड़ और पत्रकारिता के इस रिश्ते का एहसास अज्ञेय की इन गद्यात्मक सतरों से हुआ जिनमें पेड़ का दर्द कविता का मर्म बन गया है:

"पेड़ के नीचे रुककर सुस्ता लिया। फिर कॉपी निकाली तो एक लम्बी साँस सुनकर चौंका। पर आस-पास कोई नहीं था। मैंने सोचा भ्रम हुआ होगा, हवा होगी। फिर लिखने की ओर दत्तचित्त हुआ। लम्बी साँस फिर सुनायी दी। पेड़ ने लम्बी साँस ली थी। मैंने कहा—'क्यों पेड़, क्या हुआ? पेड़ बोला—'तुम कवि हो न।' मैंने कहा—'हूँ भी तो क्या? वन-प्रकृति का भक्त हूँ पेड़ों से प्रेम है मुझे' पेड़ टोक कर बोला—तुम पेड़ पर कविता लिखो या पेड़ को बचाने के आन्दोलन के लिए ही कविता लिखो, छपेगी पेड़ की लुगदी (पल्प) पर ही! जब-जब कोई लिखता है, मैं लम्बी साँस लेता हूँ—यह पेड़ काटने का एक और निमित्त बना। पेड़ ने फिर लम्बी साँस ली। पेड़ के साथ कविता का यह भी रिश्ता है। इतना साफ नहीं दिखा था न?"[9] दूसरा कारण यह है कि इलेक्ट्रॉनिक मीडिया ख़ासकर दृश्य मीडिया से प्रिंट मीडिया को ढेर सारी चुनौतियाँ मिल रहीं हैं। ये प्रिंट मीडिया के वज़ूद को ही ख़त्म करने की चेष्ठा में हैं। अमेरिका, पश्चिम यूरोप और जापान के अखबार-उद्योग मन्दी से जूझ रहे हैं, और संकट के दौर से गुज़र रहे हैं। सन् 1980 से ही यह प्रक्रिया आरम्भ हो गयी थी। उनके पत्रों का प्रसार स्थगित हो गया था। अब वह धीरे-धीरे अधोगति को प्राप्त हो रहे हैं। एल्विन टाफलर ने तो बहुत पहले ही घोषणा कर दी थी कि "प्रेस, दी लास्ट ऑफ द स्मोकस्टैक इंडस्ट्रीज इट्स डेस्टिनी इज़ टू डाई"[10] यानी धुआँ युग का अन्तिम उद्योग है प्रेस जगत जो मरने या खत्म होने के लिए अभिशप्त है। लंदन के अखबार 'डेली मिरॅर' के पूर्व सम्पादक ने हाल-फिलहाल कहा है कि "यह ब्रिटिश समाचार-साम्राज्य के पतन का दौर है"[11] इन घोषणाओं के पुष्टीकरण के लिए विज्ञापनों में आयी गिरावट को दर्ज़ किया जाता है। जैसे, वर्ष 1992 में अमेरिका के अखबारों में विज्ञापन में वास्तविक गिरावट नौ फीसदी (31 मिलियन डॉलर) हुई, यूरोपीय देशों में पाँच प्रतिशत (26 मिलियन डॉलर) और जापान में चार प्रतिशत (9.7 मिलियन डॉलर) आयी। विज्ञापनों में आयी कमी समाचार-पत्रों की प्रसार-संख्या की गिरावट को ही प्रकारान्तर से सूचित करती है क्योंकि विज्ञापन के संकट के कारण ही 'टोक्यो टाइम्स' अखबार बन्द हो गया। लेकिन इस सन्दर्भ में समाचार-पत्रों की कुछ निजी विशेषताओं को भी ध्यान में रखने की जरूरत है। हताशा और निराशा के कुहरे में उनको भी लक्ष्य करना चाहिए। अखबार अपने पाठक को अपने समय और चाल के हिसाब से पढ़ने की आजादी देता है। उन्हें समाचारों को चुनने-छाँटने

और समझने का अवसर देता है। फीडबैक के लिए भी पर्याप्त वक्त देता है। मगर यह सुविधा टी.वी. पर नहीं मिलती। यह सीक्वेंसियल है, आइटम क्रमशः आते हैं। टी.वी. देखते समय प्रेक्षक किसी अन्य के चयन-कौशल का गुलाम होता है। टी.वी. से वर्त्तमानता का बोध होता है, जैसे घटनाएँ आँखों के सामने घटित हो रही हैं, जैसे हम चश्मदीद गवाह हों। दूसरी बात यह है कि अख़बारों के कई संस्करण सम्भव होते हैं। महानगरीय, नगरीय, उपनगरीय या क्षेत्रीय अखबारों के फलक व्यापक होते हैं। उनमें घटनाओं को उनकी पृष्ठभूमि के विश्लेषण के साथ-साथ उनके सम्भावित प्रभावों के लिए भी काफी स्पेस होता है। मगर टी.वी. में इस तरह की सम्भावनाओं के लिए अवकाश कम होता है। इसीलिए 'न्यू साइंटिस्ट' (22 अप्रैल, 1982) में प्रकाशित यह समाचार प्रिंट मीडिया के प्रति हमें आश्वस्त करता है कि "कम्प्यूटर और सूचना तकनीक की नयी दुनिया के बावजूद विस्तृत सूचना को संचरित करने के सबसे सहज माध्यम के रूप में अब भी कागज की स्याही ही है।"[12] लेकिन ध्यातव्य है कि समाचार-पत्रों की खबरें भी तो अब प्रायोजित होती हैं। राजनीति का समाचारीकरण एवं समाचारों का राजनीतीकरण की प्रक्रिया भी आम बात हो गयी है। अब ऐसा कोई विचार नहीं है जो राजनीति प्रेरित नहीं हो, अभी ही नहीं, कभी भी नहीं था। एंगेल्स ने मार्क्स की बात कही है कि 'कोई विचार एक बार जन्म ले लेता है तो वह व्यवहार का हिसा बन जाता है और वह एक शक्ति बन जाता है।' इसलिए प्रबुद्ध पाठकों का दायित्व बनता है कि वह समाचारों की मुद्राओं को समझें और तब हृदयंगम करें। अन्यथा वह गुमराह और ग़लतफहमी का शिकार हो सकता है। अब इलेक्ट्रॉनिक मीडिया के मनोवैज्ञानिक प्रभाव का भी जायज़ा लिया जाय। अमेरिका में सम्पन्न एक सर्वेक्षण से मालूम हुआ है कि 16 वर्ष की उम्र के अधिकांश बच्चों ने टेलिविजन के सामने 10,000 घंटे तक बिताये हैं। इसका पारम्परिक शिक्षण पर बुरा असर हुआ है। लगभग 20 प्रतिशत अमेरिकन अयोग्य हो गये हैं। वे मामूली हिसाब-किताब और लिखा-पढ़ी के भी क़ाबिल नहीं हैं शोधार्थियों ने इस बौद्धिक अक्षमता के लिए टी.वी. को ही उत्तरदायी बताया है। सर्वेक्षण का तर्क है कि टेलिविजन की तसवीरें मुख्यतः मस्तिष्क के दायें भाग को उद्दीप्त करती हैं। यही हिस्सा इमोशनल रिस्पांस के लिए जवाबदेह होता है। मस्तिष्क के बायें हिस्से में चिन्तन और विश्लेषण की क्रिया सम्पन्न होती है। टेलिविजन की तस्वीरों की रैपिड आई मूवमेंट दर्शकों को सोचने का मौका ही नहीं देती है कि उन्होंने क्या देखा। यानी टेलिविजन हमारी तर्क शक्ति एवं संवेदनशीलता को कुन्द कर देता है। यह एक प्रकार का वैचारिक और भावात्मक अनुकूलन भी है। अमेरिका में एक नया फिनोमिना नज़र आता है जो वहाँ के लिए काफी चिन्ता का विषय है, वह है एलिट्रेसी। एक तो लिट्रेसी होती है और दूसरी इलिट्रेसी जिससे हम पूर्व

परिचित हैं। मगर यह जो एलिट्रेसी है वह उस तबके के लिए संज्ञापित हैं जो पढ़ना-लिखना तो जानता हैं, पर पढ़ता-लिखता नहीं। कारण कि उसके जीवन की जो बुनियादी सुविधाएँ हैं, उन्हें टी.वी. और रेडियो दे देते हैं। उसके सारे काम इतने इलेक्ट्रॉनिक्स हैं और स्वचलित हो गये हैं कि उसको लिखने की ज़रूरत ही नहीं महसूस होती। चेक भरने जैसा सरल काम भी तीस फीसदी अमेरिकन नहीं कर पाते। तुलसी ने सार्वभौम सत्य का ज़िक्र किया है कि 'जदपि जग दारूण दुःख नाना, सबसे अधिक जाति अपमाना'। एक तो अमेरिकन जाति का अपमान और दूसरे अमेरिका के भविष्य का प्रश्न, दोनों ने ही ओबामा को विकल कर दिया है। आज ओबामा को भारतीय और चीनी बुद्धिजीवियों से ख़तरा महसूस हो रहा है तो उसके लिए वहाँ का टेलिविजन भी जिम्मेदार है। इसलिए ओबामा अपने देश के किशोरों को बार-बार आगाह करते हैं कि भारत के बुद्धिजीवी वर्ग से स्पर्द्धा जरूरी है। यह दीगर बात है कि ओबामा भारत आये तो हमारा बुद्धि जीवी वर्ग भी उनके स्वागत के लिए पलक पाँवड़े बिछाए हुए था, जो यह कहने से नहीं चूकता है कि पाकिस्तान की समृद्धि और दृढ़ता भारत के हित में है, ताकि कोई प्रश्नांकित न करे कि आपकी पाकिस्तान की सुरक्षा और समृद्धि के प्रति इतनी सक्रियता क्यों है और इसके बरअक्स भारत के प्रति उदासीनता क्यों? जो व्याख्यान में नहीं, व्यवहार में नज़र आती है।

दरअसल, प्रिंट मीडिया को इलेक्ट्रॉनिक मीडिया से उतना ख़तरा नहीं है जितना हम आतंकित है। प्रिंट मीडिया की अपनी शक्ति है, तभी महानगरों में सुबह समाचार-पत्रों का इन्तजार रहता है। हालांकि उन्हें समाचारों की अद्यतन जानकारी टेलिविजन से रहती है। यह दीगर बात है कि महानगरों में अंग्रेजी पत्रों की प्रसार-संख्या अधिक है और हिन्दी पत्रों की कम। इसके कारण दूसरे हैं जिनका सम्बन्ध हिन्दी पत्रकारिता की गुणवत्ता से नहीं है। प्रिंट मीडिया की महत्त्वपूर्ण शक्ति यह भी है कि वह पोर्टेबल है, उसे कहीं ले जाना अपेक्षाकृत सहज और सुगम होता है। हाँ, हमारे अखबारों को भी अपनी पहचान क़ायम रखनी होगी। उसकी अर्थवत्ता को सुरक्षित रखना होगा। अगर अखबार में भी वही और उतना ही होगा जितना कि इलेक्ट्रॉनिक मीडिया परोसता है तो आख़िर कोई अखबार क्यों पढ़ेगा? समाचारों के साथ-साथ विचारों को भी प्रस्तुत करना पड़ेगा। समाचारों के हरेक पक्ष को रखना होगा ताकि पाठक की बौद्धिक प्यास तृप्त हो सके। 22 जुलाई 2010 को उत्कृष्ट पत्रकारिता के लिए दिये जाने वाले रामनाथ गोयनका अवार्ड्स के विजेताओं के घोषणा-समारोह में राष्ट्रपति प्रतिभा पाटिल ने पत्रकारों को परामर्श दिया है कि "उन्हें खबरों को सनसनीखेज और सतही तरीके से पेश करने से बचना चाहिए"[13] और अखबारों की आस्तित्व-रक्षा के लिए उन्होंने सुझाव दिया कि "अखबारों को पिछले दिन की टी.वी. ख़बरों को दुहराने के बजाय इससे

कहीं ज्यादा सार्थक और पठनीय सामग्री पेश करनी होगी।"[14] टी.वी. चैनलों की मजबूरी को समझते हुए उनके समाचारों की सीमाओं का उल्लेख किया था कि "टी.वी. चैनलों के सामने चौबीस घंटे खबरें परोसने की चुनौती है। इस वज़ह से कई बार खबरों के साथ खिलवाड़ होता है। इस वज़ह से मुद्दों का सतहीकरण हो सकता है, जबकि कई बार सतही ख़बरें असली मुद्दों को पीछे धकेलते हुए बड़ी ख़बर बन जाती हैं।"[15] अगर अखबार टी.वी. की इस कमज़ोरी का फायदा उठाएँ तो कोई कारण नहीं कि अपनी अर्थवत्ता न सिद्ध कर सकें। आम जन को आकृष्ट करने के लिए प्रिंट मीडिया गाँवों-जवारों की ओर प्रस्थान करे और उनकी कठिनाइयों और समस्याओं को 'शेयर' करे तो निश्चय ही ग्रामीणों में उसकी पैठ होगी। कारण कि अखबारों में भी वे अपनी उपस्थिति महसूस करेंगे तो निश्चय ही उनमें पत्रकारिता के प्रति आत्मीयता पैदा होगी। मगर दुर्भाग्य की बात है कि हमारे साहित्य और पत्रकारिता-दोनों में ही गाँव गायब होते जा रहे हैं। दोनों का ही बड़ी क्षिप्रता से अभिजातीकरण और राजनीतीकरण होता जा रहा है। दूसरी चीज़ कि इलेक्टॉनिक मीडिया व्यक्ति के आस्वादन के स्तर को अधोगामी बनाता जा रहा है। उसे सुरुचि और संस्कार के द्वारा उर्ध्वगामी रुख देना प्रिंट मीडिया का कर्त्तव्य होना चाहिए। मेरा ख़याल है कि किसी भी पत्र-मालिक को पत्रकारों के इस कर्त्तव्य-निर्वाह से आपत्ति नहीं होगी। गोकि यह प्रिंट मीडिया के लिए यह आसान काम नहीं है। और किसी अकेले पत्रकार के बूते की बात भी नहीं है। इसके लिए संगठित एवं सुनियोजित प्रयास की जरूरत है। इस मायने में इलेक्ट्रॉनिक मीडिया प्रिंट मीडिया के लिए चुनौती जरूर है, मगर उसके अस्तित्व के लिए ख़तरा नहीं है। इस प्रसंग के उपसंहार के लिए राहुल देव का यह मंतव्य महत्त्वपूर्ण लगता है, 'दूसरे देशों में अखबारों ने इस चुनौती का सामना अपने को ज्यादा प्रासंगिक, ज्यादा उपयोगी बनाकर किया है। वे घटना से परे प्रतिक्रियाओं तक गये हैं, उन्होंने घटनाओं को एक बड़े सन्दर्भ में, एक परिप्रेक्ष्य में रखने की योग्यता विकसित की है। उन्होंने वैसा लिखने की शैली और मुहावरे विकसित किये हैं, एक नयी दृष्टि, एक नयी संवेदना विकसित की है, खबरों के बारे में। लोग क्या पढ़ते हैं, लोगों को क्या पढ़ना चाहिए, इसके बारे में समझ पैदा की है।' सन् 1906 में 'द हिन्दू' के तत्त्वावधान में 'द गार्जियन' के सम्पादक एलन रसब्रिजर ने दिल्ली में ही एक भाषण किया था। भाषण का विषय थाः क्या अखबारों का कोई भविष्य है? उनका उत्तर था कि भविष्य तो है मगर तभी, जब बदलते समय में अखबार अपने को बदलें, अपने लिए एक नयी अर्थव्यवस्था और संचार प्रक्रिया की व्यवस्था करें। उनकी मुख्य चिन्ता यह थी कि टी.वी. से जयादा खतरा प्रिंट मीडिया को इंटरनेट से हैं। इंटरनेट पाठकों के मिजाज को बदलने में प्रमुख भूमिका निभा रहा है। पश्चिम के पाठकों में यह बदलाव ज्यादा

नज़र आ रहा है, उनके पढ़ने की आदतों में बदलाव आ रहा है। इसलिए उनका प्रस्ताव था कि पाठके के सन्दर्भ और सापेक्षता में अखबार का रूपान्तरण होना चाहिए। अखबार के पाठक दो तरह के होते हैं—एक लाइट रीडर, दूसरा हेवी रीडर। लाइट रीडर सूचनाओं को सतही नजर से पढ़कर सन्तुष्ट हो जाता है। हेवी रीडर सूचनाओं की तह में जाना चाहता है और देर तक सम्वाद पढ़ता-समझता है। रसब्रिजर ने इन लाइट रीडर्स एवं हेवी रीडर्स के बीच सेतु बनाने का आग्रह किया था। उनकी स्थापना थी कि राजनीति से अरुचि रखने वाला व्यक्ति अच्छा पाठक नहीं हो सकता। पश्चिम में राजनीति से अरुचि रखनेवालों की संख्या बढ़ रही है। भारत की स्थिति इस मायने में बेहतर है। यहाँ गाँवों-दिहातों में अब राजनीति से लोगों का सरोकार बढ़ रहा है। भारतीय जनता का राजनीतीकरण तेजी से हो रहा है। पश्चिम से भारत का पाठक अन्तः क्रियात्मक ज्यादा है इसलिए उनकी कल्पना थी कि पाठक और अखबार के बीच एक पंच की जरूरत है। इसलिए 'द गार्जियन' में 'रीडर एडीटर' की व्यवस्था हुई है। भारत में 'हिन्दू' ने भी यह कार्य किया है। डॉ. सुधीश पचौरी का अभिमत यह है कि "एक पाठक सम्पादक वह व्यक्ति हो सकता है जो सूचना निर्माता संस्थान में पाठक श्रोता के बीच, समूह और पत्रकारिता के बीच अभिमुखता को संभव करे। अखबार का भविष्य इसी रास्ते है।"[16] प्रिंट पत्रकारिता को आत्मरक्षा के लिए बाहर से आयातित नुस्खों की ज़रूरत नहीं है, बशर्ते कि हम अपनी विरासत के खास नुक्ते पर नजर रखें। एक इतिहास का वाकया याद आ रहा है। स्वतन्त्रता के बाद दंगों में काफी रक्तपात हुआ था। गाँधी ने जिला कांग्रेस कमिटी को पत्र लिखा था, "तुम्हारे रहते हुए यह रक्तपात कैसे, जनता की यह दुर्दशा क्यों? किसी गणेशशंकर ने अपना बलिदान क्यों नहीं किया?"[17] कविवर बालकृष्ण शर्मा 'नवीन' उन दिनों 'दैनिक प्रताप' का सम्पादन कर रहे थे। उन्होंने उत्तर दिया था जो अखबारों में छपा था—"बापू प्रश्न पूछते हैं। हम लज्जा से सिर झुका लेते हैं। हमारी कथनी और करनी (अब रहनी में भी) में अन्तर है। हम गणेशशंकर का नाम लेते हैं, लेकिन उनके आदर्शों पर नहीं चलते। हममें उन जैसी निष्ठा का अभाव है। हम इस लायक नहीं हैं कि बापू हमें पत्र लिखें। हम इस लायक भी नहीं हैं कि हमें पत्रकार कहा जाय।"[18] लेकिन आज तो ऐसे पत्रकारों का एलीट तबका है जो अपनी विरासत को भी सियासत के लिए दाँव पर लगा देता है, अपने सुख-स्वार्थ के लिए इतिहास-बोध को भी खारिज कर देता है। अपने इस कृत्य पर शर्म का नहीं, गर्व का अनुभव करता है। वह अपने को भिन्न जाति-गोत्र का घोषित करता है। कृष्णबिहारी मिश्र का एक संस्मरण स्मरणीय है—"कुछेक वर्षों पूर्व कलकत्ता में आयोजित एक विचार-गोष्ठी में भी उदयन ने गुमानी मुद्रा में कहा था कि महावीर प्रसाद द्विवेदी, पराड़कर और अम्बिका प्रसाद वाजपेयी हमारे लिए प्रासंगिक और आदर्श नहीं हो

सकते। हम आधुनिक युग की नयी चुनौतियों के बीच जी रहे हैं। उस गोष्ठी में श्री प्रभाष जोशी भी उपस्थित थे और उनके मौन ने उदयन जी के वक्तव्य पर मुहर लगायी थी।"[19] प्रभाष जी एक जिम्मेदार पत्रकार थे और 'जनसत्ता' के माध्यम से सम्पादक नामक संस्था की गरिमा को भी बरकरार रखने की कोशिश की थी। मगर वे भी भावना के आवेग में अपने प्रतिष्ठान के मालिक को 'पत्रकारिता के पितृपुरुष' या 'पितामह' के विरुद से अलंकृत करने में शर्म का अनुभव नहीं करते थे। कदाचित् पत्र-भक्ति और स्वामी-भक्ति का द्वैत आधुनिक व्यावसायिकता के तकाज़े का परिणाम था। लेकिन उनकी व्यावसायिकता आज के सम्पादकों की तरह पत्रकारिता के मूल्यों को तिलांजलि नहीं देती थी। वे अज्ञेय, रघुवीर सहाय, धर्मवीर भारती की परम्परा के संवाहक थे। उनकी गणना मीर के इस शेर के निहितार्थ में वाजिब नहीं। लोक-सम्पृक्ति का माध्यम उनकी भाषा का भदेसपन ही नहीं था, लोक उनके भावजगत का अनन्य हिस्सा था। मीर का शेर आज के पत्रकारों पर चरितार्थ होता है जो ऐश्वर्य और विलासिता के लिए अपनी प्रतिष्ठा को दाँव पर लगा देते हैं–

"क्या कहिये अपने अहद के जितने अमीर थे,
टुकड़ों पर जान देते थे, सारे फकीर थे।"

दूसरी बात यह कि प्रिंट मीडिया को अपनी अस्तित्व-रक्षा के लिए लोकोन्मुख होना निहायत जरूरी है। कारण कि इलेक्ट्रॉनिक मीडिया आम आदमी की चिन्ताओं एवं सरोकारों को नज़रअंदाज करती है। उसकी खबरें आम आदमी से बेख़बर होती हैं, उसका मुख्य सरोकार अभिजात वर्ग से है और मनोरंजन के जितने धारावाहिक प्रस्तुत होते हैं, उनमें एलीट क्लास का काल्पनिक सच होता है। उनमें देश की बहुत बड़ी आबादी का वास्तविक संघर्ष नहीं होता है। जब कोई किसान आत्महत्या करता है तो वह इलेक्ट्रॉनिक मीडिया की ख़बर बनता है। आत्महत्या से पहले की उसकी दीन-दशा का कोई दृश्य उसको मर्माहत नहीं करता। दरअसल, आज इलेक्ट्रोनिक मीडिया का लक्ष्य येन-केन-प्रकारेण टी.आर.पी. की वृद्धि है। इसके लिए वह किसी हद तक जा सकता है। सन् 2006 की घटना याद है जिसमें मनोज मिश्र के आत्मदाह के लिए प्रेरणा देने में मीडिया का हाथ था। कहा तो यह भी गया कि मनोज मिश्र की तौलिया को डीजल में भिगोने में एक चैनल के मीडिया ने मदद की थी। गरज कि मीडिया ऐसी घटनाओं को रोकने के बजाय उन्हें शूट करने में ज्यादा दिलचस्पी लेता है। उसे केवल टी.आर.पी. और अपने को मीर साबित करने की फ़िक्र होती है। इस इल्म का जायजा 'पीपुली लाइव' फिल्म संजीदगी से लेती है। वह मीडिया की पोल खोलने में सफल हुई है। इसलिए प्रिंट मीडिया को उसकी इस कमजोरी का फायदा उठाना चाहिए। कारण कि उसकी पैठ देहातों में भी है जहाँ तथाकथित देश की आत्मा निवास करती है। पर अफसोस तब होता है जब प्रिंट मीडिया भी वही

सलूक करता है, औसत आदमी के साथ जो दृश्य एवं श्रव्य मीडिया करता है। यह प्रिंट मीडिया के लिए शुभद नही है। पी. साईंनाथ ने इस प्रसंग के बारीक तन्तुओं पर चिन्ता व्यक्त की है। उनका कहना है कि "महत्त्वपूर्ण मुद्दा भूख नहीं है। सम्भावित भूख के भयावह दुःस्वप्न से न बच पाने की उस हताशा का है जो व्यक्ति के सामने आत्महत्या के अलावा कोई विकल्प ही नहीं छोड़ती। पिछले तीन-चार सालों में इस तरह की हताशाजनक स्थितियों ने हरियाणा और पंजाब जैसे विकसित, समृद्ध राज्यों के अनेक कृषिकर्मियों को मौत के मुँह में ढकेल दिया है। लेकिन आश्चर्य यह है कि इन दिल दहला देने वाली घटनाओं पर सरसरी रिपोर्टिंग तो हुई, इनकी तह तक पैठ कर सच्चाई निकाल लेने की कोई कोशिश नहीं हुई।"[20] ज़ाहिर है, मीडिया का उद्देश्य इन सनसनी खेज घटनाओं से टी.आर.पी. बढ़ाने तथा पत्रों की 'सेलेबिलिटी' बढ़ाने के अतिरिक्त दूसरा नहीं है। वह इन दारुण दृश्यों के परिदृश्य की जाँच-पड़ताल करने में रुचि नहीं दिखाता, न इन हृदयविदारक दृश्यों से उसे तिलमिलाहट ही होती है। इलेक्ट्रोनिक मीडिया के अभिजातीकरण का एक नमूना देखा जा सकता है। पाँच सितारा होटल के अहाते में कांग्रेसी नेता नटवर सिंह की पुत्रवधू नताशा सिंह की लाश पायी गयी। पहले ये फैशन मॉडल थीं और इस घटना से महीने पूर्व पत्नी-पति के बीच मार-पीट के किस्से राष्ट्रीय अखबारों में छपने लगे थे। उनकी मौत का यह दृश्य उस दिन टी.वी. पर दिन भर चलता रहा। इलेक्ट्रोनिक मीडिया ने संसद की कार्यवाही की भी उपेक्षा कर दी थी। इतनी इम्पॉटेंट खबर थी उसके लिए यह! महीने भर के बाद एक लड़की अपने घर से मीलों दूर सात मंजिले मकान की छत से गिरकर मरी हुई पायी गयी। साफ है यह मौत भी नताशा सिंह की मौत की शृंखला की अगली कड़ी थी। और यह इस शृंखला की अन्तिम कड़ी भी नहीं है। इस तरह की हत्याएँ आये दिन होती रहती हैं जिससे मीडिया बेखबर होता है। इस बीनू की मौत पर पंकज बिष्ट की टिप्पणी मार्के की है।

पंकज विष्ट ने लिखा है कि "नताशा सिंह अंगेजी अखबारों के तथाकथित सोसाइटी स्तम्भों में अक्सर ही छपने वाली शख्सियत थी। पर वीनू को यह सौभाग्य प्राप्त नहीं था। इसलिए किसी भी चैनल या अखबार ने उसकी मौत को वह महत्त्व नहीं दिया जो नताशा की मौत को मिला था। 'इंडिया टुडे' ने तो नताशा को अपने आवरण पर छापा और अपनी रिपोर्ट में जिस तरह की भावुकता और उपमाओं का उपयोग किया था, उससे ऐसा आभास होता है मानो राष्ट्रीय स्तर के हीरो को विदाई दी जा रही है। 'इंडिया टुडे' हमारे मीडिया में आये उस परिवर्तन को रेखांकित करता है कि हमारी पत्रकारिता के सरोकारों का किस हद तक अभिजातीकरण हो गया है।"[21] इस उद्धरण से स्पष्ट है कि इलेक्ट्रोनिक मीडिया की परछाईं का अनुकरण प्रिंट मीडिया भी कर रहा है जो उसके भविष्य के लिए खतरे की घंटी है। यदि मेरी याददाश्त धोखा नहीं दे रही हो तो 'कथन-33' में ही छपी परिचर्चा में यह अरुण

प्रकाश का वक्तव्य था कि मैंने कुछ अखबार वालों से कहा कि मैं इस (ट्रेड यूनियनों पर कानूनी कुठाराघात) पर लिखना चाहता हूँ तो ज़वाब मिला कि छोड़िए, अब मजदूरों, मजदूर-संगठनों आदि की बातें 'आउट डेटेड' हो गयी हैं, ये चीजें अब हमारे एजेंडे पर नहीं हैं। एक बार एक प्रमुख अखबार के मुखपृष्ठ पर मोटे शीर्षक के साथ 'बड़ी' खबर छपी थी जिसका सम्बन्ध अमेरिका के बड़े शहर में एक भारतीय व्यापारी की अप्राकृतिक मौत से था। उस खबर के ठीक नीचे दस-बारह पंक्तियों की छोटी-सी खबर छपी थी—भूख से उन्नीस आदिवासियों की मौत। गरज़ कि विशिष्ट व्यक्तियों की जीवन-चर्या के क्लेश को महत्त्वपूर्ण खबरों का दर्जा मीडिया देता है, पर सामान्य आदमी से सम्बन्धित महत्त्वपूर्ण खबरों को वह तवज्जो नहीं देता। यह विरोधाभास कितना अफसोसनाक है कि 1997 ई. में आन्ध्र प्रदेश के किसानों द्वारा की गयी आत्महत्याओं का जितना सजीव और रोमांचक विवरण 'वाल स्ट्रीट जरनल' में छपा वैसा किसी भारतीय अखबार में नहीं छपा। किसी भारतीय पत्रिका को कवर स्टोरी बनने का सौभाग्य इसे नहीं मिला। इसका मात्र कारण यह नहीं था कि मृत व्यक्ति उपेक्षणीय थे, यह भी कारण था कि इससे मीडिया के प्रियतम व्यक्ति चन्द्रबाबू नायडू का अपमान होगा जिसने सूचना एवं प्रौद्योगिकी के क्षेत्र में कीर्तिमान स्थापित किया है जिसकी प्रशंसा अमेरिकी राष्ट्रपति बिल क्लिंटन ने की थी। उस राज्य और मुख्यमंत्री पर केन्द्र सरकार और मीडिया को नाज है। हाल-फिलहाल दिल्ली में 19वाँ राष्ट्रमंडल खेल (2010 में) सम्पन्न हुआ। दिल्ली के सौंदर्यीकरण की प्रक्रिया में कितने मजदूर हताहत हुए, कितने शहीद हुए, कितने भिखमंगे दर बदर हुए कितनी झुग्गी-झोपड़ियाँ उजाड़ी गयीं, कितने खोमचे-ठेले वाले राज्यबदर हुए—इनका हिसाब भारतीय पत्रकारिता में नहीं है, इनकी खोज-खबर को किसी चैनल ने कवरेज नहीं दिया। कवरेज मिला खेल-खिलाड़ियों को, पदक-प्राप्तकर्त्ताओं को जिन्होंने देश और दिल्ली का नाम रौशन किया। जिन लोगों ने इन खेलों की कीमत चुकायी वे अखबारों तथा श्रव्य-दृश्य माध्यमों के हाशिये पर भी दर्ज नहीं हुए। जिन मजदूरों ने साल भर इस दिल्ली को चमकाने में खून-पसीना एक किया, उचित मजदूरी के अभाव में भी रात-दिन एक किया, उन्हें खेलों के समय दूध की मक्खी की तरह निकाल दिया गया। इस दौर में अरुंधती घोष की अध्यक्षता में एक समिति बनी थी जिसकी टिप्पणी थी कि "कोई अपने पर तब तक गर्व करने योग्य नहीं हो सकता जब तक कि वह अपने लिए मेहनत करने वालों की इज्जत नहीं करता।"[22] सुनने में यह भी आता है कि मेहमानों के सत्कार के लिए 'आहूत कन्याएँ (कॉल गर्ल्स) भी दिल्ली मँगायी गयी थीं। ऐसी अमानवीयता के बावजूद शीला दीक्षित बहादुरी के साथ कहती हैं कि उनकी जानकारी के अनुसार मानवाधिकारों का कहीं कोई उल्लंघन नहीं हुआ, कम-से-कम उनकी नोटिस में तो बिलकुल नही आया है। इसके मूल में तो यही बातें हो सकती हैं कि इन वास्तविकताओं से मीडिया बेखबर रहा,

या शीला दीक्षित बेखबर रहीं या उन्होंने जानबूझकर आँख-कान बन्द कर लिये थे। मगर मुख्यमंत्री की इस बेशर्म ग़लतबयानी पर मीडिया की कोई प्रतिक्रिया नहीं हुई। प्रतिरोध दर्ज करने की बात तो दूर की रही। मीडिया की यह अनसुनी और अनदेखी उसके किस चरित्र का उद्घाटन करती है? दरअसल, इस साल सरकार और प्रशासन का एकसूत्री एजेंडा था 'कॉमनवेल्थ'। राज्य की बाकी सारी समस्याएँ हाशिए पर थीं। प्रख्यात कार्टूनिस्ट इरफान ने एक कार्टून में इसे दिलचस्प तरीके से प्रस्तुत किया है। कैप्शन में समाचार है 'दिल्ली: जामा मस्जिद इलाके में गोलीबारी'। मुख्यमंत्री के टेबल के किनारे अन्यान्य विषयक फाइलों का अंबार लगा है। सामने एक फाइल है—'कॉमनवेल्थ', जिसको निबटाने में मुख्यमंत्री व्यस्त हैं। और इस दुःखद समाचार पर उनका आश्वासन है—"घबराने की कोई जरूरत नहीं, यहाँ बस थोड़ा बाढ़ का खतरा है। थोड़ा डेंगू है, थोड़ा स्वाइन फ्लू... और आज थोड़ी-सी गोलीबारी हुई है। मगर घबराने की कोई जरूरत नहीं है!" पहला वाक्य और अंतिम वाक्य दोनों एक ही है। पर पहले पर पूर्णविराम है और अंतिम पर प्रश्नचिह्न। यह प्रश्नचिह्न उनकी संवेदनहीन मानसिकता को प्रश्नांकित करता है, यानी पूरे शासन-तंत्र बनाम लोकतंत्र की संवेदनहीनता को ही सवालों के घेरे में ले लेता है।

(जनसत्ता, 20 सितम्बर 2010, दिल्ली संस्करण)

बकौल विख्यात अमेरिकी लेखक राबर्ट मैक चैसनी—"यह कोई अचम्भे की बात नहीं है कि विराट निगमों का समुदाय निरन्तर इस उद्यम में लगा रहता है कि असली महत्त्वपूर्ण मुद्दों पर जनता के बीच कभी बातचीत न हो।"[23] खबरें इतिहास बनती हैं और इतिहास-बोध से भविष्य की योजनाएँ बनती हैं। आम आदमी की खबरें उसके सुख-दुःख, उसके संघर्ष और साहस इतिहास के सीने पर दर्ज नहीं होंगे तो वह भविष्य की समस्याओं और उनके समाधान के प्रयासों में शामिल नहीं होगा। इस तरह विकास के नाम पर आदिवासियों, दीन-दुखियों का विस्थापन तेजी से हो रहा है, उनकी पुश्तैनी जमीनों की बेदखली से उनके अस्तित्व के लिए संकट पैदा हो गया है, पर इसकी चिन्ता आज का वर्चस्वकारी मीडिया नहीं करता। उसका मक़सद तो वर्चस्वी वर्ग का हित-संवर्धन मात्र है। आम आदमी के संघर्ष, श्रम और भविष्य का एजेंडा मीडिया में नहीं है। इसलिए आम आदमी के हस्ताक्षर भी मीडिया में नहीं हैं। इस आम आदमी के दायरे में दलित वर्ग भी शामिल है। हमारे संविधान का लक्ष्य सामाजिक न्याय पर आधारित एक समतामूलक समाज की रचना करना है। समतामूलक समाज में सभी नागरिकों के अस्तित्व और आत्मसम्मान की रक्षा तथा सभी को समुचित विकास के लिए पर्याप्त अवसरों की उपलब्धता होनी चाहिए। सामाजिक न्याय की यह माँग एक शुभ और वांछनीय माँग है और जो शुभ है वह अनिवार्य जीवनमूल्य है। इस सामाजिक न्याय की स्थापना में मीडिया की भूमिका सकारात्मक होनी चाहिए। मगर दुर्भाग्य की बात है कि इस प्रश्न पर उसकी भूमिका सामाजिक न्याय विरोधी दिखायी देती है। आरक्षण के सवाल पर अधिकांश पत्रों की भूमिका गैरजिम्मेदाराना थी। आरक्षण-विवाद में 'इंडियन एक्सप्रेस' था जो नौजवानों की बेचैनी को हिंसक जाति-युद्ध में बदलने का आह्वान कर रहा था। इस 'सिनिसिज़्म' में तत्पर और उद्यत अकेला यही नहीं था और भी दर्जनों अखबार थे जो आत्मदाहों को हवा दे रहे थे। एक 'नवभारत टाइम्स' को छोड़कर किसी पत्र ने आत्म-संयम का परिचय नहीं दिया था। उसमें भी, आत्मदाह के खिलाफ खड़े होने का विवेक किसी भी पत्र में नहीं था, और न किसी ने उस फैसले के विरोध की आत्मपरक अभिव्यक्ति का आश्वस्तिपरक उत्तर ही दिया था। जय प्रकाश कर्दम का यह कथन सही है कि "मंडल आयोग कमीशन की रिपोर्ट लागू होने के समय देश में हिंसा का जो तांडव हुआ उसके लिए बहुत हद तक मीडिया जिम्मेदार था। मीडिया ने आंदोलनकारी युवकों की भावनाओं को भड़का कर आग में घी का काम किया। अगर मीडिया ने घी के बजाय पानी की भूमिका निभायी होती तो कई भोले-भाले और नासमझ नौजवानों का जीवन भावुकता की भेंट चढ़ने से बच सकता था..."[24] मीडिया में सवर्णों का वर्चस्व है, खासकर ब्राह्मण बिरादरी का। अभी तक वे सामन्ती संस्कारों से मुक्त नहीं हैं। दूसरे, नयी रोशनी में उनका अभिजातीकरण हो गया है। उनमें हनक तो है नहीं, ठसक केवल बाकी है। ये द्विवेदी, त्रिवेदी और

चतुर्वेदी ब्राह्मण भूल जाते हैं कि वेदों की कामनाएँ क्या थीं। उनकी कामनाएँ थीं– 1. समानमस्तु, 2. मे प्राण मा विभे, 3. स्वाधिनानि मेघरमाजि। यानी समानता, भयमुक्ति और स्वाधीनता। प्रथम रिपब्लिक की घोषणा की निष्पत्ति भी यही है। लेकिन ये वैदिक एवं लोकतांत्रिक कामनाएँ उनकी जेहन में तो जरूर हैं पर जिगर में नहीं हैं। जिगर में तो 'मनुस्मृति' की संहिताएँ हैं, संहिताएँ ही उनके संस्कार हैं। इस प्रसंग में अखिलेश मिश्र का एक अनुभव याद आता है। उन्होंने लिखा है कि "एक बीस हजारी पत्रकार मुंबई में मेरे साथ फुटपाथ पर खड़े थे। सड़क पर एक ठेला खींचते, ढकेलते दो मजदूर नंगे बदन हाँफते, पसीना बहाते जा रहे थे। कुछ दूर एक गधे पर लादी लादकर धोबी उसे हाँकता जा रहा था। मुम्बई की भरी, चालू सड़क पर तेज वाहनों के लिए परेशानी तो थी ही। बीस हजारी पत्रकार बोले–'देखिए, यह हालत है प्रशासन की। इन लोगों को सड़क पर चलना मना क्यों नहीं किया जाता।' मैंने दबी ज़बान से कहा–आपकी समझ में भारत किसका है?"[25] इस सवाल से उनकी बोलती तो नहीं बन्द हुई, मगर उनसे बोलचाल ज़रूर बन्द हो गयी। ग़ौरतलब है कि इन पत्रकारों की ये नज़र है तो गरीब और असहाय दलितों को इनसे कैसा नज़राना मिलेगा, तीज-त्यौहार पर ही सही! एक बात और। आज की बाज़ारवादी संस्कृति में अखबारों की 'सेलेबिलिटी' का ही आधिपत्य है। इन पत्रकारों को बराबर इस बात की आशंका पीड़ा देती है कि अगर दलितों के प्रति प्रतिबद्धता होगी तो पत्रों की 'सेलेबिलिटी' प्रभावित होगी और उसका बाजार-मूल्य कम हो जाएगा। कारण कि अखबारों के पाठक दलित वर्ग में अत्यन्त कम हैं। नहीं तो क्या वज़ह है कि जगजीवन राम द्वारा डॉ. सम्पूर्णानन्द की मूर्ति का अनावरण किये जाने पर बनारस के पंडितों ने दूध और गंगाजल से मूर्ति का शोधन किया था, मगर इस पवित्रीकरण की प्रक्रिया का विरोध या खिलाफत मीडिया ने नहीं किया था। केवल सूचनाएँ भर दी थीं। शंकराचार्य जातिवाद और अस्पृश्यता की वकालत करते हुए मन्दिरों में दलितों के प्रवेश का निषेध करते हैं। पर मीडिया उनकी खबर नहीं लेती। इन बातों से लगता है कि सवाल केवल प्रेस की स्वतन्त्रता का नहीं है, सवाल है राजनीतिक विवेक और पत्रकारों की अन्तरात्मा की उपस्थिति का भी। बल्कि यही सबसे अहम बात है, कारण कि गुलाम भारत की पत्रकारिता ने इसके ही बलबूते पर सच की आवाज को बुलन्द किया था और मानवीय मूल्यों को शिखर पर प्रतिष्ठित किया था। जब सारा भारत गाता था–'God save the queen' उस दौर की पत्रकारिता ने सामाजिक सम्वेदनाओं को हथियारों की तरह इस्तेमाल किया था। उस समय उससे अंग्रेजी हुकूमत भी डरती थी क्योंकि उसके पास लोकमत की शक्ति थी। आज की पत्रकारिता इतना जनविमुख होती जा रही है कि बड़ी से बड़ी राष्ट्रीय त्रासदी को दूरदर्शन पर एक बार देखकर नागरिक निजी चैनलों के सीरियलों की काल्पनिक दुनिया में खो जाते हैं। आज के कवि-लेखक भी भारतीय

दुःखों में डूबने के बजाय विदेशी साहित्य की विसंगत भावभूमियों के अनुवादों में ज्यादा रुचि लेते हैं और विदेशी प्रज्ञा को अपनी उपलब्धि बताकर आत्मगौरव से गद्गद हो जाते हैं।

भारतीय पत्रकारिता के चेहरे को निस्तेज करने में विज्ञापनों का भी योगदान कम नहीं है। कारण कि यह भी बाजारवाद का ही संवाहक है। विज्ञापन ही आज की पत्रकारिता का आहार है जो उसकी मूल चेतना का संहार कर रहा है। इसीलिए आजकल पत्रकारिता की काया कंचन तो हो गयी है, पर उसका मन सुमन नही हो पा रहा है। कनक तिवारी के शब्दों में "अब अखबार चुप ज्यादा रहते हैं, बोलते कम हैं। उनके मालिक व्यवस्था के बगलगीर बनते जा रहे हैं।"[26] ख़बरगीरों की बोलती बन्द करने वाला यह विज्ञापन ही है। कारण के विज्ञापनदाता का मकसद अब सुरुचि सम्पन्न और विवेकसम्पन्न नागरिक बनाना कतई नहीं है। कारण कि पूँजी के अपने तर्क होते हैं, लाभ-हानि के अपने समीकरण भी होते हैं। उसका उद्देश्य एक मात्र यह है कि अपने उत्पादों के लिए अधिक-से-अधिक उपभोक्ता तैयार करे। वह दर्शकों एवं पाठकों के दिल-दिमाग को अनुकूलित करने की चेष्टा करता है। इसीलिए प्रसिद्ध अर्थशास्त्री अरुण कुमार मानते हैं कि "बाजार एक ऐसी संस्था है जो लोकतांत्रिक हो ही नहीं सकती। उसमें वर्चस्व उसका ही होगा जिसके पास अधिकतम पूँजी होगी। समानता जैसी बात उसकी आचार-संहिता में कहीं नहीं होती।"[27] बताने की जरूरत नहीं कि आज क्यों दैनिकों में साहित्य-संस्कृति सम्बन्धी वैचारिकी के लिए 'स्पेस' कम हो गया है और उसकी जगह फैशन-डिजाइनों, सौन्दर्य प्रतियोगिताओं तथा मॉडलों एवं फिल्म जगत तथा खेलजगत ने ले ली है। कारण कि ये सभी बाजारवाद के ही जिंदा उपकरण हैं जिनके द्वारा उनके उत्पादों की नुमाइश होती है। अब तो विज्ञापनों ने भी खबरों की लिबास पहन ली है। मालूम करना पाठक-दर्शक के लिए कठिन हो जाता है कि यह वाकई खबर है या विज्ञापन सारे विज्ञापनों की मुद्राएँ सूचनात्मक हो गयी हैं और पाठक-दर्शक समझते हैं कि ये सभी हमारे सूचना-संसार को बहुआयामिता प्रदान कर रहे हैं। दरअसल, संचार माध्यम भी पूँजीपतियों के लिए 'कमोडिटी' बन गये हैं। औरतों का देह-विमर्श उद्योगपतियों के लिए अर्थ-विमर्श का अनिवार्य 'फैक्टर' बन गया है। मैं यहाँ दो विज्ञापनों की चर्चा करना चाहूंगा। एक में अश्लीलता की चरम सीमा है तो दूसरे में श्लीलता की। दोनों उदाहरण 'नया मीडिया और नये मुद्दे' (लेखक—सुधीश पचौरी) से लिए गये हैं।

पहले विज्ञापन के दृश्यों की 'सीक्वेंस' इस प्रकार है: "एक लड़की एक लड़के के घर आती है। लड़की उच्चस्तरीय स्कर्ट और मुक्तस्कंध टॉप पहने है। लड़का दरवाजा खोलता है। वह सिर्फ कच्छा पहने है। लड़का पहले अपने कच्छावतार पर झेंपता है। उसके बाद उसकी आँखें लड़की की उच्चस्तरीय स्कर्ट और उसमें निहित जाँघों पर पड़ती है। लड़की की नज़र लड़के के जाँघिए के उस उछले हुए हिस्से पर

पड़ती है जिसे मर्दानगी की जगह कहते हैं और उसके बाद कैमरा दिखाता है एक ओर सही जगहों पर डटे हुए ब्रा-पेंटी पड़े हैं, दूजी ओर कच्छा पड़ा है। विज्ञापन की सेल और मार्केटिंग की यह कहानी अन्यथा भी बन सकती थी। खुली सेक्स की इस कदर फूहड़ व्यंजनाएँ और चिह्न क्यों रखे गये! कच्छा-बनियान को सेक्सी अर्थ क्यों दिये गये? कपड़ों को इस तरह व्याख्यायित क्यों किया गया? मीडिया इस एडल्ट सीन को परोसा, चर्चा और आपत्तियों के केन्द्र में आ गया विज्ञापन, यही तो चाहता था मीडिया, कच्छा-बनियान लोगों का विरोध पाकर हिट हो गया। विज्ञापन की दुनिया में ऐसा प्रायः होता है। योजना बनाकर ऐसे विज्ञापन दिये जाते हैं जो परेशानी पैदा करें और जब परेशानी बन जाती है तो विज्ञापन की वस्तु के प्रति एक जिज्ञासा उसकी पोजीशनिंग बन जाती है। तब बड़े शिष्ट भाव से अहसान जताते हुए हटा लिया जाता है। इस बीच विज्ञापन अपना काम कर जाता है।"[28] यह है विज्ञापनों का शातिराना अंदाज! दूसरा विज्ञापन भी नारी-केन्द्रित है। पर उसमें दृश्य उत्तेजक नहीं, कारुणिक है। उसका भी जायजा जरूरी है क्योंकि यह विज्ञापन के कलात्मक पक्ष का इजहार करता है। पर है बहुत रणनीतिक—एक चिह्न की अनेक-स्वरता से लबरेज एक मध्यवर्गीय स्त्री एक सूनसान कमरे में बैठी है, चेहरे पर चोट के निशान हैं। पूछने पर बताती है कि बाथरूम में फिसल गयी थी। वायस ओवर में एक औरत कहती है: इस तरह मत छिपाइए। आगे अंग्रेजी में इबारत है 'फंड फॉर वूमन'। फिर निर्देश दिया जाता है कि पौंड्स का रैपर भेजें। यानी सन्देश है कि घरेलू हिंसा की शिकार महिलाओं के लिए एक फंड बनाया है। जब भी पौंड्स क्रीम खरीदेंगी, उसका एक हिस्सा आपके लिए बनाये गये फंड में जाएगा जो ऐसी उत्पीड़ित औरतों के हित में उपयोग होगा। फिर अगले सीन में वही औरत है, चेहरे पर निशान बिल्कुल नहीं हैं, प्रसन्नचित्त है। गुजरी यातना की कोई शिकन नहीं है। यह स्त्री पौंड्स की 'एम्पावर्ड' स्त्री है। अगली इबारत है, 'फंड है तो निशान नहीं होंगे। खरीदोगे तो फंड होंगे। वे कानूनी उपचार में मदद करेंगे। पौंड्स खरीदेंगे तो चेहरे पर निशान नहीं रहेंगे। जब पिटाई हो तो पौंड्स लगाएँगे। इसलिए पौंड्स को घर में जरूर रखें।"[29] यह मार्केटिंग की नयी करुणा है, अद्भुत संवेदना है, नारी विमर्श का कितना स्वस्थ चेहरा है! ज़ाहिर है, विज्ञापन हमारी उत्तेजना और संवेदना का किस प्रकार इस्तेमाल करता है और कितनी चालाकी से अपना उपभोक्ता बना लेता है! आम आदमी को प्रतीत भी नहीं होता कि वह बाजारवाद का शिकार हो गया। एक हमारी मेड है, उसके घर में टी.वी. है, फ्रिज है, वाशिंग मशीन है। माँ ने पूछा—'आजकल फ्रिज में क्या रखती हो? कुछ नहीं, मैडम, बस, आपलोग जो बचा-खुचा खाना दे दती हैं उसे ही उसमें रख देती हूँ और रात में खा लेती हूँ। दिन भर काम करते-करते थक जाती हूँ। रात को खाना बनाने की हिम्मत नहीं होती।' माँ ने फिर पूछा कि 'जब फल-मिठाई वग़ैरह रखने की औकात नहीं है तो क्यों

खरीदा उसे?' उसका उत्तर था—'इज्जत का सवाल था मैडम, सभी दाइयों के पास था, केवल मेरे पास नहीं था। इसलिए किस्तों में खरीदा है।' यानी कि ये ग़ैरजरूरी सामान 'स्टेटस सिंबल' हो गये हैं, आम आदमी के लिए बुनियादी जरूरतों से भी ज्यादा जरूरी। यह है बाजारवाद का जादू! विज्ञापनों का चमत्कार और सम्मोहन!!

हमारे पत्र-समीक्षकों ने विज्ञापनों की शक्ति एवं सीमाओं का बखूबी अध्ययन किया है। पत्रकारिता के लिए उसके औचित्य का विश्लेषण भी किया है। कुछ पत्रकार उसके धनात्मक पक्ष से आकृष्ट हैं तो कुछेक उसके ऋणात्मक पक्ष से मर्माहित। पत्रकारों का पहला तबका मानता है कि पत्रकारिता की अस्तित्व-रक्षा के लिए विज्ञापन अनिवार्य हैं। जैसे 'टाइम्स ऑफ इंडिया' के रमेश जैन कहते हैं कि "विज्ञापन महत्त्वपूर्ण हैं क्योंकि इससे अखबार का अस्तित्व तो बना ही रहता है, पाठकों को वह कम दाम में भी मिल जाता है। वह एक तरह से सब्सिडी का भी काम करता है।"[30] पाठ्य सामग्री के सम्बन्ध में उनका मत व्यावहारिक है। वे वह भी देना चाहते हैं जो पाठक चाहता है और वह भी जो वे चाहते हैं। दूसरे तबके का तर्क है कि "यदि विज्ञापन की सम्प्रभुता कायम होती है तो जाहिर है, सम्पादक का महत्त्व क्षरित होता है और सम्पादक का महत्त्व कम होता है तो पत्रकारिता के आदर्श और मूल्य बहिष्कृत होते हैं।"[31] इससे पत्रकारिता की मूल्यधर्मिता मर जाती है। मूल्यधर्मिता उसकी शक्ति है। शक्ति के अभाव में शिव भी शव हो जाते हैं। उसके होने का अर्थ ही नहीं रह जाता। बीसवीं शती के उत्तरार्द्ध के दशकों में अज्ञेय, भारती, रघुवीर सहाय, एस.पी. सिंह, प्रभाष जोशी आदि ने पत्रकारिता में अध्यवसाय और व्यवसाय, आलोकधर्मिता और बाजारधर्मिता में एक संतुलन बनाये रखने की कोशिश की थी। मगर आज वैसी प्रचेष्टा भी धीरे-धीरे लुप्त होती जा रही है। 'राष्ट्रीय सहारा' के पूर्व सम्पादक विभांशु दिव्याल का मत है कि "अखबारों का जो चरित्र इन दिनों विकसित हुआ है। उसने मालिकों को 'प्राइस वार' में उतरने के लिए बाध्य कर दिया है। यदि वह इसमें शरीक नहीं होता है तो विज्ञापन पाने की दौड़ में उसका पिछड़ जाना स्वाभाविक है। विज्ञापन आज के अखबार के लिए 'आक्सीजन' है। इसकी कमी इसकी सेहत के लिए हीं नहीं, इसके वजूद के लिए भी खतरनाक है।"[32] मगर दिव्याल जी भूल जाते हैं कि पत्रकारिता के आन्तरिक शक्ति और सौन्दर्य को कायम रखने के लिए 'नाइट्रोजन' की भी ज़रूरत होती है, भले ही वह थोड़ी मात्रा में हो और, पत्रकारिता की जनपक्षधारिता उसके लिए 'नाइट्रोजन' है। अखबारों के प्रबन्धक उनके व्यावसायिक पक्ष पर ध्यान देते हैं तो सम्पादक उसके आलोकधर्मी पक्ष पर। व्यावसायिकता हावी हो जाती है तो उसके सम्पादक गौण हो जाते हैं और ऐसी स्थिति में जवाबदेह और जिम्मेदार पत्रकारिता पर आँच आने लगती है। एक कहावत है कि जिम्मेदारी से रहित शक्ति केवल वेश्याओं के पास होती है। कई आलोचकों ने पत्रकारिता की तुलना इसी शक्ति से की है और

पत्रकारों को 'पेन प्रॉस्टिट्यूट' की संज्ञा भी दे डाली है। कहा जाता है कि हमारे पास दायित्व विहीन भावना की शक्ति एकत्र है। वेश्याएँ और पत्रकार दोनों ही उन हवादानों की तरह हैं जिनसे भावनाएँ बाहर निकल जाती हैं, वैसी भावनाएँ जिन्हें यदि अन्दर रहने दिया जाए तो बाद में समाज में विस्फोटक प्रतिहिंसा के रूप में अभिव्यक्ति पाती हैं। यानी कि पत्रकारिता और वेश्यावृत्ति दोनों ही समाज के लिए विरेचक हैं। इसलिए प्रेस जगत में एक ऐसा तबका भी है जो सरकारी नीतियों की आलोचना मात्र से संतुष्ट नहीं है बल्कि मसीहावाद का पक्षधर है। पत्रकारों की बिरादरी में कुछ लोग स्वयं को इस देश का उद्धारक मानते हैं। अगर वाकई इस दिशा में वे सक्रिय हैं तो यह देश के भविष्य के लिए शुभ संकेत है। अगर वे मानते हैं केवल अपने को, पर होते नहीं तो वह केवल बौद्धिक अहं मात्र है। कारण कि पत्रकारिता के द्वारा अकेले समाज का हृदय परिवर्तन किसी के बूते की बात नहीं रह गयी है। आज के राजनीतिज्ञ इतनी मोटी चमड़ी के हैं कि कहने-सुनने का कोई असर नहीं होता, जैसे पूँजीपतियों के चरित्र को अहिंसात्मक तरीके से बदलना मुश्किल है उसी प्रकार नेताओं की मानसिकता में बदलाव सम्भव नहीं लगता। इसलिए राजदीप सरदेसाई का कहना बिल्कुल सही लगता है कि "अगर जर्नलिज़्म एक प्रॉफेशन है तो, देयर इज नो फ्यूचर फार जर्नलिज्म, बट जर्नलिज़्म इज मिशन, इन सम वे, वी कैन नॉट चेंज सोसाइटी।"[33] मगर उनका परामर्श है कि इससे अपना प्रयास बन्द नहीं करना चाहिए। हमें अपना काम ईमानदारी से करना चाहिए। उनकी समझ है कि किंचित्‌मात्र भी लोकतांत्रिक मूल्यों में लोगों की आस्था है तो पत्रकारिता में अब भी कुछ-न-कुछ ताकत है। सुधीश पचौरी जी का विश्वास है कि प्रौद्योगिकी एक औजार है और इसका इस्तेमाल अपने पक्ष में भी किया जा सकता है मगर मुझे लगता है कि प्रौद्योगिकी एक औजार नहीं है, 'बोतल का जिन्न' है, उसे पालतू नहीं बनाया जा सकता। उससे हम उसकी शर्तों पर ही काम ले सकते हैं। इसीलिए 'वाशिंगटन पोस्ट' की सम्पादक-व्यवस्थापक कैथरीन ग्राहम ने कहा है कि "अपनी जरूरत लायक पैसा कमाना आजाद पत्रकारिता की बुनियादी शर्त है, लेकिन बहुत जल्द बहुत ज्यादा कमाई दुह लेने के फेर में पत्रकारिता की बुनियादी मर्यादाओं को नजरअंदाज कर, खतरनाक व्यावसायिक फैसले करना, खबर पाने-देने के जरूरी खर्चों में कटौतियाँ करने के साथ इवेंट मैनेजमेंट और प्रबन्धन के बोनस सरीखी विवादास्पद मदों पर कमाई न्यौछावर करना परतंत्रता और पतन की गारंटी ही बन सकता है।"[34]

लेकिन यह दुहरी नीति भी टिकाऊ नहीं है। जैसा कि दिवंगत राजेंद्र माथुर लिख गये हैं कि "ईमानदारी का कपड़ा पैबन्द वाला हो या उसके नीचे एक बेईमानी का अस्तर हो तो चल नहीं सकता।"[35]

विश्वबैंक ने अपनी रिपोर्ट (ग्लोबलाइजेशन: ग्रोथ एंड पॉवर्टी) में दावा किया

है कि भूमंडलीकरण का मात्र आर्थिक आयाम नहीं है। वह सत्ता और सन्तुलन एवं पर्यावरण के साथ ही सांस्कृतिक प्रभाव भी डालता है। वह आयतित संस्कृति के साथ स्थानीय संस्कृति का ताल-मेल बैठाकर सामाजिक विषमता लाता है। उसका तर्क है कि 'व्यापार के माध्यम से लोग विभिन्न जीवन-शैलियों से वाकिफ होते हैं और उससे नवीन जीवन-शिल्प की रचना होती है।' उदाहरण के लिए दक्षिण एशियाई लोगों ने ब्रिटेन वालों को चिकन-टिक्का से अवगत कराया और इसके बाद भी वहाँ मछली और चिप्स की उपस्थिति में कोई फर्क नहीं आया है। लेकिन हमारे यहाँ तो काफी फ़र्क आया है। विश्वबैंक का यह मूल्यांकन भारतीय परिवेश में सही नहीं है। कारण कि हमारे यहाँ अभी भी दिमाग़ी गुलामी है। उपनिवेशवाद का जहर अभी भी कहर ढा रहा है। यहाँ पर पेप्सी, कोकाकोला, डियू आदि ब्रांडों से आने वाले सॉफ्टड्रिंक्स ने भारतीय स्वास्थ्यवर्द्धक पेयों को हाशिए पर फेंक दिया है। 'एक हाथ में कोकाकोला, दूजे में 'कंडोम' नयी पीढ़ी का शगल हो गया है। आजकल ऐसे लुभावने और धोखेबाज विज्ञापन आ गये हैं टेलिविजन के मार्फत कि आज की पीढ़ी में तमाम भौतिक सुख-सुविधाएँ हासिल कर लेने की अराजक होड़ शुरू हो गयी है। आज हर घर को उपभोग-सामग्रियों के गोदाम बनने की ललक पैदा हो गयी है। पंकज विष्ट ने तो बहुत पहले ही आगाह किया था कि "आज यह बात किसी से छिपी नहीं है कि उपभोक्ताओं तक पहुँचने का टी.वी. कितना बड़ा माध्यम है और भारत दुनिया का सबसे बड़ा बाजार है। वह दिन दूर नहीं जब स्टार चैनल भी दूरदर्शन की तरह विभिन्न भारतीय भाषाओं के अपने कार्यक्रम प्रसारित करना शुरू कर देगा और इसके साथ ही भारतीय रुचि, संस्कृति, और सोच को बदलने की प्रक्रिया अपनी चरम सीमा पर होगी।"[36] पंकज विष्ट की आशंका कितनी सही निकली है, कहने की जरूरत नहीं। आज की सांस्कृतिक बर्बरता का अनुभव हर संवेदनशील और सुरुचि-सम्पन्न व्यक्ति कर रहा है। इसने हमारी जीवन-शैली को पूरी तरह बदल दिया है। हमारी सोच-समझ का पूरी तरह पश्चिमीकरण हो रहा है। दाम्पत्य जीवन की स्थिरता आहत हो रही है। विवाह नामक संस्था का लोप हो रहा है। 'लिव इन रिलेशनशिप' की अवधारणा विकसित हो गयी है। इसीलिए निदा फाज़ली ने हिदायत दी है–

अच्छी नहीं है शहर के रस्तों की दोस्ती
आँगन में फैल जाये न बाजार देखना!

नारी स्वतन्त्रता के नाम पर 'देह विमर्श' का सिलसिला शुरू हो गया है। साहित्य में इसके आक्रामक प्रभाव देखते हुए मैत्रेयी पुष्पा के आत्मकथात्मक उपन्यास संभवतः 'गुड़िया भीतर गुडिया' का वास्तविक नाम सुझाया गया था 'कितने बिस्तरों में कितनी बार' जिस पर लेखिकाओं ने जबर्दस्त हंगामा किया था। इसमें कोई शक नहीं कि उदारीकरण के इस दौर में नारी चेतना और स्त्री विमर्श के नाम पर पोर्नों की

अंतर्वस्तु भाषिक एवं वाचिक–दोनों स्तरों पर बेची जा रही है। इंटरनेट के विश्वव्यापी अनेकानेक साइट इसका ज्वलंत उदाहरण हैं–देशी डॉट कॉम या सेक्स डॉट कॉम। और, स्त्रीवादी ताकतें मीडिया के इस पक्ष को स्वीकार नहीं कर पा रही हैं। इंटरनेट विश्व स्तरीय आदान-प्रदान की दैहिकता से लेकर भोगवादी प्रवृत्ति को एक 'कचरा' जैसी मानसिकता के रूप में विकसित कर रहा है। मगर हर चीज का कुछ उज्ज्वल पक्ष भी होता है। इसके धनात्मक पक्ष की ओर संकेत करते हुए विश्व बैंक की मान्यता है कि भूमंडलीकरण जिन विविधताओं को दर्शकों-पाठकों को परोसता है, उनसे सामाजिक गतिशीलता बढ़ती है और सामाजिक परिवर्तन की राह प्रशस्त होती है। विश्व बैंक की दलील में कुछ दम है, इसमें दो मत नहीं है। आज के मीडिया ने जाति, गोत्र और सम्प्रदाय के बन्धनों को शिथिल किया है। लड़कों एवं लड़कियों का स्वातन्त्र्य-बोध जागरित हुआ है और प्रेम विवाह से जातिगत रूढ़ियाँ कमजोर हुई हैं। पर, इसी अनुपात में 'ऑनर किलिंग' की घटनाएँ भी बढ़ी हैं। मीडिया ने ऑनर किलिंग को 'स्पेस' भी दिया है। इन घटनाओं के कवरेज ने जाति, गोत्र, पंचायत के परम्परा-बोध को आधुनिक नागरिक जीवन के बरअक्स खड़ा कर जवाबदेह भी बनाया है। पर, मीडिया ने इसे सांस्कृतिक विमर्श का विषय नहीं बनाया है। इस सन्दर्भ में सुधीश पचौरी जी की टिप्पणी ख़ास मायने रखती है: "आर्थिक विकास से आयी उपभोक्ता-क्रान्ति ने जाति, गोत्र कुल की मिथकीय शुद्धता में जीने वालों को भी उपभोक्ता बना डाला है। उनकी दमित कामनाएँ मुक्त कर दी हैं लेकिन कामना की मुक्ति नये सामाजिक मूल्य नहीं गढ़ पायी है... बदलाव के साथ पिछड़े जीवन का संवाद नहीं बन पा रहा। एक वहशी संवाद ही बन पा रहा है। यह काम मीडिया का है कि वह इन तमाम मार्मिक तन्तुओं को गूँथकर निहित समस्याओं को मनोरंजक सांस्कृतिक विमर्श का हिस्सा बनाये! तभी नया वृहत्तर 'नागरिक स्पेस' बनेगा। सरकार को 'कल्चरल थ्रस्ट' के क्षेत्र बनाने होंगे।"[37] इस क्षेत्र में फिल्मी हस्तियाँ भी सक्रिय हैं। अभी हाल-फिलहाल की फिल्म 'आक्रोश' की बरबस याद आ जाती है। पर इस भूमंडलीकरण का कृष्ण पक्ष ही ज्यादा सशक्त है, जो हमारी सांस्कृतिक पहचान को धीरे-धीरे धूमिल करता जा रहा है। आज पेप्सी, कोका कोला, डियू आदि 'कोल्ड ड्रिंक्स' ने हमारे भारतीय स्वास्थ्यवर्द्धक और जीवनदायी पेयों को विस्थापित कर दिया है। अब इनके नामलेवा सुदूर देहातों में भी नयी दिखता। यही नहीं, चाइनीज फूड्स और फास्टफूड्स ने भारतीय डिशेज को मात दे दी है। हमारे अपने फास्ट फूड्स तो बिल्कुल हाशिये पर चले गए हैं। उनका प्रयोग तभी करते हैं जब फिजिशियन हमें डाइट यानी पथ्य के रूप में 'प्रिस्क्राइब' करते हैं। बच्चों को कृत्रिम दूध और आहार भी भारतीय माताएँ बड़े शौक और गर्व से खिलाती-पिलाती हैं और स्तन-पान से परहेज करती हैं। इस सांस्कृतिक लैग और विचलन के लिए भूमंडलीकरण ही जिम्मेदार है। हमारे आस्वादन के धरातल की अधोगामिता के लिए भी आज के मीडिया और भूमंडलीकरण की सक्रियता को नजरअन्दाज नहीं

किया जा सकता। नारी की नग्नता को केन्द्र में रखकर फिल्म और विज्ञापन अपनी 'पापुलरिटी' तो हासिल कर लेते हैं और इस सस्ती लोकप्रियता के एवज में आम आदमी का आर्थिक और सांस्कृतिक दोहन करते हैं। उस पर तुर्रा यह कि आजकल के दर्शक यही पसन्द करते हैं। अगर चुंबन, बिस्तर, बलात्कार, और देह-प्रदर्शन के दृश्य नहीं हों तो फिल्में फ्लॉप कर जाती हैं। जैसे, दर्शकों की रुचि का परिष्कार एवं परिमार्जन किसी और का दायित्व हो। मीडिया या साहित्य इस सांस्कृतिक दुर्भिक्ष का 'नोटिस' क्यों नहीं लेते? उनको इस सवाल से कभी साबका नहीं पड़ता कि इसके द्वारा समाज में किन और किस प्रकार के जीवन-मूल्यों का सृजन हो रहा है। सवाल है कि मीडिया के पास विवेकशीलता और दायित्व-भावना हो तब न? ऐसे में धूमिल की उन काव्य-पंक्तियों का आशय जेहन में सहज आ जाता है कि अगर पैसा कमाना ही जीवन का एक मात्र लक्ष्य हो तो उसे रामनामी ओढ़कर या कोठे पर बैठकर कमाया जाय, दोनों में कोई फ़र्क नहीं है।

दरअसल, श्वेत राष्ट्र अपने विचार और मुद्दे शेष दुनिया पर लादने की हर क्षण कोशिश करते हैं और मीडिया का हिंसात्मक प्रयोग करने से भी नहीं चूकते। कहने की जरूरत नहीं कि मीडिया के माध्यम से भूमंडलीकरण की उत्तरपूँजीवादी शक्तियाँ एशियाई संस्कृतियों को विस्थपित कर अपने आचार-विचार को, अपने आहार-विहार को प्रत्यारोपित कर रही हैं और हम बेखबर होकर उनके जूठन को खाने-पीने और उनके उतरन को ही ओढ़ने-पहनने में मुब्तिला हैं। हम तनिक भी संजीदगी से 'नोटिस' नहीं लेते कि हमारे भोजन का 'मैकडोनाल्डीकरण', पहनावे का 'लेवाइसीकरण' और संगीत का 'माइकेल जैक्सनीकरण' तथा साहित्य का उत्तराधुनिकीकरण हमारी सांस्कृतिक पहचान के लिए खतरे की घंटियाँ हैं। अब तो टी.वी. पर शास्त्रीय संगीत के कार्यक्रम दुर्लभ हो गये हैं, फास्ट संगीत के कोलाहल में 'लाइट म्युजिक' भी तूती की आवाज जैसा हो गया है। टी.वी. की एंकर और 'न्यूज रीडर' भी पाश्चात्य पहनावे की 'मॉडल' अधिक दिखती हैं। पाश्चात्य सभ्यता और संस्कृति के आरोपण-प्रत्यारोपण के लिए केवल मीडिया जिम्मेदार नहीं है, हमारी राजनीति कहीं उससे ज्यादा उत्तरदायी है। आज संसदीय राजनीति में नागरिक से ज्यादा उपभोक्ता होना ज्यादा जरूरी हो गया है। सादा जीवन और उच्च विचार, साध्य और साधन की शुचिता आदि मुहावरे काल-कवलित हो गये हैं। आज के आर्थिक सुधार की मृगतृष्णा का आलम यह है कि एक ओर लखपतियों एवं करोड़पतियों की तादाद में 0.7 फीसदी की बढ़ोतरी हुई है तो दूसरी ओर गरीबी-रेखा की तादाद में दस-फीसदी की बढ़ोतरी। गरज कि मनमोहन सिंह की आर्थिक नीतियों से लाभ अगर देश के मात्र एक करोड़ लोगों को हुआ है तो नुकसान 10 करोड़ लोगों को हुआ है। आज नेताओं के जीवन में पाँच-सितारा परिवेश जुड़ गया है तो आम आदमी के जीवन का हर सितारा उजड़ गया है। आज मीडिया को राजनीति से भी उतना सरोकार नहीं है जितना कॉर्पोरेट

घरानों से है। अब तो पत्रकार कॉर्पोरेट के दस्तरख्वाँ पर खाने-पीने के आदी हो गये हैं। वे इतना 'इन्स्यूलर' हो गये हैं कि उनको ये सवाल नहीं सताते या व्यापते कि पिछले छह सालों में तकरीबन एक लाख से अधिक किसानों ने खुदकुशी क्यों की, बी.पी.एल. का आँकड़ा 47 करोड़ कैसे पहुँच गया और पंजीकृत (खानगी को छोड़कर) बेरोजगारों की संख्या 12 करोड़ क्यों हो गयी है? बेरोजगारी के इस आलम में ओबामा 10 अरब डालर के 20 व्यापार-समझौते लेकर गये हैं, जिनसे अमेरिका में 50 हजार रोजगार पैदा होना सुनिश्चित है। दरअसल, ओबामा के यहाँ आने का

मुझे उनसे मिलकर हमेशा अच्छा लगता है। कम से कम वे मेरी बात तो सुनते हैं।

मूल मकसद यही था। फिर भी मनमोहन सिंह 'फील गुड' कर रहे हैं। कारण कि वे पत्रकारों को 'लॉली पॉप' देने से कभी नहीं चूकते। जैसे 'मुझे उनसे (पत्रकारों से) मिलकर हमेशा अच्छा लगता है। कम-से-कम वे मेरी बात तो सुनते हैं।' (और, अन्य लोग तो बिल्कुल नहीं सुनते!) 09 सितम्बर 2010 के 'दैनिक भास्कर' में कार्टूनिस्ट मंजुल ने अपनी 'वक्रदृष्टि' से इस विषय पर दृष्टव्य कार्टून बनाया है तथा मीडिया और राजनीति की बाजारू प्रवृत्ति की ओर इशारा किया है।

सच ही कहा जाता है कि कार्टून प्रिंट मीडिया का पूरक है। जिसे सम्पादकीय शब्दों के माध्यम से नहीं व्यक्त कर पाता, कार्टून उसे स्केच और कैप्शन के द्वारा कह देता है और हँसी में अपने तीखे-विष बुझे व्यंग्य को 'डाइल्युट' कर देता है, 'बुरा न मानो, होली है' के लहज़े में।

आजकल मीडिया में पूँजीवादी सरोकारों ने एक नये मर्ज़ को जन्म दिया है। राजनीतिज्ञ और कॉर्पोरेट संस्थान 'पॉजिटिव कवरेज' के लिए खबरों की खरीद-फरोख्त करते हैं, सौदा करते हैं। उसके कई रूप हैं जिसमें ज्यादा चलन में 'पेड न्यूज' और 'प्राइवेट ट्रीटी' हैं। वैसे तो इनकी जड़ें पुरानी हैं, मगर इन्होंने आज ज़्यादा जोर पकड़ लिया है। पहले पत्रकारों की एक पीढ़ी थी जो यह समझती थी कि बाजार की नब्ज को अगर पत्रकारों ने नहीं पकड़ा तो बाजार उनकी नब्ज को पकड़ लेगा। इस तथ्य को सम्पादक बारीकी से समझते थे। इसलिए उन्होंने बाजार के तरीकों को पूँछ से नहीं, सूँड़ से पकड़ा और पत्रकारिता के पैनेपन को ब्रांड के रूप में प्रदर्शित किया। मगर आज के पत्रकार तो मीडिया की नब्ज को पकड़ने के लिए चिरौरी कर रहे हैं। आरम्भ में तो यह प्रचलन चोरी-चुपके उपहारों के माध्यम विकसित हुआ। यह मामला अंडर ग्राउंड तरीके से चलता था। उपहारों और खबरों की पैकेजिंग का पता लोगों को नहीं होता था। उस समय समाज के चुभते सवालों को पाँच सितारा आयोजनों में धुएं में उड़ाकर ब्रांडिंग किया जाता था जिसमें प्रायोजक बन कर मुनाफा वही देते हैं जो मुद्दों की वज़ह होते थे। मगर 2009 ई. के संसदीय चुनाव में खबरों की पैकेज़िंग का मामला आइसबर्ग की तरह सतह पर आ गया, बाकी कोर-कसर प्रतिपक्षियों ने चुनाव-आयोग से शिकायत करके पूरी कर दी। पहले यह कहा जाता था कि चुनाव में वही जीतता है जिसके पास 'मनी पावर' और 'मसल पावर' होता है। अब यह खुलेआम कहा जा रहा है कि 'मसल पावर' और 'मनी पावर' के अतिरिक्त 'मीडिया पावर' भी बहुत जरूरी है। राजनीतिज्ञों की सत्ता की भूख ने मीडिया से सौदा किया और मीडिया ने चुनावी विज्ञापनों को खबर का जामा पहनाकर प्रस्तुत किया तथा प्रतिद्वन्द्वी की छवि खराब कर उसका बँटाधार कर दिया गया। इस प्रकार खबरों की पैकेजिंग को संस्थागत रूप मिल गया, जिसे 'पेड न्यूज' कहा जाने लगा है। इस 'पेड न्यूज' का दूसरा संस्थागत रूप भी प्रकट हुआ है जिसे 'प्राइवेटी ट्रीटी' कहा जाता है। यह एक ऐसी स्कीम है जिसमें कोई कम्पनी किसी मीडिया कम्पनी को अपनी मार्केटिंग, ब्रांडिंग और प्रचार के लिए नकद का भुगतान न करके कुछ हिस्सेदारी (दस से बीस प्रतिशत) दे देती है। जाहिर है जब कोई मीडिया कम्पनी अन्य कम्पनी में हिस्सेदार हो जाती है तो उसका पूरा जोर उस कम्पनी की वैल्यू में बढ़ोतरी पर होता है क्योंकि इसी से उसके शेयरों की भी कीमत बढ़ती है। इसके लिए मीडिया कम्पनी उस पार्टनर कम्पनी का न सिर्फ़ विज्ञापन और मार्केटिंग करती है बल्कि उसके बारे में पॉजिटिव कवरेज भी करती है। यह भी 'पेड न्यूज' का ही दूसरा संस्करण है क्योंकि पाठक-दर्शक को यह पता नहीं होता है कि अखबार-चैनल में जिस कम्पनी का इतना विज्ञापन और प्रशंसा होती है, उस कम्पनी द्वारा खरीदी हुई खबर है। वह उसे अखबार और चैनल की निष्पक्ष और स्वतंत्र राय ही समझता है। इसीलिए चुनाव-आयोग 'पेड न्यूज' के प्रति

सजग और सतर्क है, पर उसकी भी सीमाएँ हैं। इस सिलसिले में शेयर बाजार की नियामक संस्था सेबी ने भी निर्देश ज़ारी किये हैं जो निश्चय की स्वागत योग्य हैं। उसने सभी मीडिया कम्पनियों के लिए अनिवार्य कर दिया है कि वह किसी कम्पनी के विज्ञापन, परिचर्चा, सम्पादकीय, रिपोर्ट आदि करते हुए बताए कि उस कम्पनी में उसका कितना 'शेयर' है। वाकई, यह समाचार की शुचिता के लिए जरूरी है कि मीडिया सेबी के निर्देशानुसार अपनी हिस्सेदारी स्पष्ट करे अन्यथा पाठकों एवं दर्शकों के साथ विश्वासघात और धोखाघड़ी का मामला हो जाता है। मीडिया की साख के लिए यह भी अनिवार्य हो जाता है कि वह पाठकों-दर्शकों को वह आँख भी प्रदान करे जो सच-झूठ का निर्णय कर सके। मगर ऐसा हो नहीं रहा है। इसलिए यह दुष्प्रवृत्ति आज मीडिया और राजनीतिज्ञों—दोनों के लिए खतरनाक हो गयी है। दोनों की ही साख और विश्वसनीयता संकट में पड़ गयी है। सुनने में आया है कि राष्ट्रमंडल खेलों की आयोजन समिति ने किसी बड़े अंग्रेजी प्रेस समूह के द्वारा प्रस्तावित पार्टनरशिप को स्वीकार लिया होता तो उसकी इस कदर छीछालेदर नहीं होती और, न ही राष्ट्रमण्डल खेलों के बाद इतनी गहन जाँच-पड़ताल का खेल ही आरम्भ होता बल्कि उसकी जगह पर उसकी सफलता की मुनादी की जाती। इस अन्डरग्राउंड समझौते को कलमाड़ी ने मूर्त्त रूप दे दिया होता तो उनकी इतनी फजीहत भी नहीं होती और न यह नौबत ही आती। वैसे उनके लिए बहुत चिन्ता की बात नहीं होगी क्योंकि ऐसे जाँच-आयोगों का क्या हश्र होता है, वे भली-भाँति जानते हैं। यह तो हमारी लोकतांत्रिक सरकार की रणनीति है कि ऐसे विस्फोटों को बुझाना हो तो कोई जाँच-कमिटी बैठा दो, लपटें आहिस्ते-आहिस्ते स्वतः शान्त हो जाएंगी। कारण कि जनता और मीडिया दोनों की स्मृति अल्पकालिक होती है, वे 'प्रजेंटिज़्म' के आखेट होते हैं। इधर 'पेड न्यूज' से पत्रकार और राजनीतिज्ञ दोनों ही परेशान और पशेमान हैं, क्योंकि दोनों के सर के ऊपर से पानी गुजरने लगा है। सारी दुनिया जानती है कि 'पेडन्यूज' राजनीति और पत्रकारिता की 'होमोसेक्सुआलिटी' का ही नतीजा है। इसलिए आज दोनों एक मंच पर आ मिले हैं और इससे उबरने का उपाय खोज रहे हैं। अन्यथा राजनीति और पत्रकारिता में तो सर्जनात्मक द्वन्द्व होता है, सकारात्मक वैमनस्य की सीमा तक। कभी-कभी तो हिंसात्मक स्तर पर भी। इसलिए अंग्रेजी में कहावत है कि राजनीतिज्ञ पत्रकारों को या तो 'इंटरमिडेट' करते हैं या 'सिड्यूस' करते हैं। यानी वे उनको अभित्रस्त करते हैं या पथभ्रष्ट करते हैं। दरअसल, यह 'सिड्यूस' करने का ही नतीजा है। इसलिए 'चुनाव में धनशक्ति और मीडिया' शीर्षक विषय पर परिचर्चा में पत्रकारों एवं राजनीतिज्ञों दोनों ने शिरकत की थी और आम सहमति बनी थी कि मीडिया के लोकनागरिक अभियान (पब्लिक विजिलेंस ऑन मीडिया) की रूपरेखा तैयार हो और इसे जन-आन्दोलन का रूप दिया जाय। प्रभाष जोशी उन दिनों जीवित थे। उन्होंने इस भावी आन्दोलन की

जरूरत बताते हुए कहा था कि "यह आन्दोलन राजनीति के खिलाफ नहीं, देश में मीडिया की निष्पक्षता के लिए जरूरी है। यदि ऐसा नहीं हुआ तो केवल अरण्य रोदन होगा।"[38] कहने की जरूरत नहीं कि 'लोक नागरिक अभियान' ने जन-आन्दोलन का रूप नहीं लिया है और प्रभाष जोशी की भविष्यवाणी के अनुसार अरण्य रोदन अभी तक जारी है। इस मायने में यूरोपीय पाठक अपेक्षाकृत सजग और सतर्क हैं। मीडिया सम्राट रूपर्ट मर्डोक के पत्र की अप्रत्याशित मौत इसका जिन्दा प्रमाण है। वे लोभ-लाभ की प्रवृत्ति के शिकार होकर घृतराष्ट्र हो गये थे और अपने पत्र को दुर्योधन बना दिया था जिसका नतीजा यह हुआ कि वहाँ की जनता के आक्रोश ने उसे धूलिसात् कर दिया और बेचारा धृतराष्ट्र आज हाथ मल रहा है।

आजकल पीत पत्रकारिता और प्रतिबद्ध की पत्रकारिता की भेदक रेखाएँ धूमिल पड़ती जा रही हैं। अपने आरम्भिक दौर में पीत पत्रकारिता में उच्छृंखलता की भावना प्रखर थी। वह खबरों का विरूपण करती थी, तथ्यों को तोड़-मरोड़ कर पेश करती थी या उन्हें अतिरंजित करके प्रस्तुत करती थी। और, खबरों को चटख तथा मसालेदार बनाकर पत्रों की विक्रय-शक्ति को उत्तेजित करती थी। आज पत्रकारिता के विकास और संचार-माध्यमों की समृद्धि के कारण उसके स्वरूप और तौर-तरीकों में काफी परिवर्तन आ गया है। वह भोंडेपन को छोड़कर सलीकेदार हो गयी है। अब इसके कई रूप हो गये हैं, अपनी अभिव्यक्ति की कई तरकीबें सीख ली हैं। पर उनमें एक ही समानता है कि खास तरह के तत्त्वों को उछाल कर, उन्हें सनसनीखेज बनाकर पाठकों के दिमाग में एक खास प्रभाव पैदा कर दिया जाए। आज स्थिति यह है कि किसी भी तरह की सूचना पर विश्वास कर लेना आसान है। आज राजनीतिज्ञ ही नहीं, सत्ता-सम्पदा के लिए डॉक्टर, शिक्षक यानी किसी भी व्यक्ति को घटिया से घटिया, शर्मनाक से भी शर्मनाक कुकृत्यों से जोड़ा जा सकता है और किसी को भी अविश्वास नहीं हो सकता। मीडिया ने ख्यात-प्रख्यात शिक्षकों एवं डाक्टरों की इमेज को ध्वस्त किया है। राजनीतिज्ञों की तो बात ही दीगर है। महात्मा गाँधी और जवाहर लाल नेहरू की छवि भी सुरक्षित नहीं है तो इन छोटे-मोटे उड्डुगनों की बात क्या! आज प्रायः हर उच्च तबके के लोग सत्ता-सम्पदा तथा सुरा-सुन्दरी के पीछे पागल हो गये हैं। इसी धारणा ने पीत पत्रकारिता को विभिन्न शक्लों में फलने-फूलने का मौका दिया है। दूसरी बात यह है कि बाजारवाद के तकाज़े ने भी प्रतिबद्ध पत्रकारिता को सनसनीखेज बनने के लिए अभिप्रेरित किया है। आजकल कुछ ऐसे भी पत्र हैं जो सनसनीखेज खबरों को ही प्राथमिकता देते हैं। ऐसी पत्रकारिता को 'टैबलायड पत्रकारिता' नाम दिया जाता है पामेला प्रकरण को ब्रिटेन में टैबलायड पत्रों ने इतना महत्त्व दिया था कि सलमान रुश्दी और गोर्बाचोव की ब्रिटेन-यात्रा को भी पृष्ठभूमि में फेंक दिया था। भारत में भी मीडिया ने एक मिनी भूचाल लाने की ज़ोरदार कोशिश की। पीत पत्रकारिता के सारे तत्त्व इसमें मौजूद थे। सेक्स के तत्त्व थे ही,

बड़ी-बड़ी हस्तियों का भी इससे लगाव था। कुल मिला कर 'टैबलायड' पत्रकारिता के लिए सब पौष्टिक आहार मौजूद थे। धीरे-धीरे पीत पत्रकारिता और टैबलायड पत्रकारिता के कर्मों को अधिकतम 'सेलिबिलिटी' के लिए प्रतिबद्ध पत्रकारिता ने भी अपना लिया है। इसे हम नवपीत पत्रकारिता की संज्ञा दे सकते हैं। अब पत्रकारिता पूर्व नियोजित तात्पर्यों को हासिल करने के लिए तथ्यों को किसी खास परिप्रेक्ष्य में रखने का काम करने लगी है। वह झूठ को सत्य के कलेवर में प्रस्तुत करने में माहिर हो गयी है। खासकर इस जहनियत के साथ कि दोनों की पहचान गायब हो जाय यानी तय करना मुश्किल हो जाय कि 'साड़ी है कि नारी है, नारी बीच साड़ी है कि साड़ी बीच नारी है।' 'प्रोपेगंडा' की भी मूलभूत थियरी यही है कि कुछ खासतरह के तथ्यों को यानी अनुकूल तथ्यों को इस प्रकार उछालो कि दूसरी तरह के प्रतिकूल तथ्य ब्लैक आउट हो जाएँ। प्रोपेगंडा का दूसरा रूप यह भी है कि प्रचार माध्यमों के द्वारा ऐसा परिवेश और परिस्थिति पैदा की जाए कि लोग झूठ को ही सच समझने लगें। यानी पीत पत्रकारिता, टैबलायड पत्रिकारिता और प्रोपेगंडा ने मिलकर आज की पत्रकारिता को नयी शैली प्रदान की है जिसने राजनीति और व्यवसाय के क्षेत्र में सम्माननीय तकनीक का दर्जा हासिल कर लिया है, और जिसका प्रयोग आज का श्रव्य और दृश्य मीडिया धड़ल्ले से कर रहा है।

आज अंग्रेजी की पत्रिकारिता हो या हिन्दी की, दोनों ने ही व्यावसायिकता का भी अतिक्रमण कर लिया है। अब पत्रकारिता का नया चरण है कमर्शियलिज़्म का, जिसको घटिया जबान में लाइजनिंग कहा जा सकता है। लाइजनिंग का कोई भी अखबार अपवाद नहीं है। आज-पत्रकारिता से व्यापारिक घरानों की सबसे बड़ी अपेक्षा है कि वह लाइजनिंग का हथियार बने। बड़े औद्योगिक प्रतिष्ठान अपने हिन्दी और अंग्रेजी पत्रों के बहाने अपने व्यापारिक हितों की रक्षा और वृद्धि कर रहे हैं। इसलिए अपने सम्पादकों पर दबाव बढ़ा रहे हैं कि वे लाइजनिंग की भी तरकीब सीखें। सम्पादन-कला में सम्पादकों की योग्यता का महत्त्व नहीं रह गया है। अब उसकी योग्यता इस अर्थ में देखी जाती है कि वह अखबार-पतियों के हितों के संरक्षण में कितना सक्षम है। उसी हिसाब से खबरों का सम्पादन वह करता है। इसलिए पत्रकार और सम्पादक हमेशा असुरक्षा की भावना से ग्रस्त रहते हैं। इसमें हिन्दी पत्रकारों को स्थिति ज्यादा दयनीय है। कारण कि उनमें वह मोबिलिटी नहीं आयी है जो अंग्रेजी सम्पादकों में मिलती है। दूसरी बात यह कि अंग्रेजी पत्रकारों-सम्पादकों में जोखिम उठाने की क्षमता अधिक है। वे सम्पन्न घरानों के होते हैं, उनको ऊँचे वेतन मिलते हैं, जीवन-स्तर में फर्क है, पर्याप्त सुख-सुविधाएँ हैं। अपने विशिष्ट वर्गीय चरित्र को कायम रखने के लिए भी वे बहुत उच्चकोटि के समझौते करते हैं, जिन्हें आसानी से नहीं पकड़ा जा सकता क्योंकि उनमें सोफिस्टिकेशन अधिक होता है, बारीकियाँ ज्यादा होती हैं।

वे अपेक्षाकृत अधिक शाइस्तगी के साथ उद्योगपतियों एवं राजसत्ता से समझौता करते हैं। इसके बरअक्स हिन्दी सम्पादक और अखबारपति या संवाददाता बहुत भौंडे ढंग से राजनीतिज्ञों के समक्ष समर्पण करते हैं। सरकार सुगमता से, छोटी-मोटी रियायतों से ही पत्रकार और पत्रपति को झुका लेती है। इसका मूल कारण आर्थिक और वर्गीय चरित्र है, अन्यथा प्रवृत्तियाँ दोनों की 'सेम' हैं दोनों तरह के पत्रकारों एवं पत्रपतियों के अवचेतन में चेम्बरलेन का यह सूत्र मौजूद रहता है कि सरकार द्वारा पहले उन्हें 'स्क्वायर' करने और 'स्क्वायर' न होने वालों को 'स्क्वैश' करने की नीति अपनायी जाती है। आज इस बात को सकारने में संकोच नहीं करना चाहिए कि किसी भी भाषा का पत्रकार गणेशशंकर विद्यार्थी की तरह फटी चप्पलें और प्रेमचन्द के 'फटे जूते' पहन कर मिशनरी भावना से पत्रकारिता करेगा और अपने सामने आनेवाले हर अवरोध तथा लोभ-लाभ को ठोकर मारकर आगे बढ़ता जाएगा। आज के उपभोक्तावादी परिवेश में ही और उसकी आकांक्षाओं की सापेक्षता में ही उनसे अपेक्षाएँ भी की जानी चाहिए। उनको भी न्यूनतम सुविधाएँ तो चाहिए ही। उनका भी घर-परिवार है, घरेलू जिम्मेदारियाँ हैं, वह साधु-संन्यासी तो है नहीं। वह भी बशीर बद्र की तरह मजबूर हैं: 'सच कहने को जी तो करता है क्या करें हौसला नहीं होता'। पेट की भूख नैतिकता की भूख-प्यास से ज्यादा वजनी होती है। 'भूखे भजन न होहिं गोपाला जीवन-यापन की बुनियादी जरूरतों को ही पूरा करने में जिलों एवं कस्बे का पत्रकार हलकान रहता है। इसीलिए आवश्यकता-पूर्ति के लिए छोटे पत्रकार लाइजनिंग का सहारा लेते हैं और इसके विपरीत बड़े पत्रकार अपने हाई-फाई स्टेटस को कायम रखने के लिए लाइजनिंग को सहारा लेते हैं। आये दिन ऐसे पत्रकारों को विदेश-भ्रमण करना पड़ता है, उद्योगपतियों और सरकार के बीच माध्यमक (मिडिएटर) का किरदार निभाना पड़ता है। दरअसल आज सम्पादक की तीन श्रेणियाँ हैं। पहली श्रेणी मालिक-सम्पादक की है। क्षेत्रीय अखबारों में यह चलन पहले से थी, अब यह महानगरों में भी संक्रामक रोग की तरह फैल गयी है। दूसरी श्रेणी के सम्पादक 'डमी' या रीढ़विहीन होते हैं। और ये 'डमी' सम्पादक राजनीतिक अनुशंसाओं के आधार पर नियुक्त और पदच्युत किये जाते हैं। तीसरी श्रेणी के सम्पादक वे होते हैं जिन्हें लाइजनिंग के लिए ही रखा जाता है। ये सम्पादक पत्रकारिता से इतर मालिक के हर छोटे-बड़े काम को अंजाम देते हैं। ऐसे सम्पादकों के पास कोई सामाजिक, सांस्कृतिक तथा राजनीतिक चिन्तन नहीं होता, और न उनको लिखने की तमीज ही होती है। दुर्भाग्य से हिन्दी पत्रकारिता-प्रतिष्ठान ऐसे सम्पादकों के अभयारण्य बन चुके हैं। ऐसी स्थिति में जेनुइन पत्रकारों की स्थिति ख़स्ताहाल हो गयी है क्योंकि वे मानवीय संवेदनों एवं पत्रकारिता की मर्यादा को तिलांजलि तो दे नहीं सकते। ऐसे पत्रकारों में कुछ नयी पीढ़ी के पत्रकार भी हैं, जिनमें कुछ

सही करने का जोश-खरोश होता है। पर उनकी वही दुर्गति होती है, जो 'पीपली लाइव' फिल्म में एक युवा संवेदनशील और ईमानदार पत्रकार की होती है। और नहीं तो बाजार उसे 'स्क्वैश' या 'इंटरमिडेट' कर देता है। इसके लिए एक उदाहरण पर्याप्त होगा, जिसका ज़िक्र वरिष्ठ मीडिया समीक्षक वर्त्तिका नन्दा ने किया है। वे लिखती हैं कि "अंग्रेजी के एक अखबार के पत्रकार ने जब अपने यहाँ छपने वाली किसी स्टोरी विशेष की विश्वसनीयता पर आपत्ति जतायी तो उसका जवाब सम्पादक से नहीं, अखबार के मार्केटिंग हेड से मिला। वैसे वह जवाब कम, सख़्त हिदायत ज्यादा थी। उक्त महोदय ने जुझारू पत्रकार से कहा कि अखबार एक धन्धा है। हम सब यहाँ पर धन्धा करने बैठे हैं, अगरबत्ती जलाने नहीं। इसलिए आप वही लिखिए, वही देखिए जो बिकने लायक हो। अगर आपकी स्टोरी बिकने लायक नहीं होगी तो आप भी अखबार के लायक नहीं होंगे। दूसरी बात, हम भी कई बार आपको स्टोरी बताएँगे, वो स्टोरीज़ आपको करनी होगी।"[39] यह है, आज की तारीख़ में पत्रकारों की विवशता सोचा जा सकता है कि जब पत्रकारों की ज़मीर पर हमेशा मार्केटिंग हेड की तलवार लटक रही हो तो आख़िर बेचारा पत्रकार क्या करेगा! पत्रकारिता तो अब फकीरी है नहीं, अब वह भी 'कैरियर' है, आजीविका का ज़रिया है। उसके सामने भी तो 'पापी पेट का सवाल' है। दूसरी बात यह है कि पूरे समाज की चरित्रहीनता, क्षुद्रता तथा अपसंस्कृति के लिए हम मीडिया को ही उत्तरदायी क्यों मानते हैं, क्या पत्रकारिता से इतर सामाजिक-सांस्कृतिक संस्थाओं की कुछ जिम्मेदारियाँ इस सन्दर्भ में नहीं होतीं उनका कर्त्तव्य ही है कि वे भ्रष्टाचार को ओढ़ें-पहनें और बिछावें? वे अपने खून में निरन्तर घुलते जा रहे दूषण और प्रदूषण का विरेचन करें, यह दायित्व नहीं होता? बाकी तीन खम्भे भ्रष्टाचार में लिप्त रहें और, तीनों से अकेले चौथा खम्भा जूझता रहे, यही नियति है उसकी? उस पर तुर्रा यह कि तीसरा खम्भा भी मानने को राजी हो जाय कि पहला खम्भा ही सर्वोपरि है। और खबरपालिका केवल हलकान होती रहे? इन सारे प्रश्नों के सन्दर्भ में सम्राट अकबर के रिश्ते के भाई और मालवा के मनसबदार मिर्जा अजीज कोका की एक कविता याद आती है जिसका आशय था कि 'मुगल हरमों में हर आदमी चार बीवियाँ रखता था—एक फारस की, जिससे वह अंतरंग सम्बन्ध रखता था, गृह-कार्यों के लिए एक खुरस्तान की; एक हिन्दू बीवी बच्चे पालने के लिए और चौथी ट्रॉन्स-आक्सियाना यानी अमू व सीर नदियों के बीच के मैदान की, जिसको वह समय-समय पर प्रताड़ित कर सके ताकि तीनों बीवियाँ दहशत में रहें। आज भारतीय मीडिया चौथे खम्भे की तरह नहीं, मुगलों की ट्रॉन्स-ऑक्सियाना बीवी की तरह हो गयी है, जिसे प्रताड़ित करके बाकी संस्थाओं को दहशत में रखने की कोशिश हो रही है। ई.टी.वी. के राजनीतिक सम्पादक एन.के. सिंह का कहना सही है कि "समाज विज्ञानी जर्गन हैबरमास की पब्लिक स्फीयर थ्योरी और उनके सिद्धान्त की कुछ हद तक आलोचक, नैंसी फ्रेज़र

से एक चूक हुई है कि दोनों मानकर चलते रहे हैं कि जनता का विवेक और तर्क के प्रति उनकी आस्था एक शाश्वत सत्य है।"[40] सम्भवतः पी. साईंनाथ भी इस बात पर गौर नहीं करते हैं कि भारतीय जनता की सोच निरन्तर कुंठित होती जा रही है। आज मीडिया के आलोचकों के लिए आसान यही प्रतीत होता है कि प्रतिष्ठित संस्थानों की आलोचना के बजाय सारा ठीकरा पत्रकारिता पर ही फोड़ दिया जाय, दूषित होती जा रही भारतीय मानसिकता और वैचारिकता के लिए एक मात्र मीडिया को दोषी ठहरा दिया जाय। भारतीय प्रजातन्त्र में जनता की सोच को दूषित और विकृत बताने का साहस लोगों में नहीं है। मैनकेन जैसे विरले समीक्षक हैं जो यह कहने की हिम्मत करते हैं कि "प्रजातन्त्र एक ऐसे दुर्भाग्यपूर्ण विश्वास का नाम है, जिसमें उन लोगों की, जो व्यक्तिगत रूप से अज्ञानी होते हैं, सामूहिक बुद्धिमत्ता पर पूरी आस्था होती है।"[41] दरअसल, जब किसी संस्था पर हम आक्रमण करते हैं तो दूसरे कारकों को नजरअंदाज कर देते हैं।

एक घटना उदाहरणार्थ प्रस्तुत की जा रही है। पिछले (2009) आम बजट के दौरान सभी चैनलों ने गणमान्य अर्थशास्त्रियों के बीच बजट का विश्लेषण किया। ठीक उसी समय एक न्यूज चैनल ने माइकल जैक्सन का डान्स दिखाना शुरू किया। उस चैनल की टी.आर.पी. आसमान छूने लगी और शेष चैनल धराशायी हो गये। जाहिर है, मीडिया के कंटेंट में जो गिरावट आयी है, उसके लिए आम जनता ज़्यादा जिम्मेदार है। उसके पास वैज्ञानिक सोच का अभाव है, तार्किक समझ की कमी है। गम्भीर चिन्तन के लिए वह कतई तैयार नहीं है। उसे हर चीज तुरन्त चाहिए। इन नकारात्मक प्रवृत्तियों के निराकरण के लिए और संस्थाओं को भी आना चाहिए। आखिर, मीडिया को स्वतन्त्रता चाहिए तो आर्थिक दृष्टि से उसे सक्षम होना जरूरी है। और, आर्थिक आत्मनिर्भरता के लिए टी.आर.पी. होना अनिवार्य है। इसलिए उसे जनता की पसन्द और नापसन्द का ध्यान जरूरी है। ज़रा ग़ौर करें, दूरदर्शन से जो इग्नू के कार्यक्रम 'ज्ञान-दर्शन' शीर्षक से प्रस्तुत होते हैं, उसकी टी.आर.पी. क्या है! इसलिए मीडिया भी 'इन्फोटेनमेंट' को तरजीह देता है। इसके बावजूद मीडिया ने राजनीतिक वर्ग के भ्रष्टाचार, सेना में भ्रष्टाचार या न्यायपालिका में भ्रष्टाचार को लेकर एक महत्तम दायित्व का निर्वाह किया है। इसमें तो किसी को शको-शकूक नहीं होगा। इसलिए मीडिया के कंटेंट में जो कमी आयी है, उसके स्तर में जो गिरावट आयी है, इन सबको समाज में आयी व्यापक गिरावट के सन्दर्भ में देखा जाना चाहिए। यह बात सही है कि जनहित और जन-इच्छा में फ़र्क होता है। जन-इच्छा मीडिया का लक्ष्य नहीं हो सकता। जनहित ही उसका अभीष्ट होना चाहिए। लेकिन जनहित और जन-इच्छा में इतनी फाँक आयी है कि उसको पाटना अकेले मीडिया के बूते की बात नहीं है। इसकी जिम्मेदारी और संस्थाओं को भी सम्भालनी चाहिए। वैसे, इधर देश में

दो संगठन बनाये गये हैं—ब्रॉडकास्ट एडिटर्स एसोसिएशन और न्यूज ब्रॉडकास्ट एसोसिएशन। इनके द्वारा प्रतिमान बनाये जा रहे हैं, जिससे मीडिया को जनहित के प्रति और उपादेय तथा प्रतिबद्ध बनाया जा सके। लेकिन तब तक यह भी जरूरी है कि आम जनता भी पत्रकारिता की लाचारियों एवं बेचारियों को समझने की कोशिश करे और प्रबुद्ध पाठक और दर्शक इस झूठ के पसारे में सच को पहचानने की कोशिश करे। उसके लिए यह बहुत कठिन काम नहीं है। इसका मतलब प्रत्यक्षतः यह है कि वह भी सीधा पत्रकार बन सके तो कोई हर्ज नहीं। इससे उसकी और समाज की भी भलाई है। यह किसने ने कहा है कि हथियार की समझ तभी बढ़ानी चाहिए, जब खुद के पास हथियार हो!

इसी ज़रूरत को ध्यान में रखते हुए नागरिक पत्रकारिता की ओर लोगों का ध्यान केन्द्रित हुआ है। यह पत्रकारिता की प्रक्रिया में नया शिफ्ट है। कल तक अखबार ही खबर लेते थे और खबर देते भी थे तथा लोगों को खबरदार भी करते थे। आज मीडिया का तकाजा है कि दर्शक और पाठक ही हमें खबर दें और हमें खबरदार भी करें। कैसा अजूबा है यह! यह सब खबर-शक्ति का करिश्मा है। दरअसल, जो शक्तिवंचित है, उसमें खबर पाने और देने की ललक बहुत ज्यादा है। सूचना-शक्ति का बोध मध्यवर्ग ने भी हासिल कर लिया है। आम नागरिक में भी पत्रकार बनने की औकात हो गयी है। ज़मीन और ज़मीर से जुड़े होने के कारण उसके पास सही और सख़्त खबरें ज़्यादा हो सकती हैं। इसी प्रत्याशा और प्रत्यय से नागरिक पत्रकारिता का जन्म हुआ है। मीडिया के गर्भ में यह प्रवृत्ति कई बरसों से पल रही थी। दरअसल इसका भ्रूण एसएमएस के माध्यम से दर्शकों की प्रतिक्रिया से निर्मित हुआ। खबर अपना रंग दिखाने लगी। प्रभावित दर्शक एसएमएस करने लगा, अपना वोट देने लगा, व्यापक जनमत को प्रभावित भी करने लगा। लेकिन इसमें भी एक चाल है। एसएमएस के कई स्तर हैं। गम्भीर स्तर चैनलों की चर्चाओं में नजर आते हैं। वहाँ एसएमएस के वोट की व्याख्या चैनलवाला करता है। इस तरह जो एसएमएस का अपना हस्तक्षेप नजर आता है, उस पर चैनल का अनुशासन होता है। वह अपने हिसाब से परिणाम की घोषणा करता है। फिर भी हर समय एसएमएस नकली नहीं होते हैं। इसमें सच्चे भी होते हैं। और, संजीदा मसलों पर वोट मानीखेज भी होते हैं। चैनलों के इस छल के बावजूद नागरिकों को अन्तर्क्रियात्मकता का अवसर प्राप्त हो रहा है, वह श्लाघनीय है।

इसी श्रेणी में 'ब्लॉगिंग' भी जनता की पत्रकारिता है। यह पत्रकारिता का नया संस्करण है। इसमें ब्लागर्स कहीं से भी कभी भी अपनी खबर ले-दे सकते हैं। इसका संचार कई साइटों पर संभव होता है। इसमें हिस्सेदार नागरिक ग्लोबल भी होते हैं और एक-दूसरे से अपरिचित भी हो सकते हैं। प्रिंट में 'पाठकों के पत्र' लिखने वाले नागरिकों का पता होता है। उसकी प्रोफाइल ब्लॉग की दुनिया में आकर बदल जाती

है। वह सूचनादाता नागरिक बन जाता है। प्रिंट मीडिया में उसकी पहचान होती है, पर ब्लॉगिंग में उसकी पहचान गायब हो जाती है। उसे प्रिंट मीडिया की तरह 'लोकेट' करना आसान नहीं होता। इसे कुछ लोग 'सोशल मीडिया' भी कहते हैं। इस साल की सोशल मीडिया की गतिविधियों में बॉलीवुड किंग शाहरुख खान के 'ट्विटर' का आगमन एक यादगार साबित होता है। उन्होंने 3 जनवरी को माइक्रोब्लागिंग साइट 'ट्विटर' पर कदम रखा और एक सप्ताह के भीतर साठ हजार से ज़्यादा फॉलोवर्स एकत्र कर लिया। यह एक नया रिकॉर्ड है। लेकिन यह कमाल शाहरुख खान के व्यक्तित्व का ही नहीं है, उनके ट्वीट्स का भी है। उन्होंने अपने ट्वीट्स में अपनी फिल्मों का प्रचार नहीं किया। अपनी व्यक्तिगत, रुचियों, भूलों एवं चूकों का वर्णन किया तथा विभिन्न मसलों पर अपनी नाराजगी का इज़हार किया। यही कारण है कि उन्होंने ट्विटर उपभोक्ताओं के जेहन में तेजी से जगह बनायी। इन नागरिक पत्रकारिता और सामाजिक पत्रकारिता ने इतिहास में नयी समस्याएँ पैदा की हैं। डॉ. सुधीश पचौरी ने शिद्दत से इसका संकेत किया है : "नागरिक पत्रकारिता के युग में परम्परागत पत्रकारिता के लिए अनिवार्य दक्षता फालतू नज़र आती है। कोई भी पत्रकार बन जाए सहज संम्भाव्य है। परम्परागत 'एकांउटेबिलिटि' का तत्त्व नहीं रहता। ब्लॉगर की दुनिया में उपलब्ध सूचना-सामग्री परोसी-सी होती है। उसकी इकोनॉमी स्पष्ट नहीं होती। तकनीक निर्भर यह पत्रकारिता बहुत संसाधन नहीं चाहती। कोई भी वेब बनाकर अपना खेल शुरू कर सकता है।"[42] यही बात सोशल पत्रकारिता पर भी लागू होती है। इसी के साथ वीडियो शेयरिंग पत्रकारिता की बात भी कर लेनी चाहिए। चैनल नागरिकों के 'वीडियो शेयर' यानी वीडियो हिस्सेदारी करने लगे हैं। यह वीडियो वेब साइट्स पर ज्यादा आने लगा है। अब तक सोशल नेटवर्किंग साइट्स नज़र आते थे, जिनमें लोग अपने-अपने हित-समूहों में सक्रिय रहते थे। अब शेयरिंग की बात आ गयी है। उनके देशज वीडियो अपने-अपने 'यू ट्यूब' और 'ऑरकुट' पर सम्भव होते हैं। पिछले सालों 'यू ट्यूब' ने गाँधी को नये अन्दाज में दिखाकर वीडियो शेयरिंग की कला सामने ला दी है। ऐसी कई ऑनलाइन वीडियो साइटें हैं, जिन पर शेयरिंग चलती हैं। जैसे, आपका वीडियो डॉटकॉम, अपना ट्यूब डॉट कॉम इत्यादि। इनमें नागरिक पत्रकारिता का अलग स्तर दिखायी देता है। यह अपने अनुभवों को बाँटने का नायाब और आसान तरीका है। इसकी सार्थकता का इज़हार करते हुए सुधीश पचौरी लिखते हैं कि "यों तो कहा जाता रहा है कि टी.वी. अपनी 'डंबिंग डाउन' करने की आदत से हरेक को खामोश कर डालता है, गुलाम बना डालता है, लेकिन नई तकनीक ने इस गुलामी से मुक्ति का रास्ता भी दिखा दिया है कि आप चाहें तो कुछ संसाधनों के जरिए स्वयं अपने अनुभवों को बाँट सकते हैं, आप बिग मीडिया पर निर्भर नहीं हैं।"[43]

आज बड़े-बड़े पत्रकार प्रिंट पत्रकारिता का मर्सिया पढ़ने लगे हैं। उनका कहना

है कि प्रिंट पत्रकारिता की आत्मा मर गयी, उसका शव बाकी है जो सनसनीखेज सूचनाओं और सतही खबरों के लेप में सुरक्षित है। उनका तर्क है कि पहले राज्य की निरंकुशता थी अब बाजार की है। यानी पहले भी आजादी नहीं थी, आज भी आजादी नहीं है। लेकिन उनसे पूछना चाहिए कि स्वतन्त्रतापूर्व भी राज्य का दमन था, पर पत्रकारिता पूरे दम-खम के साथ जिन्दा थी, आज बाजार का दमन नहीं है, प्रलोभन है—तब क्यों मर गयी है? इसके लिए तथाकथित ईमानदार और जिम्मेदार पत्रकार उत्तदायी नहीं हैं? अच्छा वेतन पाते हैं, विदेश भ्रमण करते हैं, ऐशो-आराम की सुख-सुविधाएँ पाते हैं फिर पत्रकारिता का मर्सिया क्यों पढ़ते हैं। दरअसल ये मर्सिया नहीं, मर्सिया की पैरोडी पढ़ते हैं। उनकी समस्या एक ही वक़्त माल-मलाई बनाने की और समाज में रेनेसाँ वाला नक़ाब पहनने की है? रेनेसाँ उनका क्षणिक और दिखावटी आदर्श है। उन्हें आत्म चिंतन और आत्म मंथन के लिए अवकाश नहीं है। वे तो घड़ियाली आँसू बहाते हैं। उन्हें मालूम है कि पत्रकारिता अब जनतन्त्र का चौथा पाया भर नहीं है। वह एक उद्यम है, वह मिशनरी क्रिया ही नहीं है, आर्थिक क्रिया भी है। इसलिए दोनों में वे संतुलन और सामंजस्य कायम करने की प्रचेष्टा नहीं करते क्योंकि यह ज़रा मुश्किल साधना है। उन्हें तो साधनों की साधना भर करनी है और एकेडमिक साधक दिखायी देना है। इसलिए पत्रकारिता के अन्त का रोना रोते हैं। मुक्तिबोध के मुहावरे में उनके करतूतों का बयान किया जा सकता है—

"अब तक क्या किया,
जीवन क्या जिया,...
अपने ही कीचड़ में धँस गये!!
विवेक बघार डाला स्वार्थों के तेल में
आदर्श खा गये।...
ज्यादा लिया और दिया बहुत-बहुत कम
मर गया देश, अरे, जीवित रह गये तुम!!"

इसी तरह प्रिंट मीडिया के अन्त का भी रोना रोया जाता है। ऐसे रुदालियों की आज कमी नहीं है। प्रिंट मीडिया का दिनोंदिन प्रसार बढ़ता जा रहा है। जिनके यहाँ टी.वी. है, इंटरनेट की सुविधा है, उनके यहाँ भी हर अह्ले सुबह अखबारों का इन्तजार होता है। फिर भी यह रोना कहाँ तक उचित है? दरअसल, इलेक्ट्रॉनिक मीडिया एवं इंटरनेट मीडिया के बहुवचनात्मक स्वरूप के बाद उसकी कुछ सीमाएँ हैं। पहला तो वह 'प्रजेंटिज्म' का शिकार होता है, उसे हर चीज फौरी चाहिए। इसलिए उसे सिर्फ सूचनाओं की दरकार होती है। वह घटनाओं के कारणों एवं उपलक्ष्यों की तफ़सील में नहीं जाता। दूसरी चीज कि उसकी नज़र दर्शकों की रुचि और दिलचस्पी पर केंन्द्रित होती है कारण कि उसे हर हाल में टी.आर.पी. चाहिए। इसलिए दर्शकों

की भोली-भाली रुचियों के कारण सूचनाओं के गिने-चुने बिम्ब ही उठाता है, जो खासकर सनसनीखेज हों। वह सूचनाओं के विस्तार में नहीं जाता और जटिलता में प्रवेश की जरूरत नहीं समझता। उसे तो न्यूज के प्रति आकर्षित करने के लिए खूबसूरत एवं मोहक अन्दाज वाली सुरलहरी एवं सर्वांगसुंदर वाचिकाओं की जरूरत होती है। टी.आर.पी. बढ़ाने के लिए उन्हें सिनेतारिकाओं को वाचिका बनाने की हसरत होती है। इसलिए उन्हें खबरों का द्वन्द्व नहीं, उनके आकर्षक दृश्य की आवश्यकता होती है, जिनका इतिहास और समकालीनता से कोई सरोकार नहीं होता। अगर प्रिंट पत्रकारिता इन सीमाओं का लाभ उठाते हुए घटनाओं को पूरे सन्दर्भ यानी क्या, कब, क्यों, कहाँ और कैसे की व्याख्या ईमानदारी से करे और पत्रों में फिल्म, खेल के साथ-साथ साहित्य, इतिहास, संस्कृति आदि सन्दर्भों को 'स्पेस' देती रहे तो प्रिंट मीडिया की मौत का कोई सवाल ही नहीं पैदा होगा। आज जिस तरह पेप्सी, कोका कोला, डियू आदि अनेकानेक कोल्ड ड्रिंक्स के बावजूद पानी की आवश्यकता बनी हुई है, उसी तरह विभिन्न श्रव्य एवं दृश्य माध्यमों के बावजूद प्रिंट मीडिया की जरूरत सदा-सर्वदा बनी रहेगी। दरअसल यही 'कुछ बात' है जो इलेक्ट्रॉनिक मीडिया के युग में उसकी 'हस्ती' को नहीं मिटने देगी। अगर उसका सही 'मरहम' इस ज़माने में मिल जाय, तो उसको नया जीवन भी मिल सकता है और उसकी सारी अन्तर्वेदना का शमन भी हो सकता है:

"कुछ बात है कि हस्ती मिटती नहीं हमारी,
सदियों रहा है दुश्मन दौरे ज़माँ हमारा
इक़बाल कोई महरम अपना नहीं जहाँ में
मालूम क्या किसी को दर्दे नहाँ हमारा।"

सन्दर्भ एवं टिप्पणी

1. भूमण्डलीकरण, बाजार और मीडिया, सं. जयनारायण बुधबार, प्रमिला बुधबार, लेख: 'कैसा मीडिया, किसका मीडिया', सुरेश पंडित, पृ. 162
2. पत्रकारिता: मिशन से मीडिया तक, अखिलेश मिश्र, पृ. 98
3. समाकालीन पत्रकारिता मूल्यांकन और मुद्दे, सं. राजकिशोर 'उत्कर्ष और विघटन के आयाम', धर्मवीर भारती, पृ. 4
4. समकालीन पत्रकारिता, मूल्यांकन और मुद्दे, सं. राजकिशोर 'सामाजिक प्रतिबद्धता का सवाल', शम्भूनाथ, पृ. 124
5. पत्रकारिता: मिशन से मीडिया तक, अखिलेश मिश्र, पृ. 112
6. समकालीन पत्रकारिता मूल्यांकन और मुद्दे, सं. राजकिशोर, 'व्यावसायिकता के विरुद्ध', गणेश मन्त्री, पृ. 44
7. भूमण्डलीकरण, बाजार और मीडिया : सं. जयनारायण बुधवार, प्रमिला बुधवार, लेख: 'कैसा

मीडिया, किसका मीडिया', प्रकाश पंडित, पृ. 164

8. वही
9. आलेख—'बात केवल करार दिए जाने की है' ओमथानवी के 'बॉक्स' में उद्धृत, जनसत्ता, 20 जून, 2010
10. क्षेत्रीय पत्रकारिता के ग्लोबल फलक, सं. फैसल अनुराग, 'लेख-आत्ममुग्ध हैं मीडिया से जुड़े लोग', हरिवंश, पृ. 246
11. वही
12. क्षेत्रीय पत्रकारिता के ग्लोबल फलक, सं. फैसल अनुराग, 'पत्रकारिता-कल, आज और कल', एच.वाई. शारदाप्रसाद, पृ. 247
13. जनसत्ता, मुख पृष्ठ, 20 जुलाई, 2010
14. वही
15. वही
16. नया मीडिया, नये मुद्दे, सुधीश पचौरी, पृ. 40
17. भूमण्डलीकरण, बाजार और मीडिया, सं. जयनारायण बुधवार, प्रमिला बुधवार, लेख: 'स्थानीयता का भ्रम', राहुल देव, पृ. 101
18. पत्रकारिता: मिशन से मीडिया तक, अखिलेश मिश्र, पृ. 158-159
19. हिन्दी पत्रकारिता: इतिहास और प्रश्न, कृष्ण बिहारी मिश्र, पृ. 131
20. भूमण्डलीकरण, बाजार और मीडिया, सं. जयनारायण बुधवार, प्रमिला बुधवार, लेख: 'किस वर्ग का हित साधता है मीडिया', पो. साईंनाथ, पृ. 24
21. भूमण्डलीकरण, बाजार और मीडिया, सं. जयनारायण बुधवार, प्रमिला बुधवार, लेख: 'संचार में जनता' पंकज विष्ट, पृ. 15
22. 'इन खेलों की कीमतें किसने चुकाईं', विष्णु नागर, जनसत्ता, 3 नवम्बर, 2010
23. भूमण्डलीकरण, बाजार और मीडिया, सं. जयनारायण बुधवार, प्रमिला बुधवार, लेख: 'मीडिया: कहाँ है आम आदमी', हरिराम मीणा, पृ. 31
24. भूमण्डलीकरण, बाजार और मीडिया, सं. जयनारायण बुधवार, प्रमिला बुधवार, लेख: मीडिया और सामाजिक न्याय', जयप्रकाश कर्दम, पृ. 62
25. पत्रकारिता: मिशन से मीडिया तक, अखिलेश मिश्र, पृ. 94
26. 'लोकतन्त्र की नयी दीमकें' कनक तिवारी, जनसत्ता, 14 जुलाई 2010.
27. भूमण्डलीकरण, बाजार और मीडिया, सं. बुधवार द्वय, लेख: 'कैसा मीडिया, किसका मीडिया,' सुरेश पंडित, पृ. 102
28. नया मीडिया नये मुद्दे, सुधीश पचौरी, पृ. 196-197
29. नया मीडिया और नये मुद्दे, सुधीश पचौरी, पृ. 139
30. भूमण्डलीकरण, बाजार और मीडिया, सं. जयनारायण बुधवार, प्रमिला बुधवार लेख: 'कैसा मीडिया, किसका मीडिया', सुरेश पंडित, पृ. 181
31. वही।
32. भूमण्डलीकरण, बाजार और मीडिया, सं. जयनारायण बुधवार, प्रमिला बुधवार, लेख: 'कैसा मीडिया, किसका मीडिया', सुरेश पंडित, पृ. 182
33. क्षेत्रीय पत्रकारिता के ग्लोबल फलक, सं. फैसल अनुराग, लेख: 'पत्रकारिता की चुनौतियां', राजदीप सरदेसाई, पृ. 276

34. 'खबरें खोते अखबार', मृणाल पांडे, जनसत्ता, 18 अप्रैल 2010
35. आओ 'संपादक संपादक खेलें', मृणाल पाण्डे, जनसत्ता, 21 मार्च 2010
36. कथादेश, मई-जून 1998, पृ. 43
37. 'मीडिया और जाति' सुधीश पचौरी, राष्ट्रीय सहारा
38. 'पत्रकारिता को बचाने के लिए लड़ना पड़ेगा', प्रभाष जोशी, जनसत्ता, 08 अगस्त 2009
39. 'मीडिया का चरित्र और उसकी मनबूरियाँ' वर्तिका नन्दा, दैनिक भास्कर, 3 फरवरी 2010
40. 'तो फिर मीडिया क्यों दोषी', एन.के. सिंह, दैनिक भास्कर, 20 जनवरी 2010.
41. वहीं
42. नया मीडिया, नये मुद्दे—सुधीश पचौरी, पृ. 200
43. नया मीडिया, नये मुद्दे—सुधीश पचौरी, पृ. 201

पत्रकारिता की सामाजिकता

सत्ता-समीकरणों से समाज की सृष्टि सम्भव होती है। सत्ता व्यक्तियों एवं समुदायों की आपसी अन्तर्क्रियाओं को प्रभावित करती है। वह अपने हितों की रक्षा के लिए सामाजिक एवं सांस्कृतिक मूल्यों एवं आदर्शों का सृजन एवं पोषण करती है। इस उपक्रम में वह सामाजिक एवं सांस्कृतिक संस्थानों का आयोजन करती है, अपने आयुष्य तथा भविष्य के लिए संस्कृति और सभ्यता को भी परिभाषित करती है। गरज कि वह सम्पूर्ण 'पब्लिक स्फीयर' को अपने ढंग से अनुकूलित करती है। इसके लिए दमन और उत्पीड़न को भी औजार के रूप में इस्तेमाल करती है। साम, दाम, और दण्ड यही सत्ता के त्रिशूल हैं जिसके शिखर पर सत्ता का स्वर्ग प्रतिष्ठित होता है। लेकिन इसके साथ ही यह भी हकीकत है कि सत्ता के उद्भव और विकास के समान्तर ही एक प्रतिसत्ता का भी आविर्भाव हो जाता है। प्रतिसत्ता शासक के वर्चस्व और प्रभुत्व के बरअक्स खड़ी होती है और शासित का पक्षधर होती है। यह सत्ता द्वारा स्थापित मूल्यों एवं परम्पराओं का विरोध करती है और उनके उन्मूलन के लिए संघर्ष करती है। मैनुअल कैसेल्स ने इस प्रतिसत्ता को परिभाषित करते हुए लिखा है कि "आइ डिफाइन काउन्टर पावर ऐज द कैपसिटि बाइ सोशल ऐक्टर्स टु रेसिस्ट, चैलेंज एण्ड इवेंन्चुअलि चेंज द पावर रिलेशनशिप्स इंस्टिट्यूशनलाइज़्ड इन सोसाइटि, दैट इज दोज रिलेशनशिप्स दैट आर अल्टिमेट्लि सपोर्टेड बाइ द स्टेट एंड इट्स पॉलिटिकल, लिगल, मिलिटरी एन्ड कल्चरल अपरेटसिज़।"[1] इस सत्ता-प्रतिसत्ता के संघर्ष में सूचना संचार माध्यमों की अहम भूमिका होती है। इसके साक्ष्य विश्व-इतिहास में ही नहीं, आधुनिक भारत के इतिहास में भी पर्याप्त रूप में मिलते हैं। विश्व में पत्रकारिता का जन्म सत्ता की कोख से हुआ था और सत्ता के पालन-पोषण के लिए हुआ था। मगर भारत में तो पत्रकारिता का जन्म सत्ता की कोख से प्रतिसत्ता के अंकुरण एवं पल्लवन के लिए हुआ था। इस वैचित्र्य-बोध के लिए पत्रकारिता के कुछेक ऐतिहासिक सन्दर्भों की तफ्सील जरूरी है।

ईस्ट इंडिया कम्पनी की सत्ता-स्थापना के बाद सन् 1780 में भारतीय पत्रकारिता का उद्भव सम्भव हुआ था। वह भी एक ब्रिटिश विभीषण के सौजन्य से जिसका नाम था जेम्स आगस्टस हिक्की। भारतीय पत्रकारिता के इतिहास में यह नाम आदि पुरुष या आदि पत्रकार के रूप में स्वर्णाक्षरों में दर्ज़ है। उनका पत्र 'बंगाल गजट'

या 'हिक्की गजट' आकार की दृष्टि से छोटा था, महज दो पृष्ठों का। मगर प्रकार की दृष्टि से अत्यन्त महान था, भारतीय पत्रकारिता के वंशवृक्ष का बीज तत्त्व था। क्षेपक के तौर पर यह जिक्र गैरजरूरी नहीं होगा कि 'गजेट' इटालियन शब्द है और यह वहाँ के एक छोटे सिक्के का नाम था। उस समय के सरकारी पत्रों की कीमत मात्र एक गजेट हुआ करती थी। इसलिए कालान्तर में यह शब्द पत्रों का भी पर्याय हो गया। आज भी सरकारी विज्ञप्तियाँ 'गजेट' नाम से प्रकाशित होती है। आज का प्रचलित 'गजट' शब्द उसी अर्थ का जीवाश्म है। गरज कि वह पत्र प्रतिसत्ता की भी उपज था। इसका मूलभूत प्रयोजन ही उस समय के गवर्नर वारेन हेस्टिंग्स की आलोचना था। उनकी कथनी और करनी की विसंगतियों का उद्‌घाटन था। नतीजतन, इस पत्र-प्रवर्त्तक को गवर्नर का कोपभाजन बनना पड़ा। उस पर दमनात्मक कार्रवाइयाँ आरम्भ हुईं। जेल और विस्थापन की सजाएँ भुगतनी पड़ीं। लेकिन वह सत्याग्रही अडिग रहा और हर हाल में अपने मज़मून पर कायम रहा। अपने जेल-जीवन पर उसके उज्ज्वल उद्‌गार आज भी पत्रकारिता के क्षितिज पर देदीप्यमान हैं और आलोकधर्मी रास्ते से भटके पत्रकारों के लिए ध्रुवतारे की तरह दिग्दर्शन कर रहे हैं :

'मुझे अपने शरीर को बन्धन में बाँधने में सुख मिल रहा है। क्योंकि उसके द्वारा मैं अपनी आत्मा और मन की स्वतन्त्रता प्राप्त करने की आशा करता हूँ। मेरे इस साप्ताहिक पत्र के स्तम्भ यद्यपि समस्त राजनीतिक और व्यावसायिक एवं मत-मतान्तरों के लिए खुले रहेंगे तथापि वे किसी के भी प्रभाव और दबाव से मुक्त रहेंगे।' जब आज के पत्रकारों ने अपने मन और आत्मा को बन्धक रखकर अपने शरीर को उन्मुक्त कर दिया है तो यह बात मिथक प्रतीत होती है। एक सीमा तक यह बात सही है कि आज की भूमण्डलीकृत संस्कृति ने हमारे प्रतिवेश एवं परिवेश को इस कदर अवमूल्यित कर दिया है कि अब मूल्यधर्मी पत्रकारिता के लिए अवकाश ही नहीं रह गया है। लेकिन उस समय भी मस्जिद में बैठकर शराब पीना आसान नहीं था। उन दिनों हिक्की के अलावे भी पत्रकार थे जो विद्रोही पत्रकारिता के लिए अपने प्राणों की आहुति दे रहे थे। गरज कि प्रतिसत्ता को विकसित करने वाले तथा 'हिक्की गजट' के नक़्शेकदम पर चलने वाले और भी पत्र इस युग में थे। जैसे—इण्डिया हेरल्ड, बाम्बे कैरियर, बाम्बे गजट, मॉर्निंग पोस्ट, कलकत्ता कैरियर, टेलिग्राफ इत्यादि। इन पत्रों की एक उपलब्धि यह भी थी कि इन्होंने भारतीय मानस में खबरों की भूख जागरित कर दी थी। 1799 यानी अट्ठारहवीं शती के अन्त तक भारत के महानगरों से कई-कई साप्ताहिक और मासिक पत्र निकलने लगे थे और ये पत्र भारतीयों के लिए देश-दुनिया तथा ज्ञान-विज्ञान के झरोखे साबित हुए। अभी तक जितने भी पत्र निकलते थे, वे सभी किसी-न-किसी अंग्रेज के सम्पादन में ही निकलते थे। अंग्रेजों ने ही अपने त्याग और बलिदान की आधारशिला पर भारतीय

पत्रकारिता की नींव रखी। वे ही सही मायने में हमारी पत्रकारिता के आर्किटेक्ट और आइकॅन हैं। जिन पत्रकारों में किंचित भी अपने पेशे के प्रति नैतिकता शेष है और मिशनरी भावना के जीवाश्म हैं, वे आदरपूर्वक उनके प्रति आभार व्यक्त करने से नहीं चूकते और मिशन तथा प्राफेशन के बीच सामंजस्य स्थापन की चेष्टा करते रहते हैं। इस काल में सत्ता के समर्थक तथा प्रवर्त्तक पत्रों की भी कमी नहीं थी। ऐसे पत्रों में 'मद्रास कैरियर' और 'मद्रास गजेट' मुख्य थे। ये पत्र सरकार के कृपापात्र थे और सुविधा सम्पन्न भी। फिर भी विश्वसनीयता के अभाव में रक्ताल्पता के शिकार हो गये। ये पत्र सत्ता का च्यवनप्राश खाने के बावजूद काल-कवलित हो गये थे। ये दृष्टान्त इस सच्चाई को पुष्ट करते हैं कि पत्रकारिता का पथ्य त्याग और तपस्या है, सुख-सुविधा नहीं। सुविधाओं से पत्र निर्जीव हो जाते हैं, निष्प्राण हो जाते हैं। जैसे, आज-कल की पत्र-पत्रिकाएँ! ऊपर से ताजमहल और अन्दर से कब्रिस्तान। आजकल तो कुछेक लघु पत्र-पत्रिकाएँ ही हैं जो पत्रकारिता की मृगमरीचिका में नखलिस्तान इज़र आती हैं। कारण कि इन्होंने अपने आँचल की ओट में मूल्यधर्मी चिराग को बुझने से बचाये रखा है। इनकी चर्चा यथास्थान होगी।

पत्रकारिता की जीवन-यात्रा का दूसरा महत्त्वपूर्ण मुकाम है: 1857 का प्रथम स्वातन्त्र्य आन्दोलन जिसे अंग्रेजों ने सिपाही विद्रोह के नाम से प्रचारित किया था। इस आन्दोलन में और इसके पश्चप्रभावों में हिन्दी पत्रकारिता की भूमिका ऐतिहासिक महत्त्व रखती है। इस आन्दोलन में प्रतिसत्ता का वास्तविक चेहरा साफ नज़र आता है। इस समय के जितने भी अंग्रेजी पत्र थे और अंग्रेज सम्पादक थे, वे इस आन्दोलन के विपक्ष में खड़े थे। उन्होंने इस आन्दोलन को दबाने का भरसक प्रयास किया और दमन एवं उत्पीड़न का विमर्श भी रचा। मगर इसके विपरीत भारतीय पत्रों एवं सम्पादकों ने अंग्रेजों की क्रूरता और नृशंसता का उग्र विरोध किया तथा भारतीय सैनिकों की संघर्षशील चेतना को प्रोत्साहित किया। इन्होंने इस आन्दोलन में किसानों एवं जमींदारों की भागीदारी को रेखांकित किया तथा तद्‌युगीन जनचेतना के प्रति अपनी पक्षधरता को व्यक्त किया। इस समय अंग्रेजी एवं देसी पत्रकारिता का अन्तर्विरोध तीव्रतापूर्वक धरातल पर आ गया। भारतीय पत्रकारिता का परस्पर विरोधी रुख सबके सामने आ गया। उस समय लार्ड केनिंग गवर्नर-जनरल थे। "देश में समस्त गोरे पत्रों ने उनकी कड़ी निन्दा की तथा विद्रोह को न दबा सकने की सारी जिम्मेदारी उनके सिर मढ़ दी। वे सक्षोभ-प्रतिशोध की माँग करते रहे। दूसरी तरफ भारतीय पत्र खुल्लमखुल्ला भारतीय जनवर्ग के अन्ध तथा निष्ठुर निर्दलन का विरोध करने लगे। इस समय भारतीय और गोरे पत्रों का जो विरोध स्पष्ट हुआ वह आज तक बना हुआ है।"[2]

इस सन्दर्भ में हैरतअंगेज बात यह है कि जिन अंग्रेजों ने अपने यहाँ अभिव्यक्ति-स्वातन्त्र्य के लिए दिलोजान से ऐतिहासिक संघर्ष किया था और विजय

भी हासिल की थी जिसकी अन्विति आज भी वहाँ कायम है, उन्होंने ही भारतीय पत्रकारिता को मूकदर्शक बनने के लिए हर सम्भव दमनात्मक कार्रवाई की। कारण कि 1857 के आन्दोलन के दमन और स्थगन के बाद भारत की सत्ता अंग्रेजों के हाथों में आ गयी थी। लार्ड केनिंग ने प्रतिरोध तथा जनोत्तेजना को दबाने के लिए नये कानूनों का निर्माण किया जो प्रेस को नियंत्रित करने के औजार साबित हुए। ये सभी कानून आदम द्वारा आरोपित कानूनों के ही नये संस्करण थे। 1857 के आन्दोलन ने बिटिश सत्ता को झकझोर दिया था। उस समय के जनजागरण ने उनकी चेतना में भय-भीति (फोबिया) को विकसित कर दिया था। इसलिए पत्रकारिता पर कमोबेश हमेशा दमन जारी रखा। वे जन-जागरण के बनते परिवेश से आतंकित थे, इसलिए उन्होंने आवश्यक शिक्षा-योजना को कभी भी भारत में तरजीह नहीं दी। भारतीयों में ज्ञान-विज्ञान की पैठ से वे बराबर ख़तरा महसूस करते थे। स्कूल-कॉलेजों की स्थापना का उद्‌देश्य तो मात्र सस्ते क्लर्क वर्ग का उत्पादन था और एक एलीट वर्ग का अभ्युदय था जो उनकी भाषा और संस्कृति का सम्वाहक बन सके। उनको इस बात का शदीद अहसास था कि सांस्कृतिक गुलामी राजनीतिक एवं आर्थिक गुलामी से ज्यादा दीर्घायु होती है। यही कारण है कि उनके जितने भी उपनिवेश थे, राजनीतिक दृष्टि से स्वतन्त्र होने के बावजूद आज भी भाषा और संस्कृति के स्तर पर स्वाधीन नहीं हो पाये हैं और अपनी अस्मिता को पुनर्स्थापित करने में सफल नहीं हो सके हैं। अंग्रेजी और अंग्रेजियत का दबदबा वहाँ अभी भी कायम है। हमारे देश में स्वाधीनता आन्दोलन और नवजागरण सहधर्मी रहे हैं और एक दूसरे के सम्पूरक रहे हैं। इसके बावजूद भारत सांस्कृतिक पराधीनता से कभी मुक्त नहीं हो सका। आज भूमण्डलीकरण के युग में अपनी स्थानीयता को सुरक्षित रखना तो दुराशा होगी।

स्वातन्त्र्य-संघर्ष में हिन्दी पत्रकारिता ने जिस भूमिका का निर्वाह किया, वह विश्व-इतिहास में बेमिसाल है। इतिहास में उसका कोई सानी नहीं है। इस संघर्ष में शरीक पत्रों की सेना कोई छोटी-मोटी नहीं थी और न ही वह क्षेत्रीयता और प्रान्तीयता के आधार पर विभक्त थी। सभी एकजुट होकर स्वाधीनता आन्दोलन में हस्तक्षेप कर रही थी। साथ ही राष्ट्रोत्थान के लिए सामाजिक एवं सांस्कृतिक क्षेत्र में भी अपनी दखलन्दाजी दर्ज कर रही थी। इन पत्रों के सम्पादक साहित्यकार थे तो संस्कृतिकर्मी भी, राजनीतिज्ञ थे तो नवजागरण के अग्रदूत भी। इनमें वैचारिक मतभेदों की कमी नहीं थी। मगर राष्ट्रीय स्तर के जो कॉमन मुद्‌दे थे उनके प्रति उन लोगों में आम सहमति थी। उनके लिए स्वाधीनता सर्वोपरि थी और उसको हासिल करने के लिए वे सभी सर्वभावेन दृढ़ प्रतिज्ञ थे। दूसरे स्तर पर सांस्कृतिक-सामाजिक विसंगतियाँ थीं। परम्परा के प्रति इन लोगें का दृष्टिकोण प्रगतिशील था तो प्रगतिविरोधी भी। लेकिन अधिकांश लोगों की चेतना सूरजमुखी

थी। ऐसे पत्रकारों में राजाराम मोहन राय, मालवीय जी, महात्मा गाँधी, गणेशशंकर विद्यार्थी, माखनलाल चतुर्वेदी, बाबूराव विष्णु पराड़कर आदि के नाम आज भी जाग्रत और ज्वलन्त हैं। उस समय के पत्रों के नामों से भी उन पत्रों के व्यक्तित्व एवं कर्तृत्व का पता चलता है। कहने की जरूरत नहीं कि उदंत मार्त्तण्ड, सामदन्त मार्त्तण्ड, अभ्युदय, यंग इंडिया, हिन्दी केसरी, प्रताप, कर्मवीर, भविष्य स्वदेश इत्यादि पत्र नाम से ही अपने काम की सूचना देते हैं। यानी अपनी उग्रता, ओजस्विता, तेजस्विता एवं मनस्विता का ज्ञापन करते हैं। दरअसल, "समाज की सजीवता और स्पंदन से पत्र भी सजीव और स्पंदित हो उठते हैं। पर जहाँ समाज की प्रतिक्रिया से पत्र प्रभावित होते हैं, वहीं पत्र अपनी क्रिया में समाज को सजीव करने की चेष्टा करते हैं। ये दोनों परस्पर अन्योन्य भाव से सम्बद्ध हैं, एक दूसरे पर निर्भर हैं और 'परस्पर भावयंतः' की प्रणाली से ही जीवन-यापन करते हैं।[3] सबसे बड़ी बात यह है कि इस युग के साहित्यकार भी पत्रकारिता में ही अपनी रचनात्मक ऊर्जा की सार्थकता मानते थे। अन्य उदाहरणों को छोड़ दें तो भारतेन्दु, महावीर प्रसाद द्विवेदी एवं प्रेमचन्द जैसे युगप्रवर्त्तक साहित्यकारों में भी पत्रकार बनने की गहरी ललक मिलती है और उन्होंने इस कला के लिए अपना सर्वस्व अर्पित भी किया है। प्रेमचन्द के पत्रकार बनने की बेचैनी की चर्चा करते हुए विश्वनाथ प्रसाद तिवारी लिखते हैं कि "लिखने और छपने की तड़प तो प्रायः हर लेखक में होती है पर अखबारनवीस बनने और अखबार या पत्रिका निकालने की तड़प जितनी प्रेमचन्द में है उतनी शायद ही किसी दूसरे लेखक में हो।"[4] इस समय के पत्रकार सरकारी पत्रकारिता नहीं करना चाहते थे। वे अपनी रोजी-रोटी और जर-जायदाद सबको दाँव पर लगाकर पत्र निकालना चाहते थे। कारण कि वे अपनी आजादी को किसी भी कीमत पर गिरवी नहीं रखना चाहते थे। भारतेन्दु और प्रेमचन्द बहुत बड़े साहित्यकार थे लेकिन साहित्य से ज्यादा जरूरी वे पत्रकारिता को मानते थे। कारण कि वे पत्रकारिता की शक्ति और सामर्थ्य को जानते थे। एक प्रस्ताव के जवाब में प्रेमचन्द लिखते हैं : "अब मैं सरकारी अखबारनवीस क्या बनूँगा अगर अखबारनवीस बनना तकदीर में है तो गैर-सरकारी, आजाद अखबारनवीस बनूँगा..... एक अच्छे अखबार की एडिटरी और कुछ और पब्लिक काम यही मेराजे-जिन्दगी (जीवन-शिखर) है। अखबार मजदूरों-किसानों का हामी और मुआविन (सहयोगी) होगा।"[5] केवल प्रेमचन्द ही नहीं, इस समय के जितने भी पत्रकार थे, वे सभी आजाद पत्रकारिता खास कर बाग़ी (Insurgent) पत्रकारिता के प्रति समर्पित थे। उस समय के पत्रकारों के जुनून का ज़िक्र करते हुए प्रेमचन्द लिखते हैं कि "भारत के पत्रकारों की आज जो दशा है, वह किसी से छिपी नहीं है। इससे कहीं ज्यादा मेहनत सिर्फ गुजारा लेकर शायद ही कोई करता हो। बहुतों को तो गुजारा भी नहीं मिलता। जायदाद है तो उसे बेचते हैं, नहीं ट्यूशन करके पेट पालते हैं और पत्र निकालते हैं... वह तो जिन्दा दरगोर

हैं।"[6] इस समय के अधिकांश साहित्यकारों के लिए यह साहित्य-विधाओं से ज्यादा सशक्त एवं समर्थ अभिव्यक्ति की विधा थी। और सबकी लेखनी का एक ही लक्ष्य था स्वातन्त्र्य-संघर्ष में सीधा सहयोग। प्रेमचन्द ने 'हंस' निकाला तो उसका मुख्य मुकसद थाः "कहते हैं, जब श्री रामचन्द्र ही समुद्र पर पुल बाँध रहे थे, उस समय छोटे-छोटे पशु-पक्षियों ने मिट्टी ला-लाकर समुद्र पाटने में मदद की थी। इस समय देश में उससे कहीं विकट संग्राम छिड़ा हुआ है। भारत ने शान्तिमय समर की भेरी बजा दी है। 'हंस' भी मानसरोवर की शान्ति छोड़कर, अपनी नन्हीं-सी चोंच में चुटकी भर मिट्टी लिये हुए समुद्र पाटने—आजादी की जंग में योग देने चला है। समुद्र का विस्तार देखकर उसकी हिम्मत छूट रही है। लेकिन संघशक्ति ने उसका दिल मजबूत कर दिया है।"[7] इस समय में जितने भी कलम के सिपाही थे वे सभी देश के सैनिक भी थे और आजादी की लड़ाई में जी-जान से शरीक थे। ऐसे सैनिकों से अंग्रेज सरकार सबसे बड़ा खतरा महसूस कर रही थी। इसलिए आरम्भ से ही पत्रकारिता उनके जुल्मो-सितम का शिकार रही। इसकी शुरुआत 18वीं शती के अन्त 19वीं सदी के आरम्भ से हो चुकी थी। वेलजली के प्रेस सम्बन्धी कानून से दमनात्मक कार्रवाई शुरू होती है। और आदम के प्रेस-कानून, लार्ड केनिंग के प्रेस सम्बन्धी कानून, लार्ड लिटन के वर्नाक्यूलर प्रेस ऐक्ट, प्रेस ऐक्ट और लार्ड इरविन के प्रेस ऑर्डिनेंस के द्वारा यह दमन का सिलसिला आजादी तक चलता रहा। इसका जिक्र करते हुए प्रेमचन्द लिखते हैं कि "अबतक तो यह ढारस था कि कानूनी ऑर्डिनेंसों का नियत समय के बाद अन्त हो जाता था। पर अब तो ऑडिनेंसों के कानूनी रूप में आ जाने से उन्हें स्थायित्व प्राप्त हो गया। इसने समाचार-पत्रों की स्वतन्त्रता का एक प्रकार से अन्त कर दिया। समाज पर घोर-से-घोर अत्याचार करने वालों पर भी इतना कठोर नियन्त्रण नहीं रखा जाता जितना सम्पादकों पर। मानो ये रीछ या मर्खने साँड़ हैं कि जरा भी छूटे और उपद्रव मचाना शुरू कर देंगे। हमें भय है कि इन प्रतिकूल दशाओं में समाचार पत्रों का बढ़ना और पनपना कठिन हो जाएगा।"[8] लेकिन भारतीय पत्रकारिता की सबसे बड़ी खूबी यह रही है कि वह संकट के समय में ही अपनी जीवनी-शक्ति का सबसे ज्यादा सार्थक उपयोग करती रही है। इन सख्त दमनात्मक कार्रवाइयों में कितने समाचार-पत्र एवं मासिक पत्र राष्ट्रीय आन्दोलनों में शहीद हो गये, कितने कठिन समय में 'हाइबरनेशन' पर चले जाते, फिर अवतीर्ण हो जाते, कितने फीनिक्स की तरह दमन की आग में जल जाते और अपनी राख से ही फिर उग जाते। उनके नाम और पते बदल जाते पर मजमून वही रहता। इसका पहला कारण यह था कि उनमें सामाजिक संकल्पों एवं राजनीतिक संघर्षों से उपजी जीवनी-शक्ति होती थी। और, दूसरा कारण था कि उस समय साहित्य और पत्रकारिता में कोई द्वन्द्व और स्पर्द्धा नहीं थी। दोनों में चोली-दामन का सरोकार था। कारण कि दोनों की प्रतिबद्धताएँ एक थीं और प्राथमिकताएँ भी।

साहित्य और पत्रकारिता दोनों एक दूसरे से शक्ति और स्फूर्ति अर्जित करते थे। पत्रकारिता उसे वस्तु देती थी तो साहित्य उसे शिल्प और कलेवर प्रदान करता था। दोनों मिलकर अर्द्धनारीश्वर की भूमिका में होते थे। डॉ. रामविलास शर्मा ने अपने एक इंटरव्यू में सही कहा है कि बड़े लेखक आधे सम्पादक या पत्रकार भी रहे हैं। अपनी प्रतिक्रिया व्यक्त करने के लिए सजग एवं जागरूक लेखकों ने एक रचनात्मक लेखक के साथ ही एक निष्पक्ष सम्पादक और पत्रकार का दायित्व भी निभाया। वैसे तो साहित्यकार और पत्रकार की भूमिका का निर्वाह बीसवीं शती के सातवें दशक तक मिलती है, मगर इसका उत्कर्ष स्वाधीनता-संग्राम में ही दिखायी देता है। इसलिए प्रभाष जोशी जैसे पत्रकार भी स्वीकार करते हैं कि "हमारे यहाँ प्रत्येक भाषा में जो बड़े मनीषी लेखक हुए, उन्होंने ही अखबार में काम करना प्रारम्भ किया। उन्होंने अपने साहित्य से देश में चेतना फैलाने, समाज को बराबरी का समाज बनाने, मूल्यों पर चलने वाला समाज बनाने का काम किया। इस प्रकार हमारे यहाँ पत्रकारिता में साहित्य का संस्कार किसी भी अन्य देश की पत्रकारिता की तुलना में सबसे ज्यादा मिलता है।"[9] हमारे यहाँ के समाज सुधारक और नेता भी अनिवार्यतः पत्रकार थे। राजा राममोहन राय, महात्मा गाँधी और नेहरू इसके बहुत बड़े साक्ष्य हैं। दोनों ने ही समाज और राजनीति में प्रवेश पत्रकारिता के माध्यम ही किया और इसकी भारी कीमत भी चुकायी। इसीलिए "अपने यहाँ पत्रकारिता की शुरुआत खासकर भाषाई पत्रकारिता की शुरूआत देश में नवजागरण लाने और नवजाग्रत समाज को राजनीतिक लड़ाई के लिए तैयार करने के लिए हुई। इस नाते अगर देखें तो समूचे विश्व के किसी भी लोकतान्त्रिक देश के स्वतन्त्र प्रेस ने (भी) अपने देश को स्वतन्त्र कराने और अपने देश की जनता में जागरण उत्पन्न करने में उतनी निर्णायक भूमिका अदा नहीं कि जितनी भारतीय प्रेस ने।"[10] यहाँ प्रभाष जी इंगित करना चाहते हैं कि पराधीन देश के दमन और उत्पीड़न की शिकार पत्रकारिता ने वह करिश्मा कर दिखाया जिसे दुनिया के किसी भी देश की पत्रकारिता ने अंजाम नहीं दिया। गरज कि हमारे यहाँ राजनीति और पत्रकारिता में भी गहरी अन्विति मिलती है। हमारी पत्रकारिता को साहित्यिक संस्कार के साथ-साथ राजनीतिक संस्कार भी शैशव से ही प्राप्त था। मनोविज्ञान कहता है कि जो संस्कार शैशव में प्राप्त होते हैं वही आगे चलकर स्वभाव बन जाते हैं। यही वजह है कि यहाँ का हर बड़ा नेता पत्रकार था। महात्मा गाँधी भारतीय राजनीति के महानायक थे और उनकी राजनीति का पहला कदम पाठकनामा ही था जिसे हम नागरिक पत्रकारिता का पहला सोपान मानते हैं। कहा जाता है कि डरबन में जब उनको अपनी टोपी उतारने को कहा गया तो वे बाहर निकल गये और उन्होंने पहला कार्य यह किया कि वहाँ के एक अखबार में सम्पादक के नाम पत्र लिखकर यह शिकायत दर्ज की। प्रथम स्वतन्त्रता संग्राम की ख़बरें भी प्रायः 'लेटर टु एडिटर' के नाम से ही आती थीं। 'दिल्ली उर्दू अखबार'

के मालिक सम्पादक शिया विद्वान मौलवी मुहम्मद बकर थे। उनके अखबार में 1857 की क्रांति का आँखों देखा हाल भी मिलता है जिसको हम रिपोर्ताज भी कह सकते हैं। इस समय के अधिकांश पत्रों का एजेंडा, क्रांति ही थी। जिसे अंग्रेज विद्रोही सिपाही कहा करते थे। उसे इस अखबार ने 'सिपह ई हिन्दुस्तान' कहना शुरू कर दिया था। इस अखबार ने विद्रोहियों को 'तिलिंगान ई नार शेर' यानी 'शेर जैसे तिलंग' कहा था। यहाँ यह भी लक्ष्य करने योग्य बात है कि प्रथम स्वातन्त्र्य संग्राम में साम्प्रदायिक भेदभाव बिल्कुल नहीं था। उस संग्राम में हिन्दू-मुसलमानों की समान रूप से भागीदारी थी। साम्प्रदायिक चेतना का आगाज तो अंग्रेजों की कूटनीति ने की थी जो स्वातन्त्र्य-आन्दोलन के निर्णायक दौर में तीव्र हो गयी जिसकी अन्तिम परिणति देश के विभाजन में मिलती है। गरज कि सम्पूर्ण स्वातन्त्र्य-संघर्ष में पत्रकारिता की भूमिका उदग्र भी थी और क्षैतिज भी। उसने राजनीतिक आजादी के लिए संघर्ष तो किया ही, आर्थिक और सांस्कृतिक आजादी के लिए भी संघर्ष किया। यह बात दीगर है कि राजनीतिक आजादी का संघर्ष केन्द्र में था और सामाजिक एवं आर्थिक आजादी के मसले परिधि में। उस समय की कांग्रेस अपने ढंग से दोनों ही स्तरों पर लड़ाई लड़ रही थी। स्वाधीनता के अलावे छुआछूत, हरिजनों की मुक्ति, खादी का प्रचार-प्रसार, रूढ़ि-भंजन और ट्रस्टीशिप इत्यादि विषय भी उसके राष्ट्रीय आन्दोलन के हिस्से थे। इसलिए गरम-नरम तरीके से पत्रकारिता भी इस आन्दोलन को शक्ति दे रही थी। उस समय की पत्रकारिता को इस बात की फिक्र नहीं थी कि राजसत्ता उसको किस नजर से देख रही है। उसे सिर्फ जनसत्ता की फिक्र थी और जनता के हितों के प्रति आबद्ध और सम्बद्ध थी। उस समय की पत्रकारिता पर पूँजी का प्रभाव भी नगण्य था। जो थोड़ा-बहुत प्रभाव था वह केवल अंग्रेजी पत्रकारिता पर ही था। मगर 1947 के बाद उसके चरित्र में अचानक परिवर्तन आ गया। कारण कि उसका अक्ष ही बदल गया। स्वतन्त्रता के बाद राष्ट्रनिर्माण उसकी कक्षा में शामिल हो गया। धीरे-धीरे मिशनरी भावना का लोप होने लगा और व्यावसायिकता की भावना गहराने लगी। बीसवीं शताब्दी के सातवें दशक तक येन-केन-प्रकारेण मिशनरी भावना और व्यावसायिक भावना के बीच ताल-मेल चलता रहा। हाँ, इस दौर की पत्रकारिता में 'धर्मयुग' और 'दिनमान' ने कई मानकों की सृष्टि की। इन पत्रों ने बौद्धिक विमर्श का ऐसा वातायन खोला जिसका लोगों को एक अरसे से इन्तजार था। इस वातायन से देश-विदेश की ऐसी रोशनी आयी जिसने हिन्दी पट्टी में सामाजिक एवं आर्थिक विषमता के खिलाफ आन्दोलनों को शक्ति और स्फूर्ति दी। इन दोनों पत्रों ने हिन्दी पत्रकारिता को एक नया व्याकरण दिया। हिन्दी पत्रकारिता की इस विशिष्टता को रेखांकित करते हुए धर्मवीर भारती ने सही लक्ष्य किया है कि "जहाँ अंग्रेजी पत्रकारिता इन सस्ते स्कूपों का सहारा ले रही थी, वहाँ हिन्दी पत्रकारिता दिनोंदिन अपने 'स्कोप' विस्तृत कर रही थी। राजनीति और

सामाजिक आचरण के बुनियादी सिद्धान्तों का विवेचन, भाषा, साहित्य और संस्कृति से एक गहराता सरोकार, ज्ञान-विज्ञान, समाजशास्त्र, मानवीय सम्वेदना तथा कितने नये-नये आयाम।"[11] इसके बाद व्यावसायिकता का वर्चस्व और प्रभुत्व पत्रकारिता पर कायम हो गया। वह राजसत्ता और औद्योगिक घरानों के बीच सेतु मात्र हो गयी। ओछे शब्द में कहा जाय तो वह लाइजनिंग की पात्र बन गयी। और, मिशनरी भावना का अन्त हो गया, जिसे आम तौर पर कहा जाने लगा कि पत्रकारिता का अन्त हो गया।

दरअसल पत्रकारिता का अन्त नहीं हुआ। सूचना प्रौद्योगिकी के विकास ने उसे नये अवतार के रूप में प्रस्तुत किया। रेडियो, टेलिविजन, इंटरनेट, मोबाइल इत्यादि सूचना-संचार के अनिवार्य तन्त्र बन गये। 'जर्नलिज़्म' ने 'मीडिया' का रूप धारण कर लिया। प्रिन्ट मीडिया हाशिये पर चला गया और इलेक्ट्रॉनिक मीडिया सुर्खियों में आ गया। अब तो इसने हमारी संस्कृति और सभ्यता की चूलें हिला दी हैं। इन इलेक्ट्रॉनिक माध्यमों ने केवल दिक् और काल के फासले को मिटाया है, राष्ट्रों की पाक-साफ सम्प्रभुता पर भी हमला बोल दिया है। इसने भौगोलिक, सामाजिक एवं सांस्कृतिक अस्मिताओं पर इस कदर आक्रमण किया है कि वे लुप्तप्राय होने लगी हैं। अब उनकी उपस्थिति अनौपचारिक समाजों में ही दिखायी देती है जहाँ इलेक्ट्रॉनिक बीमों की पहुँच नहीं है। अन्यथा पूरा देश बाजारवाद एवं उपभोक्तावादी संस्कृति की चपेट में आ गया है। इन 'दो पाटों के बीच में, साबुत बचा न कोय'। यह औद्योगिक उत्पादों की खपत के लिए गाँवों को भी बाजार में तब्दील कर रहा है। गाँवों की जीवन-शैली में फास्टफूड शॉप, ब्यूटी पार्लर, प्रॉसेस्ड फूड, आइस्क्रीम पार्लर इत्यादि जगह बनाने लगे हैं। कृषियुगीन सामन्ती जीवन-मूल्यों की जगह पर पूँजीवादी मूल्यों को प्रतिष्ठा मिलने लगी है। रामशरण जोशी के अनुसार उत्तर साम्राज्यवादी पूँजीवादी या नवउपनिवेशवादी काल में संचार माध्यम पूँजीवाद की अग्रिम पंक्ति की सेना की भूमिका निभा रहे हैं। यह एक ऐसी सेना है जो विवेक का हरण करती है, भावनाओं को उद्वेलित करती है और उन्हें खास दिशा के लिए अनुकूलित करती है। इस सेना से घृणा नहीं, मोह पैदा होता है, क्रोध के स्थान पर अनुराग जन्म लेता है, त्याग के बजाए भोज्य या भक्षण की लालसा होती है। गरज़ कि ये संचार माध्यम हमारे सम्वेदन-तन्त्र को ही निष्क्रिय बनाते जा रहे हैं। हमारी चेतना और संवेदना को ही कुन्द करते जा रहे हैं। बड़ी-से-बड़ी त्रासदी से भी हम दुःखी नहीं होते। चाहे वह प्राकृतिक आपदा हो या खाड़ी युद्ध, किसानों की आत्महत्याएँ हों या सामूहिक बलात्कार की घटनाएँ—ये सभी हमें रोमांचित करते हैं, ये हमारे अन्तःकरण को नहीं छूते, हमारा मनोरंजन करते हैं। दरअसल, हमें इनकी वास्तविकता का बोध ही नहीं हो पाता। ये सब आधे-अधूरे सच प्रतीत होते हैं। अडोर्नो का यह कहना गलत नहीं कि टी.वी. एक 'मिथ्या यथार्थवाद' की पोशाक पहनकर सामने आता है और

दुष्टतापूर्ण प्रभावों की ओर प्रेरित करता है। यह बुद्धू बक्सा नहीं, अक्लमन्द बक्सा है जो हम लोगों को 'बुद्ध' नहीं, बुद्धू बनाने पर तुला है। मगर इसके बरअक्स सुधीश पचौरी इसे उदार नजरिये से देखते हैं। उनके अनुसार टेलिविजन ने "मूकों को वाणी दी है, बहरी सत्ता को कान दिये हैं... उपभोक्तावाद और विज्ञापनों ने जीवन-शैली को बदल अखिल भारतीय मार्केट बनाया है। वही देश की एकता का सूत्र है।"[12] वे इस तथ्य को दरकिनार कर देते हैं कि उपभोक्तावाद और विज्ञापन हमारे विवेक को ही नष्ट करते जा रहे हैं। हमारे जीवन और आयुष्य के लिए क्या पथ्य है और क्या कुपथ्य, क्या उपयोगी है और क्या अनुपयोगी-इसका निर्णय हम अपने विवेक से नहीं लेते। बहुराष्ट्रीय कम्पनियाँ अपने उत्पादों के जरिये इसे सुनिश्चित करती हैं। दूसरी बात यह है कि आज अखबार से लेकर इन्टरनेट तक सभी संचार माध्यम हमारे दिलों-दिमाग पर सवार हैं, हमारी चेतना और व्यवहार को नियन्त्रित कर रहे हैं। हमें अपनी जड़ों से उन्मूलित कर रहे हैं। ये सभी विकृत पूँजीवाद के औजार हैं जो समाज, साहित्य, संस्कृति और राजनीति के प्राणतत्त्वों को नष्ट करते जा रहे हैं। इसका कारण यह है कि "औद्योगिक राष्ट्रों के संचार माध्यम अपने समाज की भौतिक अवस्था, मूल्यों और आवश्यकताओं से प्रेरित और संचालित होते हैं। इसी प्रकार पिछड़े राष्ट्रों के संचार-माध्यमों पर वहाँ की सामाजिक स्थितियों (ईथोस) की छाप होनी चाहिए। स्वदेशी भूमि से उन्हें ऊर्जा एवं प्राण प्राप्त होने चाहिए। लेकिन ऐसा हो नहीं रहा है।"[13] भारत जैसे देश में तो कतई नहीं। हमारे मिथकीय तत्त्व तो नष्ट हो ही गये हैं अब लोक-संस्कृति के तत्त्व भी नष्ट होते जा रहे हैं। सुनने में आता है कि आधुनिक चीनी चेतना में चीनी अस्मिता के तत्त्व मौजूद हैं। साम्यवादी क्रांति के बाद भी कृषि समाज के मिथकीय तत्त्व वहाँ सुरक्षित हैं। चीनी किसानों के मुख्य द्वार पर समृद्धि, शुभ, ज्ञान और विवेक के प्रतीक चिह्न मिलते हैं। वहाँ उन देवताओं और नायकों के चित्र मिलते हैं जो चीन के मूलभूत 'ईथोस' को निर्मित करते हैं। इसी प्रकार इंडोनेशिया ने भी अपने आधारभूत तत्त्वों को अभी तक जिन्दा रखा है। उसने अपनी सांस्कृतिक अस्मिता को बचाकर रखा है। वहाँ अभी भी होटलों, दुकानों एवं सरकारी दफ्तरों के नाम संस्कृत में अंकित होते हैं। रामशरण जोशी को तो "जकार्त्ता के मुख्य चौक पर कृष्ण और अर्जुन की विशाल रथयात्रा के चित्र देखकर सुखद आश्चर्य हुआ था।"[14] आश्चर्य इसलिए हुआ था कि मूलतः मुस्लिम राष्ट्र होते हुए भी उसने हिन्दू संस्कृति के मिथकों को सुरक्षित रखा है। उसकी यह धार्मिक सहिष्णुता हमारे लिए प्रेरणादायक है। हिन्दू राष्ट्रवादियों को इससे सबक लेना चाहिए। यह दुःख की बात है कि हमारे देश की प्रतिगामी शक्तियों ने अपने ढंग से हिन्दू मिथकों का उपयोग तो किया और आज विभिन्न चैनलों से हो भी रहा है, मगर प्रगतिशीलों ने ऐतिहासिक बिम्बों का अपने हित में उपयोग नहीं किया और न आज कर पा रहे हैं। अमीर खुसरो, कबीर, नानक, मीरा

आदि सन्तों के प्रगतिशील तत्त्वों का इस्तेमाल करने की बात आज भी उनके जेहन में नहीं आती। शबरी, शंबूक और एकलव्य उन्हें अपनी विचार-धारा के आलम्बन नहीं प्रतीत होते। हिन्दी साहित्य में जिस कार्य को प्रगतिशील कवियों ने किया उसे तत्कालीन पत्रकारों ने नहीं किया। जो बात त्रिलोचन ने हिन्दी कविताओं के लिए कही है वह बात हिन्दी पत्रकारिता के लिए भी सही थी।

"हिन्दी की कविता, उनकी कविता है जिनकी
साँसों को आराम नहीं था, और जिन्होंने
सारा जीवन लगा दिया कल्मष को धोने में समाज के"

यह बात स्वतन्त्रतापूर्व पत्रकारिता के लिए ही सार्थक है, आधुनिक पत्रकारिता के लिए नहीं। आज के टी.वी. चैनलों के दलित विमर्श और स्त्री-विमर्श अछूत विषय हैं। इनकी कभी-कभार खबरें आती हैं तो वे सूचनाएँ मात्र होती हैं, ब्रेकिंग न्यूज की तरह। वे विमर्श के गम्भीर सन्दर्भ नहीं बन पाते। टी.वी. के सीरियल में भी दलित आइकनों का उपयोग नहीं के बराबर होता है। जितने भी सीरियल प्रसारित होते हैं उनमें अधिकांश एलीट वर्ग के खाये-अघाये वर्ग की विकृत मानसिकता के बिम्ब मिलते हैं जिनसे अप-संस्कृति को ही प्रोत्साहन मिलता है। कारण कि भारतीय मध्यवर्ग को अभिजात वर्ग की अभिरुचियाँ एवं जीवन-शैलियाँ ही ललचाती हैं और सम्मोहित करती हैं। इसलिए अधिकांश चैनलों पर 'बुनियाद' और 'तमस' के बरअक्स 'मेरी भाभी', 'ये रिश्ता क्या कहलाता है', 'इस प्यार को क्या नाम दूँ', 'जी ले जरा', 'बड़े अच्छे लगते हैं', 'सरस्वतीचन्द्र' जैसे धारावाहिक ही प्रस्तुत होते हैं जिनके लिए संघर्षशील जीवन में कोई 'स्पेस' नहीं होता। आमतौर पर माना जाता है कि मनोरंजन का सत्ता और राजनीति से कोई सम्बन्ध-सरोकार नहीं होता और न लोकतन्त्र के विकास में उनकी कोई भूमिका ही होती है। पर हकीकत यह है कि मनोरंजन में ऐसे वायरस मौजूद होते हैं जो लोकतन्त्र और राजनीति दोनों को ही प्रभावित करते हैं। इसलिए मीडिया के अध्ययनकर्त्ताओं ने राजनीति और लोकतन्त्र के मन-मिजाज के निर्धारण में मनोरन्जन की भूमिका को रेखांकित किया है। जेम्स क्यूरेन लिखते हैं कि 'इंटरटेनमेंट रिलेट्स टु पॉलिटिक्स इन फोर प्रिंसिपल वेजः इन टर्म्ज ऑव वैल्यूज़ आइडेंटिटिज, कॉगनिशन एंड नार्म्स।'[15]

हिन्दी फिल्मों के अतीत में झाँकने से ये चारों बिन्दु ज्यादा भास्वर हो जाते हैं। आजादी के बाद देश का विभाजन और हिन्दुओं एवं मुसलमानों में विलगाव दो महत्त्वपूर्ण सामाजिक यथार्थ थे जिनसे सारा देश आक्रांत एवं आतंकित था। उस दौर में इन दोनों ही धर्मावलंबियों के बीच पनपे सांप्रदायिक दौहार्द को दूर करने का प्रयास हिन्दी फिल्मों में नजर आते हैं। सन् 1950 से लेकर 1965 के बीच अनेक फिल्में बनी थी जिनमें कुछेक को भूल-बिसरे फिल्मों के रूप में आज भी याद किया जाता है। जैसे—अनार कली, अलादीन का चिराग, अलिफ लैला, मेरे महबूब, चौदहवीं

का चाँद, अलीबाबा चालीस चोर, शाहजहाँ, मुगल-ए-आजम इत्यादि। बड़ी तबीयत से इन फिल्मों को हिन्दू-मुसलमान एक साथ देखा करते थे और साधारणीकरण द्वारा एक साथ हँसते-रोते नाट्यानुभव में शरीक होते थे। इस दौर में धार्मिक फिल्मों का भी कम निर्माण नहीं हुआ। दशहरा, चक्रधारी, बजरंगबली, लवकुश, रामायण, सती-सावित्री, कृष्ण-सुदामा, हर-हर महादेव जैसी फिल्मों में एक साथ हिन्दू-मुसलमान डुबकी लगाया करते थे। गरज कि इन फिल्मों ने विभाजन और रक्तपात के जख्म को भरने का भरपूर प्रयास किया और बहुत हद तक सफलता भी मिली। इस दौर के साहित्यकारों ने कथाओं एवं उपन्यासों के माध्यम से यही कार्य किया। फिल्म निर्माताओं को हिन्दू-मुसलमान की भावनाओं को सहलाने में व्यावसायिक लाभ भी मिला और उनको कैश करने की भी यथाशक्ति प्रयास किया। यहाँ व्यावसायिकता एवं सामाजिकता दोनों का ही अद्भुत संयोग मिलता है। कुलमिलाकर उस समय की फिल्में 'प्रॉडक्ट' नहीं बनी थीं। अतीत गौरव को ध्यान में रखकर इसी मकसद से ही कई फिल्में आयी थीं। जैसे, सिकन्दरे आजम, सम्राट अशोक, चन्द्रगुप्त मौर्य, महाराणा प्रताप, झाँसी की रानी, चन्द्रगुप्त विक्रमादित्य इत्यादि। इन ऐतिहासिक फिल्मों में प्रबुद्ध दर्शकों ने वर्त्तमान को भी देखने का प्रयास किया। उस समय के बदलते सामाजिक यथार्थ को भी जेहन में रखकर फिल्म-निर्माताओं ने कुछ काम किया था जिसकी परिणति 'दो बीघा जमीन', नया दौर, दहेज, पतिता, धूल का फूल, धर्मपुत्र, बूट पॉलिश, मदर इंडिया, पैगाम, सुजाता, फिर सुबह होगी इत्यादि में मिलती है। यह दीगर बात है कि इन फिल्मों में वह धार नहीं है जो अंकुर, निशान्त, आक्रोश, चक्र आदि फिल्मों में मिलती है। मगर इन फिल्मों में लोकप्रियता का जादू कम है और उनमें ज्यादा। व्यावसायिक दृष्टि से वे फिल्में ज्यादा कारगर थीं। कारण कि लोकप्रियता का मूलभूत आधार उत्कृष्टता नहीं है। ये फिल्में जनरुचि को ध्यान में रखकर कम, जन-जरूरत को ध्यान में ज्यादा रखकर निर्मित हुई थीं। यह दीगर बात है कि इन फिल्मों में भी 'गरम हवा' और 'तमस' जैसी निर्मलता एवं कलात्मकता का अभाव है।

हाँ, उस समय जो बाल फिल्में बनी थीं, वे जरूर बालमन के लिए प्रेरक थीं और उनके मनोविज्ञान को सही दिशा देने में समर्थ थीं। ऐसी फिल्मों में जागृति, बूट पॉलिश, हम पंछी एक डाल के, बहुत दिन हुए, दो फूल, दोस्ती, तूफान और दीया, अब दिल्ली दूर नहीं' आज भी स्मरणीय हैं। इन फिल्मों में जो सम्वेदनशीलता थी, उसे बच्चे प्रभावित ही नहीं, अभिभूत भी होते थे। मगर आज बच्चों की मानसिकता में इतनी तेजी से परिवर्तन हुआ है कि उन्हें 'स्लोनेस' कतई पसन्द नहीं, उन्हें हर चीज फास्ट चाहिए फास्ट फूड एवं फास्ट म्यूजिक। परम्परागत और शास्त्रीय कुछ भी नहीं। रामशरण जोशी ने सही लिखा है कि "जब सब कुछ फास्ट है तो यथार्थ भी फास्ट है। अब बच्चों एवं युवकों को सम्वेदनशीलता आकृष्ट नहीं करती,

लेकिन फास्ट कमोडिटी के रूप में परोसी गयीं भावनाएँ एवं त्रासदियाँ जरूर पसन्द आएँगी। आज की मुख्य थीम है 'जंक फूड और फास्ट यथार्थ और उसका मूलमन्त्र है—'तू चीज बड़ी है मस्त-मस्त"।[16] वैसे तो आज जितनी भी फिल्में बन रही हैं उनमें अधिकांश उत्पाद की तरह हैं और उनका व्यावसायिक मूल्य ही उनके लिए सर्वाधिक महत्त्वपूर्ण होता है। वे जन-रुचि को ध्यान में रखकर ही निर्मित होती हैं और जनता के आस्वाद के धरातल को विकसित करने के बजाय पतनोन्मुख ही करती हैं। मगर आज भी कुछेक ऐसी कला फिल्में बनी हैं जो भारतीय राजनीति एवं समाज के असली चेहरे का उद्घाटन करती हैं। इस दृष्टि से सत्यजित रे की फिल्मों को याद किया जा सकता है। इधर कुछ फिल्में कलात्मकता एवं व्यावसायिकता के स्पर्श-बिन्दु (tangent) पर भी बनी हैं जो अपने समय, समाज एवं मीडिया का भी आईना लगती हैं। जैसे—हल्ला बोल, पीपली लाइव, मोहनदास, आरक्षण, राजनीति, गंगाजल, चक्रव्यूह, नायक, ए वेडनेस्डे इत्यादि। ये फिल्में सामाजिक यथार्थ पर केन्द्रित तो हैं ही, मीडिया की नकारात्मक एवं सकारात्मक भूमिकाओं को भी रेखांकित करती हैं। ये सभी फिल्में किसी-न-किसी रूप में भारतीय राजनीति एवं लोकतन्त्र के श्वेत-श्याम पक्षों को उजागर करती हैं और इसमें कोई शक नहीं, ये भारतीय जन-चेतना को जागरूक करने में सफल हैं। कारण कि ये हमारी लोकतान्त्रिक चेतना को सुलाती नहीं, उसे जागरित करती हैं। इस प्रकार टी.वी. चैनलों से प्रदर्शित धारावाहिक, फिल्में एवं गीत-नृत्य अपने समाज के अनेकानेक बिम्बों को प्रस्तुत करते हैं, तथा समाज को सम्पूर्णता में देखने का अवसर प्रदान करते हैं तथा उसके प्रतिगामी एवं प्रगतिकामी दिशाओं को पहचानने की दृष्टि भी प्रदान करते हैं। ये मनोरंजन की विधाएँ हमारी समस्याओं एवं ज्वलंत प्रश्नों को नपेथ्य में भी ले जाती हैं और उनके विमर्श का मंच भी प्रदान करती हैं।

कहने की आवश्यकता नहीं कि मनोरंजन जनता और समाज को उन आधारभूत जीवन-मूल्यों एवं राजनीतिक मानकों से जोड़ने का प्रयास कर सकता है और लोकतन्त्र के लिए ऊर्वर भूमि और अनुकूल आबोहवा प्रस्तुत कर सकता है। यह मनोरंजन की अंतर्वस्तु एवं विजन पर निर्भर करता है कि उसका इस्तेमाल किस रूप में होता है और किसके लिए तथा किसके पक्ष में होता है। चूँकि हमारे यहाँ मीडिया अपने उद्यम के प्रति नहीं, उद्योग के प्रति जरूरत से ज्यादा सतर्क है। इसलिए वह अपने टी.आर.पी. को बढ़ाने के चक्कर में अपने लोकतान्त्रिक दायित्वों को हाशिए पर डाल देता है और सुर्खियाँ बटोरने के लिए लोकतंत्र-विरोधी गतिविधियों को अहमियत देने लगता है। डॉन ब्राउन के उपन्यास पर आधृत 'दा विंची कोड' का विरोध या प्रतिबन्ध की खबर हो या 'फना' फिल्म के विरोध की सूचनाएँ—हमारे मीडिया ने इसके प्रचार-प्रसार में अनावश्यक दिलचस्पी दिखायी जिससे उसके बाजारू चरित्र की झाँकी मिलती है। दुनिया जानती है कि कैथोलिक लोगों ने इस उपन्यास के प्रति कोई खास नकारात्मक

प्रतिक्रिया नहीं व्यक्त की थी। हाँ, कुछेक ने हल्का-फुल्का विरोध अवश्य दर्ज़ किया था। कारण कि इस उपन्यास या फिल्म में ईसा मसीह को एक सामान्य आदमी जैसा चित्रित किया गया है उनकी चमत्कारी क्षमताओं का निषेध किया गया है। यही नहीं, मेरी मेग्दलेन से उनके शारीरिक सम्बन्धों का भी उल्लेख किया गया है और उनके एक संतान की भी सूचना दी गयी है। लेकिन पादरी समाज में अधिकांश ने इसे अपनी आस्था से सम्बद्ध किया, ईसा के चरित्र-हनन से नहीं या उनके अपमान से नहीं। कैथोलिक पादरी वाल्सन थंपू अपने आलेख 'फेथ एंड फैंटेसी' में लिखते हैं कि "मेरे लिए यह फिल्म सत्य या असत्य को परखने का लिटमस टेस्ट नहीं है। मैं इससे यह नहीं जानना चाहूँगा कि चर्च की नींव किन आधारों पर किस तरह रखी गयी। यह तो मेरे फेथ की परीक्षा है, मेरी आस्था की परीक्षा है" ।[17] मगर हमारे मीडिया ने न इस फिल्म पर लगे प्रतिबन्धों की आलोचना की और न ही इसके विरोधों के शमन के लिए कोई कोशिश की। बल्कि इसके उलट उसने विरोधों एवं प्रदर्शनों को समारोहपूर्वक प्रस्तुत किया। इसी आधार पर सुधीश पचौरी ने मीडिया की मानसिकता का विश्लेषण करते हुए निर्णय दिया है कि "मीडिया ने बहुत से स्थानीय दलों, समूहों, नेताओं को यह व्यावहारिक समझ दी है कि अगर वे खबर बनना चाहते हैं तो कुछ एक्शन करना होगा। यदि वे नकारात्मक एक्शन करेंगे तो मीडिया जरूर खबर बनाएगा... अन्ततः (मीडिया ने) जो भाषा बनायी है वह जनता को बोध दे रही है कि नकारात्मक कार्रवाई-जनतन्त्र विरोधी कार्रवाई ही एक बड़ी खबर बनती है।'[18] इस हकीकत की पुष्टि के लिए यही नहीं, अनेक उदाहरण दिये जा सकते हैं। जैसे—ऐसे विषयों पर शिवसेना के विरोध, मणिपुरी मुक्तिसेना के विरोध, कर्नाटक में हीरो राजकुमार की मृत्यु पर हंगामा इत्यादि। इसी दृष्टि से आतंकवादी कार्रवाइयों को भी मीडिया खबर बनाता है। वह खबरों को जेनरलाइज करके प्रस्तुत करता है। जैसे—पटना जंक्शन और गाँधी मैदान में विस्फोट हुआ तो खबर बना 'पटना दहला', दिल्ली के किसी एक कोने में विस्फोट हुआ तो खबर बनी 'दिल्ली दहली' या 'दिल्ली का दिल दहला'। यही सिंड्रोम प्रिन्ट मीडिया में भी लक्षित होता है। यहीं इस बात की भी चर्चा लाजिमी लगती है कि मीडिया का भी अपना वर्गीय चरित्र है, इसकी भी अपनी जाति या बिरादरी है। अपने लोग यानी एलीट वर्ग के किसी भी मामले को वह सर्वाधिक कवरेज देता है। इस मायने में वह नैतिक और कानूनी सुधारों को भी प्राथमिकता देता है। वह जनहित के प्रति ज्यादा सजग दीखता है। वह विलंबित न्याय का विरोध करता है। एक बार जेसिका के किसी हत्यारे की सजा नहीं दिला पाने के कारण वह काफी क्षुब्ध था। और, एलीट वर्ग भी। दोनों मीडिया ने उस क्षोभ को यथोचित 'स्पेस' दिया। प्रिन्ट और इलेक्ट्रॉनिक दोनों मीडिया ने इसे हाईलाइट किया। लेकिन वही बिहार के बाथे नर-संहार के दोषियों को सजा न मिल पाने पर क्यों चुप रहा वह केवल एक औरत की हत्या की बात थी, यह सामूहिक नर-संहार था। यह खबर केवल 'ब्रेकिंग न्यूज' बन कर ही क्यों रह गयी? यह आज के

मीडिया की नैतिकता को प्रश्नांकित करता है। क्या इसलिए कि जेसिका अपने वर्ग की थी? अपनी जाति की थी और बाथे नर-संहार के लोग दलित वर्ग के थे? यह वर्गवादी चरित्र मीडिया के असली चेहरे को सामने लाता है। इसी प्रकार यौन-शोषण या उत्पीड़न अगर दिल्ली में होता है, बम्बई में होता है तो वह बड़ी खबर बनता है, पूरे सप्ताह वह चर्चाओं में रहता है। मगर वही किसी कस्बे एवं गाँवों में होता है तो उसे कोई 'नोटिस' नहीं लेता। मीडिया उसे अपराध-कथाओं में रूपांतरित कर देता है। और, वह मनोरंजन का विषय बन जाता है, नाट्यानुभव बन जाता है। इस प्रसंग में दूसरी ध्यातव्य बात यह है कि अपराध तथा दुष्कर्म एवं भष्टाचार की घटनाएँ अलग-अलग प्रस्तुत की जाती हैं और एक दूसरे से विच्छिन्न करके दिखायी जाती हैं तो उन घटनाओं के लिए संलिप्त व्यक्ति ही जिम्मेदार होते हैं। इसके बरअक्स अगर उन घटनाओं को एक-दूसरे से सन्दर्भित करके उपस्थित किया जाता है, तो उनके लिए पूरा समाज उत्तरदायी होता है। ऐसी स्थिति में सामाजिक विकृति के रूप में उनके उपचार के लिए माहौल भी तैयार किया जा सकता है। इस सन्दर्भ में मीडिया कैटेलिक एजेंट की भूमिका भी निभा सकता है। मगर दुर्भाग्य की बात यह है कि आधिकांशतः चैनल अपनी इस जिम्मेदारी से बचने की कोशिश करते हैं और घटनाओं की सूचना देकर अपने कर्त्तव्य की इतिश्री समझ लेते हैं या उसे दास्तान का रूप देकर मनोरंजन का स्वादिस्ट 'डिश' बना देते हैं। यह अपेक्षा गलत नहीं होगी कि मनोरंजन और 'सॉफ्ट न्यूज' परोसते हुए भी मीडिया की गम्भीर जिम्मेदारी होती है। कारण कि "डिमॉक्रेसिसज नीड टु बी इन्फार्म्ड ऐज वेल ऐज इंटरटेन्ड'। इंटरटेन्मेंट इन ए डेल्टा ऑव रिच मीनिंग फीडिंग डिमॉक्रेसी—कैन बी इन्कॉरपोरेटिड पोटेशियली विदिन अ रेशनल च्वॉयस ट्रेडिशन... दिस ट्रेडिशन एसर्ट्स दैट पीपल हैव 'ह्यूअरिस्टिक' डिवाइसेज फॉर गेटिंग टु द कोर ऑव ह्वाट दे नीड टु नो, विदाउट बीइंग ओवरबर्डेन्ड विद पब्लिक अफेयर्स नॉलेज... एनि वे पीपल कैन की इन्टु डिमॉक्रेटिक डिबेट थ्रू प्लेजस्कन्फरिंग इंटरटेनमेंट।"[19] अगर मीडिया अपने कर्त्तव्य का ईमानदारीपूर्वक निर्वाह करे तो यकीनन, अपने दर्शकों को लोकतांत्रिक विमर्शों में भागीदारी के लिए मनोरंजनों के द्वारा आमंत्रित कर सकता है और लोकतन्त्र की सैद्धांतिकी और व्यावहारिकी में फ़र्क को कम कर सकने में भी हस्तक्षेप कर सकता है। काश, ऐसा हो पाता(!)

सन्दर्भ एवं टिप्पणी

1. मीडिया एंड सोसाइटी, सं. जेम्स क्यूरेन, लेख: 'कम्युनिकेशन पावर', मैनुअल कैसेल्स, पृ. 3
2. हिन्दी पत्रकारिताः कल, आज और कल, रसा मलहोत्रा, पृष्ठ 31
3. हिन्दी पत्रकारिताः कल, आज और कल, रसा मलहोत्रा, पृष्ठ 52
4. गद्य के प्रतिभान, विश्वनाथ प्रसाद तिवारी, पृष्ठ 31

5 कलम का सिपाही, अमृत राय, पृष्ठ 187
6. विविध प्रसंग, प्रेमचंद, खण्ड-3, पृष्ठ 238
7. कलम का सिपाही, अमृत राय, पृष्ठ 428
8. विविध प्रसंग, प्रेमचन्द, खण्ड-2, पृष्ठ 541-42
9. क्षेत्रीय पत्रकारिता के ग्लोबल फलक, सं. फैसल अनुराग, पृष्ठ 313
10. वही
11. क्षेत्रीय पत्रकारिता के ग्लोबल फलक, सं. फैसल अनुराग, लेखः 'हिन्दी पत्रकारिता के विभिन्न आयाम', धर्मवीर भारती
12. नया मीडिया और नये मुद्दे, सुधीश पचौरी, पृष्ठ 265
13. मीडिया विमर्श, रामशरण जोशी, पृष्ठ 18
14. मीडिया विमर्श, रामशरण जोशी, पृष्ठ 125
15. मीडिया एंड सोसाइटी, स. जेम्स क्यूरेन, लेखः 'इंटरटेनिंग डेमॉक्रेसी', जेम्स क्यूरेन, पृष्ठ 39
16. मीडिया विमर्श, रामशरण जोशी, पृष्ठ 109
17. नया मीडिया और नये मुद्दे, सुधीश पचौरी, पृष्ठ 81
18. वही
19. मीडिया एंड सोसाइटी, स. जेम्स क्यूरेन, लेखः 'इंटरटेनिंग डेमॉक्रेसी', जेम्स क्यूरेन, पृष्ठ 59

हिन्दी पत्रकारिता और कार्टून

आम तौर पर यह शिकायत दर्ज की जाती है कि भारतीयों में हास्य-बोध (Sense of humour) का अभाव होता है। भारतीय अनावश्यक रूप से गाम्भीर्य का लबादा ओढ़े रहते हैं। मगर ऐसी बात नहीं है। दरअसल यह ग़लतफ़हमी साम्राज्यवादियों की देन है, जो भारत तथा भारतीयों को हर दृष्टि से निकृष्ट साबित करते थे, और हम आत्मविश्वास के अभाव में उनकी हर बात को आप्त वचन मान लेते थे और कुछ हद तक आज भी मान लेते हैं। ओबामा की 'मन लेहु पै देहु छटाँक नहीं' की नीति के बावजूद हम गदगद हैं और उनकी कूटनीति की समीक्षा करने की ज़रूरत भी नहीं समझते हैं। यह हमारी औपनिवेशिक मानसिकता के परिशिष्ट का ही नतीज़ा है कि हम उनके आश्वासनों की तुला पर ही अपने को वजनी महसूस कर रहे हैं। कार्टून पत्रकारिता भी इस सन्दर्भ में मौन है, जिसके बारे में मेरा ख्याल है कि वह अपने दायित्वों के प्रति आज भी चौकस है और 'वॉच डॉग ऑफ पीपुल' की भूमिका में है और अभी तक उद्योग और व्यवसाय की 'लैप डॉग' नहीं बनी है। खैर, रही बात अपने हास्य-बोध की, वह तो हमारी संस्कृति में मौजूद है। आरम्भ से ही हम लकीरों के माध्यम से 'स्केच' के द्वारा अपनी विनोदप्रियता का इजहार करते रहे हैं। आर्य मनीषा ने अनार्यों को जो राक्षसों की शक्लो-सूरत प्रदान की है, सिरों पर सींगों का यानी पशुओं के चेहरों का आरोप किया है, वह 'कैरिकेचर' का ही दृष्टान्त है। यह उनका माखौल उड़ाने का, उनकी आदिम प्रवृत्तियों को पाशविकता का दर्ज़ा देने का ही तरीका है। रावण को दशानन, और गणेश को गजानन कहना और प्रदर्शित करना भी कैरिकेचर का ही सभ्य और शिष्ट नमूना है, जो कालान्तर में सम्मान वश शक्ति, बुद्धि और वैदुष्य का प्रतीक बन गया। कैरिकेचर आदिम कला है और भाषिक प्रतीकों के विकास के साथ-साथ उसका भी विकास हुआ है। हमारे नाटकों में विदूषकों तथा राजाओं के अन्तःपुरों में नपुंसकों की उपस्थिति हमारे हास्य-बोध के जीवन्त स्मारक हैं। हमारे लोकजीवन में और लोकभाषा में हँसी-मजाक की कमी नहीं है। लेकिन बोलियों एवं भाषाओं की भौगोलिक सीमाओं, मुद्रित शब्दों के अभाव के कारण इन व्यंग्य-विनोदों को उन दिनों अपेक्षित विस्तार नहीं मिल पाया था और वे स्थानीयता के शिकार बन गये थे। दूसरी बात यह कि

तद्युगीन अभिजात वर्ग इन ग्राम्य मज़ाकों को अपने जीवन और व्यवहार में तरज़ीह भी नहीं देता था। इसका मूल कारण उनका वर्गीय चरित्र था। वह आम जन से अपने को सर्वथा श्रेष्ठ समझता था। आज भी यह ग्रंथि अभिजनों में ज़िन्दा है। आज की अपनी मातृभाषाओं से उदासीनता भी उनकी श्रेष्ठता-ग्रन्थि का द्योतक है जो दरअसल उनकी हीनता-ग्रन्थि का ही 'प्रोजेक्शन' है। नतीजतन, अंग्रेजों की इस गलतफहमी को सर्वस्वीकृति मिल गयी कि भारतीयों में 'सेंस ऑफ ह्यूमर' का सर्वथा अभाव होता है। भारतीयों ने यह लक्ष्य नहीं किया कि सारे देश के साहित्य में हास्य को नौ रसों में दर्ज़ा प्राप्त है। साहित्य में सहृदयों में हास्य के प्रति उपेक्षा का भाव होता या उनमें हास्य-बोध का अभाव होता तो हास्य को न तो रस का दर्ज़ा प्राप्त होता और न ही स्थायी भाव के रूप में इसकी परिगणना होती। ज़ाहिर है, प्राचीन काल से ही हास भारतीय मानस का स्थायी भाव है, संचारी नहीं। जिन अंग्रेजों ने यह ग़लतफहमी पैदा की थी कि भारतीय किसी चुटकुले से अप्रभावित रह जाने वाले परिहासविहीन लोग हैं, उनको यह मालूम नहीं था कि 'अनेक पुराने मजाकिया और विलक्षण किस्से और गाने, जो पश्चिम में काफी समय से प्रचलित हैं, मूलतः पूरब से ही निकले हैं।' यह रहस्योद्घाटन प्रो. मुशीरुल हसन के अनुसार, रॉयल एशियाटिक सोशायटी ऑफ बंगाल के शोधार्थी आर्चीबॉल्ड ने अपनी पुस्तक 'ए सेलेक्शन फ्रॉम द इलस्ट्रेशन्स विच हैव अपीयर्ड इन अवध पंच 1877 टू 1881' में किया है। इस सन्दर्भ में आर.के. लक्ष्मण की यह बात इस निष्कर्ष की पुष्टि करती है: "Above all the communities indifference to the matter of laughter and humour. This difference resutled in a misunderstanding among the English that the Indian lacked a sense of humour. The educated India, eager to be counted out of this class of less educated countrymen heartily agreed with the misconception. Thus the impresson spread and gained general acceptance."[1]

इसी दरम्यान भारत में लंदन साप्ताहिक 'पंच' का आगमन हुआ जिसे यहाँ के अँग्रेजीदाँ ने बड़े शौक से अपनाया। चित्रित और मुद्रित रूप में इस हास्य विनोद या व्यंग्य-विनोद का इस अल्पसंख्यक वर्ग ने हार्दिकता से स्वागत किया। इस साप्ताहिक का प्रकाशन लंदन में फ्रांस के 'ली चरवरी' (Le Charvari) की तर्ज पर 17 जुलाई सन् 1841 में हुआ था। इसके संस्थापक Henry Maythew और Ebenezer Landells थे, और सम्पादक मैथ्यू और मार्क लेमन थे। और इसका आरम्भिक उपनाम 'The London Charvari' था, जो 'ली चरवरी' की ओर ही इशारा करता था। बाद में इसके सम्पादन से मैथ्यू ने जल्दी ही मुक्ति पा ली और एक साल के बाद Suggestor in chief बन गये थे। पर लेमन को इतनी गरिमा और महिमा इस पत्र से मिली कि उन दिनों अंग्रेज समाज में कहावत

बन गयी थी 'पंच इज नथिंग विदाउट लेमन'। उन्नीसवीं शताब्दी के सातवें दशक में वहाँ के 'फ़न' (Fun) नामक पत्र से इसकी कड़ी स्पर्द्धा हुई। मगर दुर्भाग्य से 1874 ई. में 'फ़न' फ़ना हो गया। ज्ञातव्य है कि 'पंच' ने भारत में कई संततियों को जन्म दिया मगर भारतीय सन्दर्भ में उनका शील-गुण अपने जनक से भिन्न था। ये अंग्रेजों की लंतरानी थी कि भारतीय व्यंग्य-विनोद के पत्र लंदन 'पंच' की पादटिप्पणियाँ थीं। इस पंच की तर्ज़ पर कई 'पंचों' का भारतीय अवतार हुआ। इन पंचों में सर्वाधिक ख्याति 'अवध पंच' को मिली और उसका आयुष्य भी लगभग 35 वर्ष (सन् 1877 से 1912 ई. तक) था। इसके मुख्य विषयों में अंग्रेजी साम्राज्यवाद के छद्म चरित्र का उद्घाटन, धार्मिक और सामाजिक सुधार, नारी शिक्षा और पर्दाप्रथा का निराकरण वग़ैरह थे। इसके सम्पादक और संस्थापक मो. सज्जाद हुसैन थे। 'अवध पंच' में कई व्यंग्य-चित्रकारों का योगदान था जिनमें लाल बहादुर 'मुसव्वर' और गंगा सहाय 'शौक' को ख्याति सर्वाधिक हासिल हुई थी। वज़ीर अली तो इसके मुखपृष्ठ के सज्जाकार ही थे। गोकि इसके कुछ व्यंग्य-चित्र 'पंच' 'ग्राफिक' और 'फन' से ही लिये गये थे, पर उन्हें भारतीय सन्दर्भ में प्रस्तुत कर मौलिक संस्पर्श देने की कोशिश की जाती थी। कारण कि सज्जाद हुसैन की मान्यता थी कि "No satire can be great unless the evils at which it is aimed are real and prevalent."[2] अपनी मान्यता के अनुकूल 'पंच' के कार्टूनों के भारतीयकरण में वे इस कदर सफल हो जाते थे, कि वे (कार्टून) भारत की नागरिकता सहज ही प्राप्त कर लेते थे, ठीक सोनिया गाँधी की तरह। दिल्ली की 'छोरियाँ' अधिकांशतः विदेशी लगती हैं जबकि यहीं प्रियंका

(आर्ट एंड नेशनलिज्म इन कोलोनियल इंडिया: पार्थ मित्तर, पृ. 160-61)

गाँधी भारतीय लगती हैं, साज-सज्जा में ही नहीं, मन-मिज़ाज से भी। इस प्रक्रिया में कार्टूनों की काया तो नहीं बदलती थी, किन्तु उनकी माया जरूर बदल जाती थी। इस तथ्य के सत्यापन के लिए एक ही कार्टून का साक्ष्य पर्याप्त होगा।

पार्थ मित्तर के अनुसार "Rebellion Had Bad Luck (1881) paraphrasing Jenniel's cartoon in Punch (16.12.1865) draw an analogy between British treatment of Indian and Irish nationalists. The cartoon, which alluded to an incident at the engineering College, in Bengal, Portrayed the Director of Public Instruction of Bengal as John Bull; he had sent down the student leaders after a political demonstration at the college."[3] इस प्रकार ये कार्टून 'पंच' के कार्टूनों के सर्जनात्मक 'रिप्रोडक्शन' होते थे, भारतीय संस्करण होते थे।

यही नहीं, यहाँ के अंग्रेज कार्टूनिस्ट और भारतीय कार्टूनिस्ट के नुक़्ते-नज़रिये में भी काफी फ़र्क था। अंग्रेजी कार्टूनों का विषय पहले आंग्ल-भारतीय जीवन-शैली था। लेकिन अन्ततः उनके मिजाज में परिवर्तन आया और वह भारतीयों पर केन्द्रित होता गया और उनमें उपनिवेशवादी अभिवृत्ति की झलक मिलने लगी। वैसे तो अंग्रेजी और भारतीय कार्टूनों के विषय भारतीय चरित्र ही थे पर दोनों के लक्ष्य में पर्याप्त अन्तर था। अंग्रेजी पत्रिकाएँ भारतीयों का मूल्यांकन विक्टोरियन नैतिक मूल्यों की उदात्त ऊँचाइयों से करते थे, और भारतीय कार्टूनिस्ट्स इस नये औजार का इस्तेमाल शासक वर्ग के खिलाफ करने के बजाय अपने समाज की जाँच-पड़ताल में करने लगे थे। दूसरी बात यह कि अंग्रेजी कार्टूनिस्ट्स बाहरी व्यक्ति के नज़रिये से भारतीयों को अपनी आलोचना का लक्ष्य बनाते थे, मगर भारतीय कार्टूनिस्ट्स राष्ट्रवादी राजनीति के दौर में भारत के अभिजात वर्ग को ही अपना निशाना बनाते थे। पार्थ मित्तर तद्‌युगीन भारतीय कार्टूनों के चरित्र का उद्‌घाटन करते हुए तथा बंगाली कार्टूनों की विशेषता का उल्लेख करते हुए लिखते हैं कि "In Bengali cartoons the exposure of social mores attained ruthless candour of Gillray and Rowlandson."[4] 'अवध पंच' ने आरम्भिक दौर में अंग्रेजी उपनिवेशवाद को सीधा लक्ष्य तो नहीं बनाया, लेकिन बाद के कार्टूनों में उनके व्यंग्यबाणों से अंग्रेजों की साम्राज्यवादी नीतियों को बेधने की प्रवृत्ति मिलती है। इस तथ्य का प्रतिनिधि दृष्टान्त 25 जून 1891 को मुद्रित कार्टून है। इसमें एक सूट-बूट धारी व्यक्ति ब्रिटिश उपनिवेशवाद का प्रतीक है। और, एक 'हिन्द' नामक औरत उस व्यक्ति का ध्यान एक भूखे-नंगे बच्चे और गरीबी भुखमरी की मार झेलती औरतों की ओर आकृष्ट कर रही है। मगर उस व्यक्ति पर इसका कोई असर नहीं है। यह ब्रिटिश प्रशासन की संवेदनहीनता और निर्ममता का उदाहरण है। इस कार्टून की इबारत को इंशा का यह शेर व्यक्त करता है—

'सुन तो सही जहान में है तेरा अफसाना क्या
कहती है तुझको खल्के खुदा ग़ायबाना क्या?

Wit and Humour

Sun to sahi jahaan me hai tera fasana kya: kehti hai tujhko khalq-i khuda ghaibana kya.

'Do listen to what tales are being told about you; by what various names people call you behind your back,' 25 June 1891. The story of poverty-stricken Indians pleading for relief from the government. The man in boots and bow-tie symbolizes British colonialism. In this picture, a woman—'Hind'—draws his attention to the poverty-stricken child. The artist manages to bring out the disdain and indifference of the man marked 'England'; of equal interest is the clothing of the seven Indian figures. The Urdu verse is by the poet Insha.

(विट एंड ह्यूमर इन कोलोनियल नार्थ इंडिया: मुशीरूल हसन, पृ. 40)

इसी प्रकार एक अत्यन्त मानीखेज़ कार्टून 20 जनवरी 1898 का है। इस कार्टून में पारम्परिक वेशभूषा में बैठा व्यक्ति 'हिन्दुस्तान' का प्रतिनिधित्व करता 'तारीखे हिन्द' पढ़ रहा है। वहीं 'आजादी-ए-ख्याल' का हँसमुख मुखैटा पहने ब्रिटिश वेशभूषा में एक चुड़ैलनुमा औरत गुस्से में नुकसान पहुँचाने के इरादे से उसकी ओर बढ़ रही है। यह विद्रूपता मुखौटे के अन्दर चेहरे से झाँक रही है। इस कार्टून की सराहना

में संजीव कुमार कहते हैं कि "अपने अर्थ की बहुस्तरीयता और हमले की साफ़गोई में इस कार्टून का जवाब नहीं। आज से एक सौ दस साल बाद भी कोई कार्टूनिस्ट इससे प्रेरणा ले सकता है। इंग्लैंड को अपने उदारवाद पर अर्थात् मतान्तर के प्रति सहिष्णुता की अपनी परम्परा पर हमेशा गर्व रहा है, लेकिन वही परम्परा हिन्दुस्तान के इतिहास में ब्रिटिश ज्यादतियों के उल्लेख को बर्दाश्त नहीं कर पाती... असलियत यह है कि वह इस सच्चे इतिहास के ज्ञान को सिरजने और बाँटने की किसी भी कोशिश को ध्वस्त करने के लिए कटिबद्ध है।"[5] एक दूसरा व्यंग्य चित्र अकाल, महामारी, भुखमरी, करों का असहनीय बोझ, काश्तकारों की चरमदुर्दशा का है। इसमें नंगी-भूखी जनता को भोजन की जगह एक गिलास पानी उपनिवेशवाद दे रहा है। शीर्षक है: 'अनोखी मेहरबानी, खाने की जगह पानी'। यह कुछ वैसी ही बात है जैसे किसी ने कहा है कि 'रोटी नहीं मिलती तो केक क्यों नहीं खाते?'

Anokhi meharbani, khane ki jagah pani.

'Unusual generosity: Only water instead of food,' 13 July 1893. A typical but powerful depiction of a starved family being offered clean water when there is no food. The children of the weeping mother stand behind her—the daughter consoles her. The artist is Lal Bahadur. The glass has 'clean water' written on it.

(विट एंड ह्यूमर इन कोलोनियल नार्थ इंडिया : मुशीरूल हसन, पृ. 55)

'अवध पंच' की तरह राष्ट्रीय आन्दोलन में 'हिन्दी पंच' (1878-1930) ने भी अर्द्धशतकीय पारी धैर्य और कौशल के साथ खेली। दरअसल, यह पत्र 'पारसी पंच' का पुनर्वतार था। इस पत्र को लोकप्रिय बनाने और प्रासंगिक बनाने में बरजोर जी का महत्त्वपूर्ण योगदान था। वे इस पत्र के सम्पादक थे। यह पत्र अपने जीवन-काल में कांग्रेस की गतिविधियों का समर्थक था और उनका आलोचक भी। यह अंग्रेजी उपनिवेशवाद की अभ्यर्थना भी करता था और कांतासम्मित उपदेश भी देता था। इसके सम्बन्ध में पार्थ मित्तर ने लिखा है कि "सन् 1889 में A Wholesome Diet नामक कार्टून में ब्रितानिया को आश्वस्त किया था कि भारतीय राष्ट्रवाद आपके संविधान का समर्थन करेगा।"[6]

(आर्ट एंड नेशनलिज्म इन कोलोनियल इंडिया: पार्थ मित्तर, पृ. 157)

इस कार्टून में एक औरत गाय दूह रही है और त्रिशूलधारी ब्रितानिया सरकार को पुनः पुनः आश्वस्त कर रही है कि कांग्रेस रूपी गाय का दूध-रूपी राष्ट्रवाद आपके लिए स्वास्थ्यप्रद होगा।

इसी प्रकार 'हिन्दी पंच' अपने एक कार्टून 'Ear-Opener' में महान अंग्रेज शासकों के करीब रहने का आग्रह प्रदर्शित करता है और गरीबों तथा जनता के दुःख-दर्द का हमदर्द भी बनने की प्रेरणा देता है। वह 'रीच द इअर्स एंड टच द हर्ट्स

ऑफ द ग्रेट इंगलिश पीपुल' की नीति में विश्वास करता था। इस कार्टून में एक ग्रामीण नाई जॉन बुल (साम्राज्यवाद) के कानों की खोंट (मैल या वैक्स) निकालता है जिससे कि वह भारतीय नागरिकों की फरियाद को भलीभाँति सुन सके। जाहिर है वह 'वैक्स' अंग्रेजी उपनिवेशवाद का दर्प एवं अहंकार है। अन्ततोगत्वा यह 'हिन्दी पंच' भारतीय राष्ट्रीय जन आन्दोलन की मुख्यधारा से अलग-थलग पड़ने लगा। पार्थ मित्तर ने इस पत्र को श्रद्धांजलि अर्पित करते हुए लिखा है—"It lived on beyond Mahatma Gandhi's Satyagraha movement in the 1920s. But the mass upheaval did not inspire any powerful cartoon. The mirror of another era Hindi Punch had out lived its usefulness."[7]

इस दौर में 'वसंतक' की बड़ी महिमा थी। दरअसल, उन दिनों बंगाली समाज दो खेमों में विभक्त हो गया था – अभिजात वर्ग और गृहस्थ वर्ग। अभिजात वर्ग का प्रवक्ता 'हिन्दू पैट्रियट' और गृहस्थ वर्ग के हितों का रक्षक 'वसंतक' था। उन दिनों नारी शिक्षा को लेकर आन्दोलन भी चल रहा था। बंगाली समाज का एक बड़ा तबका दहशत में था कि अगर नारियों को उच्च शिक्षा दी गयी तो वे मर्दों की उपेक्षा करेंगी। उस समय के राष्ट्रवादी नारी शिक्षा के हिमायती तो थे, मगर एक सीमा तक ही। इस हद तक नहीं कि नारियाँ मर्द के समानुपाती अधिकारों की माँग कर सकें,

(आर्ट एंड नेशनलिज्म इन कोलोनियल इंडिया: पार्थ मित्तर, पृ. 171)

वे समानाधिकार के पक्षधर नहीं थे। इसी श्रेणी में तद्युगीन कार्टूनिस्ट्स भी आते थे। उन्हें यह 'ऑबूसेशन' बराबर सताया करता था कि शिक्षित नारी अपने घरेलू कर्त्तव्यों एवं दायित्वों को भूल जाएगी और उनकी परम्परागत भूमिका में मर्दों को आना पड़ेगा। 'वसंतक' के एक कार्टून में एक औरत आर्मचेयर पर बैठकर उपन्यास पढ़ रही है और पति किचन में चूल्हा फूँक रहा है। जब धुआँ उसके कमरे में भी प्रवेश करता है तो गुस्से में वह पति से पूछती है कि जब कोयले जला रहे हो तो क्या किचन के दरवाजे को बन्द नहीं कर सकते?

दरअसल, मर्दों के मन में आज भी यह 'ऑब्सेशन' जड़ जमाये हुए है कि पत्नियाँ कामकाजी हो जाएँगी तो उनके मन में पति के प्रति अवज्ञा का भाव पैदा हो जाएगा और उनका 'ईगो' निरन्तर आहत होता रहेगा, उनका पुंसत्व खतरे में पड़ जाएगा। उनका यह सामन्ती संस्कार अभी भी पत्नियों को चूल्हे-चौके तक सीमित रखना चाहता है और चौक-चौराहों तक भेजने में संकोच करता है। इसलिए 'वसंतक' में इस आशय के कई कार्टून प्रस्तुत हुए थे जो आज भी भारत की बड़ी आबादी की मानसिकता की तस्वीर प्रस्तुत करते हैं। कहने की जरूरत नहीं कि आधुनिक भावबोध के बावजूद हमारे अंतःकरण में आज भी सामन्ती संस्कारों के जीवाश्म मौजूद हैं जो नारी विमर्श और महिला सशक्तीकरण के अभियान को पुराने पड़ जाने का संकेत देते हैं और महात्मा गाँधी अंतर्राष्ट्रीय हिन्दी विश्वविद्यालय, वर्धा के कुलपति पद पर सुशोभित (!) विभूतिनारायण राय भी नारी-विमर्श को देह-विमर्श पर केन्द्रित मानते हैं। इस अर्द्धपितृसत्तात्मक समाज में नारियाँ टॉफियाँ तो नहीं हैं, पर ट्राफियाँ जरूर हैं। एंगेल्स की पुस्तक 'परिवार, निजी सम्पत्ति और राज्य की उत्पति' की वे बहु-उद्धृत पंक्तियाँ स्मरणीय हैं, जिनमें इस दलील को खारिज़ किया है कि लम्बे नीरस दाम्पत्य से उत्कट प्रेम पगा एक चुम्बन ही बेहतर है और कहा है कि यह तर्क पुरुष के पक्ष में जाता है। जबतक सम्पत्ति और उत्पादन के स्रोतों पर स्त्री-पुरुष का समान अधिकार नहीं होगा, पुरुष इस स्थिति का फायदा स्त्री के भावानात्मक शोषण के लिए जरूर करेगा।

इस समय के विभिन्न पत्रों में प्रकाशित कार्टूनों से यह बात मुखर होती है कि जब हिन्दी पत्रकारिता में राष्ट्रीय चेतना का जन्म नहीं हुआ था और उसमें अंग्रेजों की आलोचना का साहस नहीं था तो भारतीय कैरिकेचर और कार्टूनों में राष्ट्रीयता का बीजारोपण हो चुका था, उनमें विद्रोह का तो नहीं पर विरोध की साहसिक नैतिकता विकसित हो रही थी। हिन्दी पत्रकारिता में हिक्की ने जिन मूल्यों की बुनियाद रखी थी, बाद में हिन्दी पत्रकारिता उससे विचलित हो गयी थी या अपने अक्ष से फिसल गयी थी। वहीं कार्टून पत्रकारिता उसके इर्द-गिर्द ही परिक्रमा कर रही थी। भले ही उसकी विरासत लंदन का 'पंच' ही क्यों न हो। मगर जैसे-जैसे अंग्रेजी साम्राज्यवाद का प्रेस की आजादी पर पहरा सख्त और हिंसक रूप लेने लगा, वैसे-वैसे कार्टून

पत्रकारिता ने भी अपना चोला बदल लिया। उस समय हिन्दी पत्रकारिता का भी विद्रोही स्वर संयमित हो गया था। कार्टून चूँकि पत्रकारिता का ही अविभाज्य अंग है और अनन्य भी तो वह उसकी सीमाओं से कैसे वंचित रह सकता था। इसलिए उन्होंने रामायण और महाभारत के प्रतीकों के द्वारा ही अपने विरोध को दर्ज किया। कहीं दशानन के रूप में, कहीं 'जॉन बुल' के रूप में अंग्रेजी उपनिवेशवाद तथा दुर्गा एवं भारतमाता के रूप में 'हिन्द' को रेखांकित किया और उनमें अपने राजनीतिक आशयों को पिरोया। यह बात भी ध्यातव्य है कि उनमें कैरिकेचर के ही तत्त्व अधिक होते थे, कार्टून के बुनियादी तत्त्वों का अभाव रहता था, खासकर स्वतंत्र प्रवाह का। कारण कि वे कलाकार मूलतः चित्रकार होते थे, इसलिए उनके व्यंग्य-चित्र भी अकादमिक स्वभाव के होते थे। उनमें 'डिस्टॉर्शन' की प्रवृत्ति नहीं थी। लेकिन जैसे-जैसे भारतीय राजनीति के क्षितिज पर सत्य और अहिंसा का आन्दोलन प्रखर होने लगा और महात्मा गाँधी की आवाज को अंतर्राष्ट्रीय सहानुभूति और स्वीकृति मिलने लगी, भारतीय पत्रकारिता में वैसे-वैसे शक्ति और साहस का संचार होने लगा। और, वह भी पर मारने लगी। कहा जाता है न, कि परिन्दे अपने पैरों से नहीं, परों से ही आकाश मापते हैं, ठीक वैसे ही। दरअसल, कार्टून विधा भी पत्रकारिता की तरह ही लोकतांत्रिक कला है। लोकतांत्रिक भावभूमि में इसका भी बिरवा परवान चढ़ता है। अभिव्यक्ति की आज़ादी और आलोचना के प्रति सहिष्णुता की आबोहवा ही इसे जीवनी-शक्ति प्रदान करती है। महात्मा गाँधी और जवाहर लाल नेहरू में अपनी आलोचना के प्रति गहरी निष्ठा थी और अनूठी सहिष्णुता भी। नेहरू का अभयदान 'डोट स्पेयर मी, शंकर' इसका नमूना है। गाँधी तो कार्टूनों को बेइंतहा प्यार करते थे। उनका 'कैरिकेचर' तो नौसिखुआ कार्टूनिस्ट भी बना लेता था और वे कभी बुरा नहीं मानते थे। उनमें सेंस ऑफ ह्यूमर इतना प्रबुद्ध एवं वयस्क था कि वे इस नीति वाक्य के कायल थेः 'निंदक नियरे राखिए आँगन कुटी छवाय, बिन पानी साबुन बिना, निर्मल होत सुहाय'। इसी वक्त कार्टून जगत में एक नये सितारे का जन्म हुआ जिसके सामने 'पंच' के ख्यात कार्टूनिस्ट तथा टेनियल वग़ैरह की छवि धूमिल हो गयी। उस सितारे का नाम था डेविड लो। कार्टून की दुनिया में उनकी शैली, दृश्यात्मक संकल्पना और कथ्य के इस्तेमाल का कौशल अपूर्व था। उनको राजनीति और सामाजिक न्याय की सूक्ष्म समझ थी। 1920 ई. के आस-पास कार्टून-जगत में उनका आविर्भाव एक महत्त्वपूर्ण घटना थी और अपने कला-कौशल से उन्होंने कार्टूनिस्टों को चमत्कृत कर दिया था। उनकी प्रशंसा में आर.के. लक्ष्मण लिखते हैं कि "He had genius for the art of caricature, which again was unique. He had gift to exaggerate the facial feature of celebrity and distort them without making them grotesque and crude, which used to be the practice earlier."[8]

यद्यपि कि उनके कार्टून भारतीय सन्दर्भ में अर्थवान नहीं थे, फिर भी भारतीय कार्टूनिस्टों ने जमकर उनका इस्तेमाल किया। उन्होंने कुछेक ही कार्टून साम्राज्यवादी प्रशासन और महात्मा गाँधी पर बनाये थे, जिनका सम्बन्ध सत्याग्रह-आन्दोलन से था। इसके बावजूद बर्नार्ड पैट्रिज और जॉन डेनियल के कला कौशल के बन्द कमरे में कैद कार्टून-कला के लिए डेविड लो एक नया रोशनदान साबित हुए। उनके नये शिल्प और संरचना ने भारतीय कार्टूनों को अभिनव सन्दर्भ एवं संस्पर्श दे दिया। यानी लो हर दृष्टि से संजीवन साबित हुए। 'लो' उसका नाम ही था, मगर वे थे हाई प्रोफाइल। इसी नये वातावरण में प्रख्यात कार्टूनिस्ट शंकर पिल्लै का भारतीय क्षितिज पर उदय हुआ। उस समय स्वातंत्र्य-संघर्ष अपनी चरम सीमा पर था। अंग्रेजी उपनिवेशवाद के दमन एवं स्वतंत्रता सेनानियों के त्याग-बलिदान में तगड़ी स्पर्द्धा थी। एक मारने के लिए तैयार था तो दूसरा मरने के लिए उतने ही आक्रोश में तैयार था। यानी दिन-प्रतिदिन इतिहास की सतरें नयी होती थीं। गरज कि एक कार्टूनिस्ट के लिए जितनी उर्वर भावभूमि की जरूरत होती है और अनुकूल आबोहवा की आवश्यकता होती है, वह पर्याप्त मात्रा में तत्कालीन भारतीय राजनीतिक पर्यावरण में मौजूद था। शंकर ने इसका पूरा फायदा उठाया। 'शंकर्स वीक्ली' नाम से एक प्रसिद्ध पत्र भी निकाला। शंकर की कलात्मक शक्ति और स्फूर्ति की चर्चा करते हुए आर.के. लक्ष्मण ने लिखा है कि "Shankar, gifted with wit and politically well informed, took full advantage of the situation in no uncertain manner."[9] उनके कार्टूनों का भारतीय नेताओं से लेकर अंग्रेज वायसराय तक ने लुत्फ उठाया था। वे गाँधी और नेहरू के प्रिय तो थे ही। वे वायसरायों को भी प्रिय थे। एक वायसराय तो उनके कार्टूनों का इतना दीवाना था कि उसने शंकर के उन कार्टूनों की भी मूल प्रतियाँ मँगायी थीं जिनमें उसके लिए, प्रशासन के लिए अप्रिय एवं अप्रीतिकर कथ्य और तथ्य होते थे। शंकर सामान्य पाठकों के लिए उतने ही आकर्षक और प्रेरक थे, जितने महत्त्वपूर्ण लोगों के लिए। वह अपने क्षेत्र में अव्वल साबित हुए। उन्होंने अपने कृतित्व से कार्टून विधा को लोकप्रियता ही नहीं प्रदान की बल्कि उसे कलात्मक ऊँचाई भी दी। समाचार सम्पादकों ने भी कार्टूनों की महत्ता और अर्थवत्ता को शिद्दत से महसूस किया और सम्पादकीय टिप्पणी के पूरक के रूप में अपने पत्रों में जगह दी। कार्टूनिस्टों की माँग तेजी से बढ़ गयी, हर अखबार के लिए वह अनिवार्य हो गया। स्वतन्त्रता-संग्राम के आखिरी दौर में जब 'सेंसरशिप' सख़्त हो गया तो द्वितीय महायुद्ध ने साम्राज्यवाद के अत्याचारों और हिंसात्मक कार्रवाइयों की प्रतीकात्मक अभिव्यक्ति के लिए कार्टून-कला को अवसर दे दिया। उस समय हिटलर, मुसोलिनी और तोजो को कार्टूनिस्टों ने 'सेंसर' से बचने के लिए पूरा इस्तेमाल किया। ये सभी साम्राज्यवादी ताकतों के श्लेष बन गये थे जिनके आश्लेष में अंग्रेजी उपनिवेशवाद का 'फासिज़्म' आ जाता था।

देश आजाद हो गया, देश का अप्रत्याशित विभाजन हो गया। रक्तरंजित और विभाजित आजादी से गाँधी और भारतीय जनता के हौसले पस्त हो गये थे। दंगा-मार-काट ने, असुरक्षा के भाव ने 'जनगण मन' को अवसन्न कर दिया था। समय ने धीरे-धीरे इस ज़ख्म को भर दिया और भारत के नवनिर्माण की भावना स्फूर्त हुई। उत्साह और प्रोत्साहन का समाँ बँधा। आजादी के बाद जब लार्ड माउंट बैटन से प्रथम भारतीय गवर्नर के रूप में चक्रवर्ती राजगोपालाचारी ने चार्ज लिया तो भारत के उस तपस्वी के गले पड़ा यह तामझाम कई कार्टूनों का विषय बन गया था। उस समय के एक कार्टून का उल्लेख करते हुए अखिलेश मिश्र लिखते हैं कि "माउंट बैटन ने नौसेनापति की तगड़े लम्बे कद की वर्दीवाला लौंग कोट धोती-कुर्ता, चप्पल पहने छोटे शरीर को पहना दिया। बाँहें दो-दो बालिश्त बाहर निकल आयीं, धोती चार अंगुल नीचे दिखायी पड़ी, उसके नीचे धूल भरे पैर में चप्पल। इसी प्रकार एक और कार्टून निकला था। भारत के प्रथम राष्ट्रपति बन्दूकधारी घेरे में चल रहे हैं। तीन देहातिनें दूर खड़ी हैं खुरपी-हँसिया-झवई लिये, मजदूरी पर जा रहीं हैं। एक बोली, 'री सखी, देख कोई बड़ा डकैत पकड़ा गया है! दूसरी ने टोका, 'अरी बेसहूर, चुप रह, यह हमारे राष्ट्रदुल्हा हैं, पहचान ले" ।[10] गरज़ कि उन दिनों जनता की नज़र में इन नेताओं की सुरक्षा-व्यवस्था एक अजूबा लग रही थी। कारण कि कुछेक वर्ष पहले उसने नंगी आँखों से सामान्य-व्यक्ति की वेशभूषा और परिवेश में देखा-सुना था। उसकी आँखों को यह व्यवस्था और कलेवर खटकते थे। धीरे-धीरे वे आँखें अभ्यस्त हो गयीं। अब तो बाबा रामदेव भी जेड प्लस सुरक्षा की माँग करते हैं तो उन्हें हैरत नहीं होती! खैर, भारत में एक संवेदनशील तथा ब्रिटेन और यू.एस. के लोकतांत्रिक मूल्यों के आधार पर संविधान बना और 26 जनवरी 1950 को लागू हुआ। इस स्वतन्त्र और लोकतन्त्र ढाँचे ने अवयस्क नागरिकों के दिल-दिमाग में कई सामाजिक और राजनीतिक बुराइयों को जन्म दिया। भाषायी संघर्ष उनमें प्रधान था। लोग एक ही रात में इन बात को भूल गये कि जिस हिन्दी भाषा ने एक सौ वर्षों तक राष्ट्रीय चेतना को जागरित करने, स्वातन्त्र्य-भावना विकसित करने, लोकतांत्रिक मूल्यों को जीवन्त बनाने तथा स्वातन्त्र्य-संघर्ष के लिए सभी लोगों को एक सूत्र में बाँधने में सफलता हासिल की थी, वह अनुपयोगी और नकारा कैसे हो गयी। नतीजतन, भाषा के आधार पर राज्यों का पुनर्गठन हुआ। और, भाषायी अस्मिता में ऐसा उबाल आया कि हिन्दी को लोगों ने दूध की मक्खी की तरह निकाल बाहर कर दिया। अल्कोहलिज्म, राजनीतिक भ्रष्टाचार ने पाँव फैलाये। चीन से भारत की शर्मनाक पराजय, भारतीय जनता का शोषण आदि के कारण भारतीय मानस में आजादी के प्रति मोहभंग पैदा हुआ, सपनों का भारत बिखर गया। वैसे आम जनता में आजादी का कोई नक्शा नहीं था, वे तो आवेग में अपने जान-माल की बलि दे रहे थे। उनके पास न कोई दृष्टि थी और न दर्शन ही। आम जनता गाँधी की भक्त

थी और भक्ति-भावना में उनके नक्शे कदम पर चल रही थी। इसलिए समाज में कई तरह की विकृतियाँ आयीं और उन्होंने कार्टून-पत्रकारिता के लिए प्रचुर सामग्री प्रदान की। विसंगतियाँ और विडम्बनाएँ ही तो कार्टून का पौष्टिक आहार होती हैं। उन विषयों पर ढेर सारे कार्टून बनाये गये और उन्होंने सामान्य जनता का ध्यान अपनी ओर आकृष्ट किया। सामाजिक-सांस्कृतिक विषयों को भी कार्टूनिस्टों ने अपने दायरे में समेटने की भरपूर कोशिश की। इस दौर में शंकर के साथ-साथ आर.के. लक्ष्मण के कार्टूनों ने भी काफी लोकप्रियता हासिल की। इनको 'यू सेड इट' कालम से ज्यादा ख्याति मिली। इन्होंने राजनीतिज्ञों पर भी निशाना साधा। कुछेक ने उन्हें चेतावनी दी तो कुछेक ने प्रशंसा भी की। इन्होंने सम्पादकीय से भिन्न और स्वतन्त्र विचार-सरणि से कार्टून बनाये और सम्पादकों ने उन्हें तरजीह भी दी।

गरज कि सम्पादकीय से भिन्न और स्वतन्त्र कार्टून बनाने की परम्परा आरम्भ हुई जो आज भी ज़ारी है। नेहरू के प्रतिनिधित्व-काल में देश की राजनीतिक और सामाजिक घटनाओं का सिलसिला शंकर के कार्टूनों में सहज भाव से परिलक्षित होता है। 'शंकर्स वीकूली' नाम से एक पत्रिका भी छपती थी। नेहरू पर बनाये गये कार्टूनों का संग्रह 'डोंट स्पेयर मी, शंकर' नाम से प्रकाशित है। वह इतिहासकारों एवं समाजशास्त्रियों के लिए भी काफी काम की चीज़ है। वह नेहरू के जीवन-काल का दस्तावेज है। उसके एकाध उदाहरण द्रष्टव्य हैं।

FALLEN IDOL

Nehru has been 'perturbed' at the fading out from people's minds of the basic principles for which the Congress had all along stood

Standing helpless is Congress President Pattabhi Sitaramayya

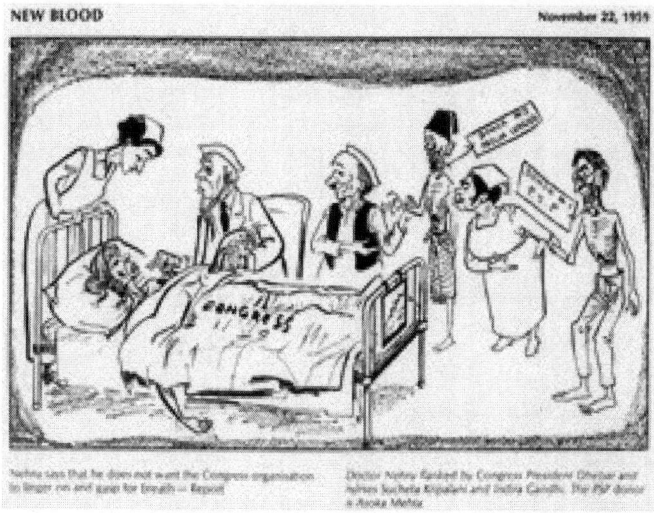
NEW BLOOD
CONGRESS

REPUBLIC

('डोन्ट स्पेयर मी, शंकर', पं. जवाहर लाल नेहरू, पृ. 49, 270, 313, 363)

स्वातन्त्र्योत्तर भारत की सर्वाधिक दुर्भाग्यपूर्ण घटना आपातकाल है। इस अवधि में पत्रकारिता के साथ-साथ कार्टूनों पर भी 'सेंसरशिप' लागू हो गयी। उन दिनों पत्रकारिता पर तीसरी आँख वाले ऐसे थे कि उन्हें कार्टून की बारीकियों का भी ज्ञान नहीं था। इसलिए इस अवधि में 'सॉफ्ट कार्नर' रखने वाले कार्टूनिस्ट भी जवाब-तलब से नहीं बच पाये थे। उन दिनों की स्थिति का संकेत दुष्यंतकुमार ने यों किया है:

'मत कहो आकाश में कुहरा घना है
यह किसी की व्यक्तिगत आलोचना है।'[11]

नतीजतन कार्टूनिस्टों ने अपना नजरिया बदल दिया। उन्होंने राजनीतिक इलाकों और दहलीजों से अपने कदम वापस ले लिये और व्यक्ति तथा समाज की विसंगतियाँ का रेखांकन प्रारम्भ कर दिया। वह समय ही ऐसा था कि 'गली में कुत्ते भी नहीं भौंकते थे।' ऐसे कार्टूनों से प्रशासन को कोई आपत्ति नहीं थी। लेकिन इसके बावजूद आर.के. लक्ष्मण से जवाब तलब किया गया। इसका ज़िक्र करते हुए वे लिखते हैं कि–"I saught a personal audience with the Prime Minister and submitted a memorandum explaining how the censorship had become mindless and rigid and how as a cartoonist I found it difficult to survive and pleaded a more kindly approach to my profession. I was promised leniency and assured that in democracy cartoons played an important part. From then on, my cartoons began to make their nervous appearance in our paper once again with anemic satirical content.[12]

आर.के. लक्ष्मण के इस कार्टून में इंदिरा गाँधी की प्रशासनिक नीति और शैली पर टिप्पणी द्रष्टव्य है:

Indira Gandhi

Indira Gandhi

(फ्रीडम टू कार्टून, फ्रीडम टू स्पीक, आर.के. लक्ष्मण, पृ. 87-88)

इंदिरा गाँधी की सत्ता में वापसी के बाद भारतीय राजनीति अपने पुराने ढर्रे पर आ गयी। पर अभिव्यक्ति की स्वतंत्रता मिल गयी। कांग्रेस पार्टी पर कैरिकेचर बनाये जाने लगे और प्रधानमंत्री पर कार्टून भी। उन दिनों हमारी युवा प्रतिभाओं ने अपनी पहचान इस क्षेत्र में कायम की। ध्यातव्य है कि उन दिनों 'इंस्टेंट कार्टून' की शैली फैशन में आ गयी थी। यह तो 'जल्दीबाजी' का ज़माना ही है। हर चीज 'इंस्टेंट' चाहिए तो कार्टून क्यों नहीं! कार्टून-कला को फिर आगे बढ़ने का अवसर मिला। कार्टून जगत में कई प्रकार की गतिविधियों को बढ़ावा मिला। कार्टूनों की प्रदर्शनियों, प्रतियोगिताओं और आकर्षक पुरस्कृतियों के आयोजन होने लगे। सरकार भी देशों एवं विदेशों में इस प्रकार के आयोजन करने लगी। दरअसल यह युग 'कार्टूनों का पैराडाइज' बन गया था। इंदिरा गाँधी की दर्दनाक हत्या के बाद राजीव गाँधी सत्ता में आये। उन्होंने भी पत्रकारिता तथा कार्टून के प्रति उदार दृष्टिकोण बनाये रखा। शुरू में तो कार्टूनिस्ट दहशत में रहे, पर धीरे-धीरे आश्वस्ति पैदा हुई। शुरू-शुरू में राजीव गाँधी में कैरिकेचर योग्य बिम्ब लोगों को नज़र नहीं आये। कारण कि सुदर्शन चेहरा, समानुपाती विशिष्टताओं में सच्चे कैरिकेचर के लिए अवकाश नहीं था। इस काल में कार्टून कला को फलने-फूलने का मौका भी मिला। पर धीरे-धीरे उनकी खामियाँ नज़र आने लगीं, कई तरह के भ्रष्टाचार के अभियोग भी उन पर लगे। आरम्भ में पायलट थे, इसलिए इस पेशे से संदर्भित प्रतीकों का इस्तेमाल कार्टूनिस्टों ने किया, तेजी से कार चलाने का शौक भी कार्टून का विषय बना। इन्हीं प्रसंगों एवं प्रतीकों से तद्‌युगीन प्रशासन एवं कूटनीति के कार्टून भी बनने लगे। अटल बिहारी बाजपेयी भी पहले पत्रकार थे, इसलिए उनके जेहन में पत्रकारिता के प्रति प्रतिष्ठा-भाव था। कार्टून की विकास-प्रक्रिया में उनके शासन-काल में भी कोई अवरोध नहीं पैदा हुआ। टेलीविजन चैनलों पर भी 'तिरछी नजर' और 'सो सॉरी' शीर्षकों के अन्तर्गत व्यंग्यचित्रों की नुमाइश होने लगी है। और ये चैनल सर्वाधिक चर्चित चेहरों की विकृतियों एवं विसंगतियों को दर्शाने लगे हैं। मगर उन चेहरों पर कोई शिकन नहीं आती और न वे चेहरे कोई शिकायत ही दर्ज़ करते हैं। इससे उनकी लोकतान्त्रिक समझ का एहसास होता है।

मगर हाल-फ़िलहाल दो कार्टून विवादों के केन्द्र में आ गये थे। पहला कार्टून 1949 का है जिसे प्रसिद्ध कार्टूनिस्ट शंकर ने बनाया था। इसे एन.सी.इ.आर. टी. की 12वीं कक्षा के टेक्स्टबुक में शामिल किया गया है। इसमें घोंघा रूपी संविधान के शीर्ष पर अम्बेदकर को प्रतिष्ठित किया गया है और नेहरू चाबुक मारने की मुद्रा में हैं। इसे अम्बेदकर का अपमान समझकर सांसदों ने संसद में हंगामा किया था। यह उनकी नासमझी का तथा दलित वर्ग की सहानुभूति पाने का हथकन्डा मात्र है।

एक तो यह कार्टून बासठ-तिरेसठ साल पहले का है और दूसरी बात यह कि

शंकर का प्रयोजन अम्बेदकर का अपमान करना या 'ढोल गँवार, शूद्र, पशु, नारी, ये सब ताड़न के अधिकारी' की अभिव्यक्ति नहीं था, संविधान-निर्माण की धीमी गति पर प्रहार करना था कारण कि उसमें अपेक्षा से ज्यादा विलम्ब हो रहा था। जिसे नेहरू गति देना चाहते थे। दूसरी बात यह है कि जो सदियों से उत्पीड़ित एवं प्रताड़ित वर्ग हैं उनमें अपने पर हँसने की क्षमता नहीं, अभी तक विकसित भी नहीं हुई है। एक बात और ध्यान देने योग्य है। वह यह कि नेहरू, इंदिरा गाँधी, अटल बिहारी वाजपेयी आदि नेता या उनके समर्थकों में हास्य-भावना के विकास का कारण सवर्ण चेतना है जिसे सदियों से सम्मान प्राप्त रहा है। भोजपुरी में एक कहावत है 'अबरा के मौगी, सबके भौजी'। दलित वर्ग के प्रति जहाँ यह भाव हो, वहाँ हास्य की परिकल्पना दुष्कर है। गरज़ कि इस विवाद के केन्द्र में सांसदों के निहित स्वार्थ हैं और दलित वर्ग के सहिष्णु संस्कार का प्रतिकार भी।

इसी प्रकार कार्टूनिस्ट असीम त्रिवेदी के भी दो व्यंग्यचित्र परस्पर विरोधी स्वरों के शिकार ही नहीं हुए, बल्कि उनके कारण उनको बन्दी भी बनाया गया। अपने एक चित्र में उन्होंने संसद को ही 'नेशनल टॉयलेट' के रूप में अंकित किया था और दूसरे व्यंग्य-चित्र में राष्ट्रीय प्रतीक पर अंकित 'सत्यमेव जयते' की जगह पर 'भ्रष्टमेव जयते' दर्ज कर दिया था।

इनको राष्ट्रीय संस्थाओं एवं प्रतीकों का अपमान समझकर राजद्रोह का

मामला बनाया गया था। इस पर रचनाकारों, कलाकारों तथा राजनीतिज्ञों के परस्पर विरोधी वक्तव्य भी आये थे। जिसमें अभिव्यक्ति स्वतन्त्रता तथा उसकी सरहदों का उल्लेख किया गया था। सवाल यह है कि इन व्यंग्य-चित्रों की रचना में व्यंग्य चित्रकार का अभीष्ट क्या था। राष्ट्रीय प्रतीकों का अपमान या देश में व्याप्त भ्रष्टाचार का प्रताप। ज़ाहिर है असीम का उद्‌देश्य भ्रष्टाचार के दशानन के आतंक को प्रदर्शित करना था। इसीलिए उन्होंने अपना वक्तव्य दिया था कि 'मैं इस देश का एक सच्चा नागरिक हूँ। कोई देशद्रोही नहीं हूँ... अगर सच बोलना देशद्रोह है तो मैं देशद्रोही हूँ... कला और साहित्य सामाज का दर्पण है और मैंने अपने कार्टून्स में वही दिखाया है जो अपने चारों ओर देखा है... मैं

अपने कार्टूनों के माध्यम से देश के प्रतीकों और संविधान के अपमान का विरोध करता आया हूँ। मैं इसे रोकना चाहता हूँ। मैंने जो किया, उस पर मुझे गर्व है और मैं बार-बार करूँगा।'' (इंटरनेट से प्राप्त) तात्पर्य यह कि हमें न तो बहुत उदारवादी होने की जरूरत है और न ही अत्यधिक संकीर्णतावादी। इन दोनों नकारात्मक ध्रुवांतों से बचते हुए कलाकार या व्यंग्यकार की रचनात्मक चिन्ता को आत्मसात् करने की आवश्यकता है। तभी स्वस्थ एवं स्वतन्त्र कला चेतना का विकास देश और समाज में सम्भव है। दरअसल, व्यंग्य या व्यंग्यचित्र नितान्त लोकतान्त्रिक विधा है और स्वस्थ एवं सयाने लोकतन्त्र तथा स्नायुतन्त्र में ही इस कला चेनता का विकास सम्भव है। यह सुखद बात है कि आज का मीडिया जिन रोगों से ग्रस्त है और जिससे उसने अपनी छवि दागदार बना ली है, उससे कार्टून पत्रकारिता बहुत हद तक दूर है। यद्यपि कि उसके रुख में वह तीक्ष्णता और रूक्षता नहीं है, जो होनी चाहिए। इसका भी मन-मिजाज़ नरम हो गया है। उसके समझौतापरस्त स्वभाव को बहुत पहले ही पुरुषोत्तम अग्रवाल ने भाँप लिया था, जिसको दो उदाहरणों के द्वारा रेखांकित किया है। 'इंडियन एक्सप्रेस' में एक कार्टून छपा था जिसका आशय यह था कि "'एक्सप्रेस' ने अंतुले, राजीव गाँधी और देवीलाल का 'शिकार' किया।" इन राजनेताओं के सिर सम्पादकीय कमरे में यों प्रदर्शित हैं जैसे किसी शिकारी के ड्राइंग रूम में ट्राफियाँ। दूसरा उदाहरण है एक नारा। भोपाल के पत्रकार भवन में एक बैनर घोषणा कर रहा है, 'जो हमसे टकरायेगा खबर नहीं बन पायेगा।' इन दोनों उदाहरणों से स्पष्ट है कि कार्टून पत्रकारिता और मीडिया को राजनीति के बरअक्स अपनी ताक़त का अहसास ही नहीं है, गुमान भी है। इस सोच में कार्टून और पत्रकारिता एक स्वायत्त ताकत है। लेकिन खुद इस ताक़त के परिचालन की जो जगह तय है, उसमें बुनियादी मुद्दों की गुंजाइश कम है। गोया एक बलवान दूसरे बलवान को धमका रहा है कि 'आ जा, निबट लें'। लेकिन निबटने का अखाड़ा और खेल के नियम दोनों ने मिलकर तय किये हैं। पुरुषोत्तम अग्रवाल का इस सन्दर्भ में निष्कर्ष है कि "राजसत्ता और पत्रकारिता का जो रिश्ता पिछले डेढ़ दशक में विकसित हुआ है वह ऐसा है, जैसे दो मस्त हाथी लड़ रहे हों। हाथियों की लड़ाई में पिसती घास ही है। कहने की ज़रूरत नहीं कि हाथियों की लड़ाई के इस रूपक में घास कौन है"।[13] पर, कार्टून पत्रकारिता से किसी का मोहभंग नहीं हुआ है और न भरोसा ही भंग हुआ है। यह बाजारवाद से उतनी प्रभावित नहीं है, जितनी पत्रकारिता। सम्पादकों ने भले ही अपनी मर्यादा और गरिमा खो दी हो, मगर कार्टूनिस्ट ने अपनी लाज बचाये रखी है। यही बात हमें उसके स्वास्थ्य और भविष्य के प्रति आश्वस्त करती है।

सन्दर्भ एवं टिप्पणी

1. फ्रीडम टू कार्टून, फ्रीडम टू स्पीक, आर.के. लक्ष्मण, पृ. 70-71
2. विट एंड रुयूमर इन कोलोनियल नार्थ इंडिया, मुशीरूल हसन, पृ. 37
3. आर्ट एंड नेशनलिज्म इन कोलोनियल इंडिया, पार्थ मित्तर, पृ. 159
4. आर्ट एंड नेशनलिज्म इन कोलोनियल इंडिया, पार्थ मित्तर, पृ. 139
5. नया पथ, अक्टूबर-दिसम्बर : 2008 'भारतीय कार्टून विधा के उदय में साम्राज्य विरोधी चेतना की भूमिका—संजीव कुमार, पृ. 136-137
6. आर्ट एंड नेशनलिज़्म इन कोलोनियल इंडिया, पार्थ मित्तर, पृ.-157
7. आर्ट एंड इंडियन नेशनलिज़्म इन कोलोनियल इंडिया, पार्थ मित्तर, पृ.-158
8. फ्रीडम टू कार्टून, फ्रीडम टू स्पीक, आर.के. लक्ष्मण, पृ. 75
9. फ्रीडम टू कार्टून, फ्रीडम टू स्पीक, आर.के. लक्ष्मण, पृ. 76
10. पत्रकारिता : मिशन से मीडिया तक, अखिलेश मिश्र, पृ. 66
11. साये में धूप, दुष्यंत कुमार, पृ. 27
12. फ्रीडम टू कार्टून, फ्रीडम टू स्पीक, आर.के. लक्ष्मण, पृ. 85
13. समकालीन पत्रकारिता : मूल्यांकन और मुद्दे,
    सं. राजकिशोर, लेख : राजनीतिक विवेक का स्वरूप, पुरुषोत्तम अग्रवाल, पृ. 82

❑❑